Euro Maths

Cycle des approfondissements

CM1

Marie-Lise Peltier
Maître de conférences - IUFM de Rouen

Joël Briand
Maître de conférences - IUFM de Bordeaux

Bernadette Ngono
Maître de conférences - IUFM de Rouen

Danielle Vergnes
Professeur de mathématiques - IUFM de Versailles

Avec la participation de :
Jeanne Bia
Claude Maréchal

Remerciements pour leur précieuse collaboration à :
Claudette Clavié (PEMF à Versailles)
Denis Géron (PEMF à Bordeaux)
Danielle Loison (CPAIEN à Bois-Colombes)
Catherine Servaud (PEMF à Bordeaux)
ainsi qu'aux équipes des écoles de la ZEP de Rouen-Nord

Illustrations : **François Foyard**

HATIER

Présentation

Le livre de l'élève

• Chacune des 5 périodes de 6 ou 7 semaines de classe comprend :

– **une page de présentation** dans laquelle les élèves et leur maître vont découvrir le travail de la période : renforcement de connaissances et apprentissage de savoirs nouveaux ;

– **19 ou 20 étapes**. Chaque étape (sur une ou deux pages) présente une unité de travail et fait l'objet de une, deux, ou trois séances de classe. Les élèves ont à résoudre de nombreux problèmes pour construire leurs connaissances mathématiques ou les consolider tout en apprenant à mieux connaître le monde qui nous entoure et notamment l'Union européenne. Cinq étapes sont entièrement consacrées à cet aspect ;

– **2 pages** pour faire le point : **« Ce que je dois savoir faire seul(e) »**. Elles permettent aux élèves de vérifier s'ils maîtrisent les compétences essentielles ou fondamentales travaillées au cours des différentes étapes ;

– **une page « Mathématiques et patrimoine »**. Les élèves de CM1 sont assez grands pour découvrir que les mathématiques ont une histoire qui est souvent passionnante. Dans cette page, quelques travaux de mathématiciens illustres, accessibles à ce niveau de la scolarité, sont proposés à leur réflexion.

• Les enfants **Alice, Leïla, Théo et Qwang** accompagnent les élèves tout au long de l'année. Ils proposent leurs méthodes à la réflexion des élèves ou posent des questions qui engagent les élèves à débattre entre eux. Un **drôle de furet** prend souvent la parole pour donner des informations complémentaires (dans une bulle) ou pour dire ce qu'il faut retenir (sur une pancarte).

L'aide-mémoire

Ce fascicule regroupe les savoirs mathématiques que les élèves doivent maîtriser en CM1. C'est un outil de référence auquel ils doivent pouvoir se reporter à tout moment.

Le livre du maître

Il présente les choix de la progression et leurs fondements théoriques. Il développe les objectifs de chaque étape, le calcul mental, les éventuelles activités préparatoires et la structure des séances. Il décrit les procédures les plus fréquentes, correctes ou erronées, proposées par les élèves et précise la manière de les prendre en compte pour aider les élèves à les faire évoluer vers des procédures plus expertes. Il propose des bilans que le maître peut utiliser pour une évaluation plus ou moins différée par rapport au moment d'apprentissage. Enfin, il contient des fiches photocopiables de matériel, notamment pour la géométrie.

Une étape : mode d'emploi

▶ La **COULEUR** permet d'identifier le thème étudié dans l'étape.

▶ Au cours des **ACTIVITÉS PRÉPARATOIRES DE DÉCOUVERTE**, les élèves construisent ou confortent leurs connaissances sur une notion par des activités, des jeux, des manipulations finalisées.

▶ Selon les étapes, la **DÉCOUVERTE** est le complément des activités préparatoires ou le support de l'activité mathématique.

▶ Les **EXERCICES** d'application directe, de réinvestissement ou de transfert de connaissances conduisent les élèves à « tisser » les liens nécessaires entre diverses notions.

Les **EXERCICES** signalés par un **CARTOUCHE VERT** peuvent requérir la présence de l'enseignant.

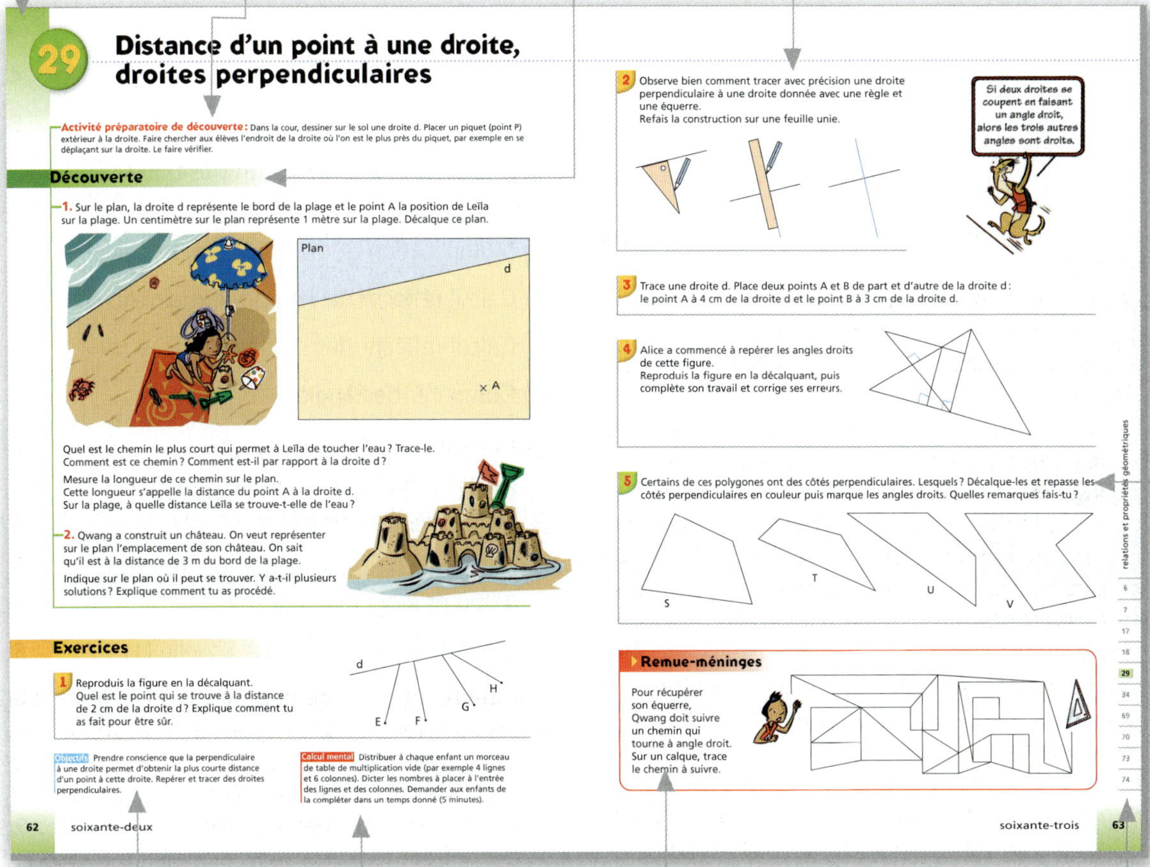

29

Distance d'un point à une droite, droites perpendiculaires

Activité préparatoire de découverte : Dans la cour, dessiner sur le sol une droite d. Placer un piquet (point P) extérieur à la droite. Faire chercher aux élèves l'endroit de la droite où l'on est le plus près du piquet, par exemple en se déplaçant sur la droite. Le faire vérifier.

Découverte

1. Sur le plan, la droite d représente le bord de la plage et le point A la position de Leïla sur la plage. Un centimètre sur le plan représente 1 mètre sur la plage. Décalque ce plan.

Quel est le chemin le plus court qui permet à Leïla de toucher l'eau ? Trace-le. Comment est ce chemin ? Comment est-il par rapport à la droite d ?
Mesure la longueur de ce chemin sur le plan.
Cette longueur s'appelle la distance du point A à la droite d.
Sur la plage, à quelle distance Leïla se trouve-t-elle de l'eau ?

2. Qwang a construit un château. On veut représenter sur le plan l'emplacement de son château. On sait qu'il est à la distance de 3 m du bord de la plage.
Indique sur le plan où il peut se trouver. Y a-t-il plusieurs solutions ? Explique comment tu as procédé.

Exercices

1 Reproduis la figure en la décalquant.
Quel est le point qui se trouve à la distance de 2 cm de la droite d ? Explique comment tu as fait pour être sûr.

Objectifs Prendre conscience que la perpendiculaire à une droite permet d'obtenir la plus courte distance d'un point à cette droite. Repérer et tracer des droites perpendiculaires.

Calcul mental Distribuer à chaque enfant un morceau de table de multiplication vide (par exemple 4 lignes et 6 colonnes). Dicter les nombres à placer à l'entrée des lignes et des colonnes. Demander aux enfants de la compléter dans un temps donné (5 minutes).

62 soixante-deux

2 Observe bien comment tracer avec précision une droite perpendiculaire à une droite donnée avec une règle et une équerre.
Refais la construction sur une feuille unie.

3 Trace une droite d. Place deux points A et B de part et d'autre de la droite d : le point A à 4 cm de la droite d et le point B à 3 cm de la droite d.

4 Alice a commencé à repérer les angles droits de cette figure.
Reproduis la figure en la décalquant, puis complète son travail et corrige ses erreurs.

5 Certains de ces polygones ont des côtés perpendiculaires. Lesquels ? Décalque-les et repasse les côtés perpendiculaires en couleur puis marque les angles droits. Quelles remarques fais-tu ?

Remue-méninges

Pour récupérer son équerre, Qwang doit suivre un chemin qui tourne à angle droit. Sur un calque, trace le chemin à suivre.

soixante-trois 63

▶ Les **OBJECTIFS** précisent les aspects de la notion qui sont étudiés et les compétences développées.

▶ **CALCUL MENTAL** ou **MISE EN ROUTE** sont une pratique quotidienne de familiarisation avec des notions abordées ultérieurement ou d'entraînement sur des connaissances en cours d'acquisition.

▶ Le **REMUE-MÉNINGES** ou les **CARRÉS MAGIQUES** nécessitent une réflexion plus poussée ou la mise en œuvre de stratégies originales et variées.
Des **ILLUSIONS D'OPTIQUE** font prendre conscience aux élèves des limites de la perception visuelle.

▶ L'échelle indique le **DOMAINE DE COMPÉTENCES** dans lequel s'inscrit l'étape et la position de celle-ci dans la progression.

Table des matières

Les activités mathématiques proposées aux élèves sont réparties en six thèmes

- **Connaissance des nombres entiers**
- **Grandeurs et mesures**
- **Fractions et décimaux**
- **Problèmes arithmétiques : sens et calcul**
- **Espace et géométrie**
- **Représentation de données numériques**

Les compétences travaillées dans chaque étape sont répertoriées page 6.

Période 1

Période 2

Période 3

Période 4

Période 5

Les domaines de compétences

Ce tableau présente la répartition des domaines de compétences sur les cinq périodes.

- La **couleur** indique le **thème principal** dont relèvent ces compétences (voir page 4).
- Les **numéros** indiquent les **étapes du livre** dans lequel ce thème est spécifiquement travaillé.

À chaque étape, l'échelle rappelle le domaine de compétences travaillé et le curseur indique la position de l'étape dans la progression.

- Les lettres **CM** et **MR** signalent que les compétences sont aussi exercées dans les activités de calcul mental ou de mise en route de la période.

	Période 1	Période 2	Période 3	Période 4	Période 5
Connaissance des nombres	CM 4 5 8 9 10 11 12	CM 21 22 23	CM	CM 60	CM 90
Calcul automatisé, calcul réfléchi	CM 2	CM 25 26 30	CM 49 58	CM 68	CM 87 92 97
Addition et soustraction : sens et calcul	CM 1 13 14 15 16	CM	CM	CM	CM
Multiplication et division : sens et calcul		CM 31 32	CM 41 42 43 44 47 48 53 54	CM 61 62	CM 91
Problèmes relevant des quatre opérations		24 33	57	CM 77	CM 93 96
Fractions et décimaux				CM 63 64 65 66 67 71 72 75 76	CM 80 81 82 83 84 86
Grandeurs et mesures		27 28 36 37 38	CM 50 51 52		CM 95
Relations et propriétés géométriques	6 7 17 18	29 34		69 70 73 74	
Figures planes	3 19	MR 35	MR 45 46 55 56	MR	
Solides					88 89 94
Représentation de données numériques	20	39 40	59	78	79 85 98

Période 1

Nombres entiers

En découvrant la manière dont on écrit les nombres dans d'autres civilisations, tu vas revoir différentes manières de les décomposer, et te rappeler que c'est la position des chiffres dans le nombre qui indique leur valeur.

Problèmes arithmétiques

Tu vas t'entraîner à résoudre des problèmes dans lesquels tu utiliseras des procédures de calcul d'addition et de soustraction.

Calculs

Tu vas t'entraîner au calcul mental et au calcul réfléchi.

Tu vas aussi revoir la technique usuelle de la soustraction.

Relations géométriques

Tu vas rechercher des alignements, évaluer des distances, rechercher le milieu de segments, construire des cercles, dans l'espace où tu vis, puis sur la feuille de papier.

1 Addition et soustraction : sens et calcul (1)

Découverte

Pour chaque question, cherche une solution.
Explique ta réponse.

C'est la rentrée des classes. La directrice de l'école fait des achats.

1. Au magasin de matériel pour les animaux

Pour la classe de CP, elle achète une cage à 15 € pour le hamster et un petit aquarium à 60 €.

Combien paie-t-elle ?

2. Au magasin de sport

Pour la cour de récréation, elle achète un panneau de basket à 75 € et un ballon à 15 €.

Combien paie-t-elle ?

3. Au magasin de matériel audio-visuel

Elle achète un lecteur de DVD à 75 €
et un lecteur de CD à 65 €.
Il lui reste alors 35 €.

Quelle somme avait-elle en rentrant dans ce magasin ?

4. Au magasin de meubles

La directrice dispose de 120 € pour aménager la bibliothèque de l'école.

Quand elle aura acheté un petit canapé à 82 € et un fauteuil à 24 €, aura-t-elle encore assez d'argent pour acheter un casier à livres à 30 € ?

Exercices

1 Paul va faire des achats avec 100 €. Lorsqu'il revient, il lui reste 43 €.

- Combien a-t-il dépensé ?
- Voici les solutions d'Alice, Qwang, Théo et Leïla. Quelles sont les réponses correctes ?

Alice	Qwang	Théo	Leïla
100 – 40 = 60 60 – 3 = 57 Paul a dépensé 57 €	Paul a dépensé 57 €	100 + 43 = 143 Paul a dépensé 143 €	43 + ? = 100 43 + 7 = 50 50 + 50 = 100 50 + 7 = 57

Certaines solutions expliquent comment la réponse a été trouvée. Lesquelles ?
Certaines solutions comportent une phrase de conclusion. Lesquelles ?

Objectif Revoir différents sens de l'addition et de la soustraction dans différents contextes.

Calcul mental Compter de 10 en 10, en croissant à partir de 0 puis d'un nombre quelconque, et en décroissant à partir d'un multiple de 10. Compter de 5 en 5 en croissant à partir de 0 ou d'un multiple de 5 et en décroissant à partir d'un multiple de 5.

2 Je pense à un nombre. Je lui ôte 20.
Je trouve 50.

Quel est ce nombre ?

3 Je pense à un nombre. Je lui ajoute 20.
Je trouve 50.

Quel est ce nombre ?

4 Une girafe pèse 500 kg. Un éléphant pèse 4 000 kg de plus qu'une girafe. Combien pèse un éléphant ?

5 Martin a 25 ans, il a 8 ans de plus que Loïc. Quel âge a Loïc ?

6 Au marathon de Paris, Yves est 92e, Mathieu est arrivé 30 places après Yves et Hichami 20 places avant Yves.

Quelle est la place de Mathieu ?
Quelle est celle de Hichami ?

7 Pour être aussi grand que Piotr qui mesure 1 m 70 cm, Théo est monté sur une caisse haute de 40 cm.

Quelle est la taille de Théo ?

8 Un boulanger a préparé des croissants.
À midi, il en a vendu 153. L'après-midi, il en vend 72. Le soir, il lui en reste 10.

Combien en avait-il préparé le matin ?

9 Le 21 juillet 1969, pour la première fois, un homme a marché sur la lune. Il s'agit de Neil Armstrong.

Combien d'années se sont écoulées depuis ?

10 À la sortie de la ville de Tours, Alice voit au bord de la route nationale Blois-Saumur le panneau indicateur suivant.

Quelle est la distance qui sépare Blois de Saumur ?

2 Calcul automatisé, calcul réfléchi (1) : addition, soustraction

Exercices

1 Défi

Ajouter ou soustraire un nombre plus petit que 10

8 + 9	8 + 17	36 + 7	85 + 6	5 + 98
129 – 7	135 – 7	163 – 9	438 – 9	357 – 5

Ajouter ou soustraire un multiple de 10

98 + 10	125 + 20	172 + 30	293 + 20	365 + 30
270 – 10	457 – 10	404 – 20	513 – 40	328 – 10

Ajouter ou soustraire un multiple de 100

36 + 200	25 + 100	26 + 300	489 + 100	900 + 100
1 300 – 200	632 – 400	1 008 – 300	2 183 – 500	850 – 600

Ajouter ou soustraire un nombre compris entre 10 et 20

135 + 18	163 – 11	387 + 12	251 + 17	250 – 14

Trouver un complément

85 + … = 90	71 + … = 80	33 + … = 40	… + 67 = 70	42 + … = 50
150 + … = 200	… + 180 = 200	260 + … = 300	520 + … = 600	526 + … = 600

2 Recopie et termine les calculs.

a. 1 238 →(– 10) … →(– 10) … →(– 10) … →(– 10) … →(– 10) … →(– 10) … →(– 10) … →(– 10) … →(– 10) … →(– 10) …

b. 2 541 →(– 100) … →(– 100) … →(– 100) … →(– 100) … →(– 100) … →(– 100) … →(– 100) … →(– 100) … →(– 100) … →(– 100) …

Objectif S'entraîner à choisir une méthode de calcul en fonction des nombres en jeu et à automatiser certains calculs.

Calcul mental À partir d'un nombre quelconque inférieur à 500, le maître alterne la règle ajouter 10 ou retrancher 10.

calcul automatisé, calcul réfléchi
2
25
26
30
49
58
68
87
92
97

3 Reproduire en décalquant

Découverte

Reproduis ce tableau de Frank Stella.
Pour cela, décalque les points qui te paraissent nécessaires, puis termine la reproduction sans décalquer en utilisant tes instruments.

Combien de points as-tu décalqués ?

Frank Stella, *Sanbornville I*, 1966, National Galerie, Berlin.

Exercice

1 Comme dans la découverte, reproduis chaque figure. Pour cela, décalque le moins de points possible et termine la construction avec tes instruments.

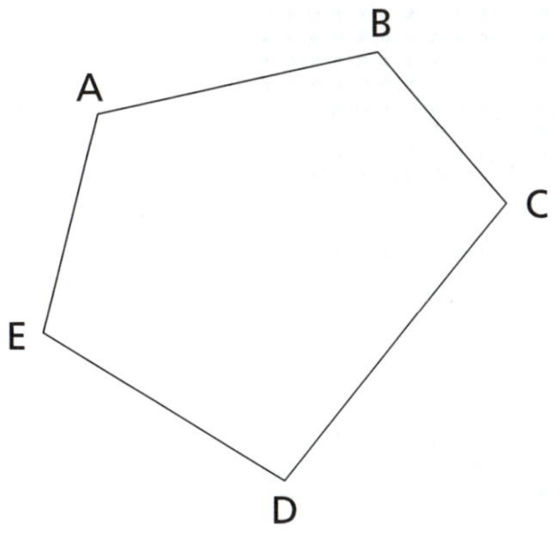

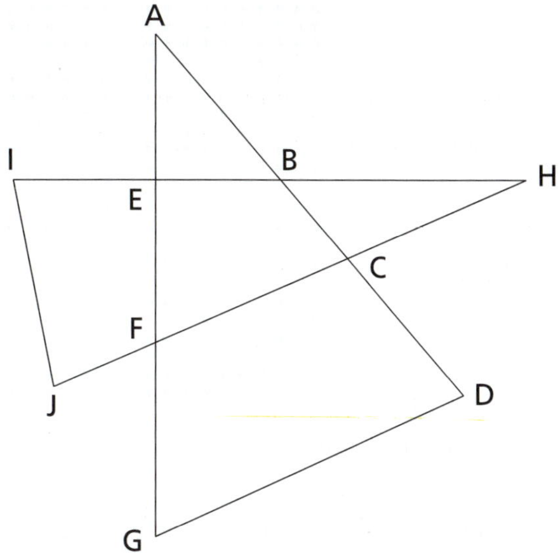

Objectifs Apprendre à utiliser du papier calque. Apprendre à choisir sur un modèle les points qu'il est judicieux de décalquer pour pouvoir le reproduire à l'identique.

Calcul mental Compter de 5 en 5 en croissant ou en décroissant à partir d'un multiple de 10 puis d'un nombre quelconque.

4 Dénombrer une collection organisée

Découverte

Aujourd'hui, Théo et ses amis sont allés voir une comédie musicale dans la grande salle de spectacle « Le palais des Enfants ».
Ils se demandent combien de spectateurs la salle peut accueillir.

Plan de la salle

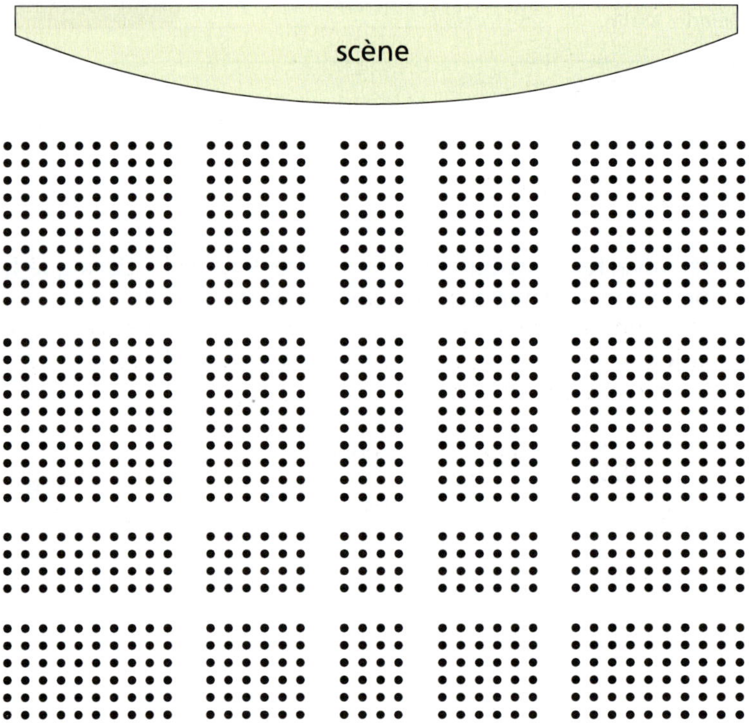

1. Trouve le nombre de places.

2. L'architecte a prévu une porte de sortie pour 100 personnes.
Combien de portes de sortie y a-t-il dans cette salle de spectacle ?

Objectif Dénombrer les éléments d'une collection en utilisant des groupements réitérés de 10 et de 100.

Calcul mental Compter de 100 en 100, en croissant à partir de 0 puis d'un nombre quelconque, et en décroissant à partir d'un multiple de 100.

Exercices

1 Pour la kermesse de l'école, il faut découper des jetons carrés dans des plaques quadrillées comme le modèle ci-contre.

Combien de jetons obtiendra-t-on avec le matériel représenté ci-dessous ? (Toutes les plaques sont complètes.)

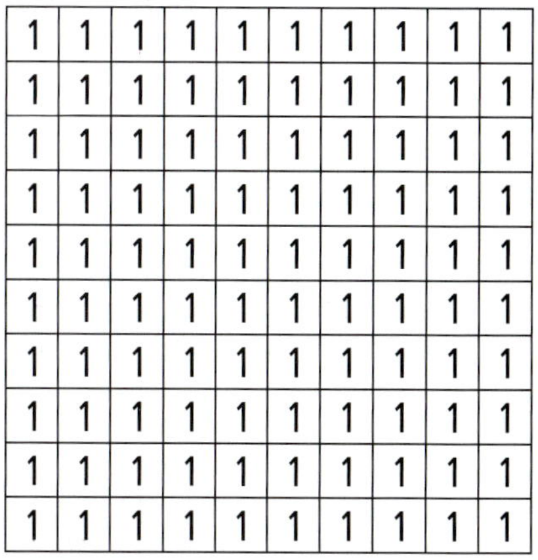

modèle

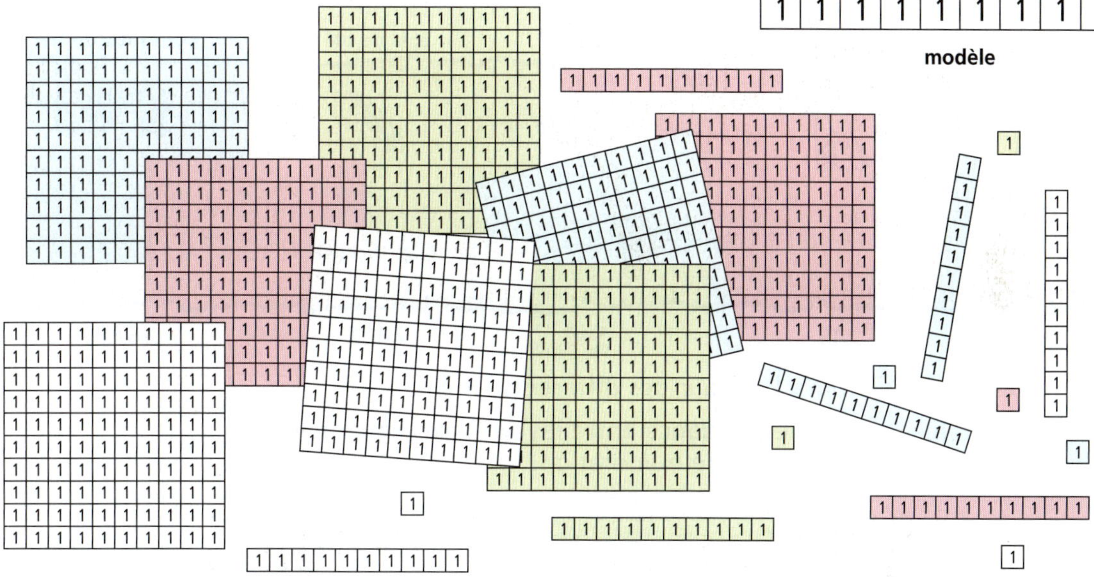

2 La directrice d'une école maternelle a commandé des perles de plusieurs formes et de plusieurs couleurs. Des perles sont vendues par boîtes de 10 et d'autres par boîtes de 100. Voici les boîtes que la directrice a reçues :

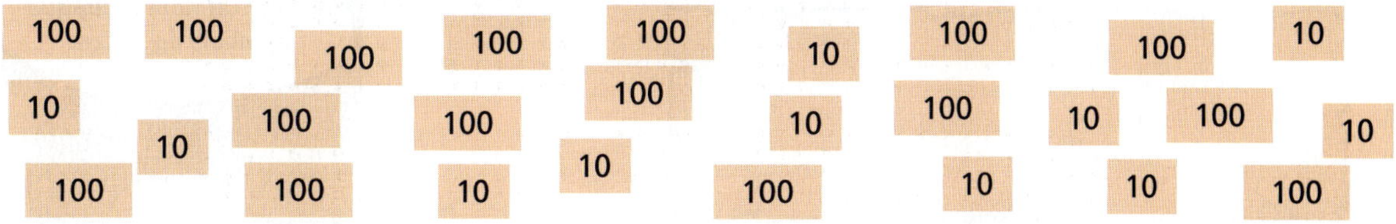

Combien y a-t-il de perles en tout ?

3 Calcule.

a. 10 + 10 + 100 + 100

b. 100 + 100 + 100 + 10

c. 100 + 100 + 10 + 100 + 10 + 100

d. 100 + 100 + 100 + 3

e. 100 + 10 + 100 + 100 + 100 + 8

f. 10 + 100 + 10 + 6 + 100 + 100 + 100 + 10 + 10

g. 100 + 10 + 10 + 100 + 100 + 10 + 100

h. 100 + 10 + 6 + 10 + 100 + 10 + 100 + 10 + 10 + 10

5 Numération : décomposition additive

Découverte

Les Égyptiens de l'Antiquité écrivaient sur des papyrus.

1. Voici l'écriture en hiéroglyphes de plusieurs nombres retrouvés sur un papyrus.

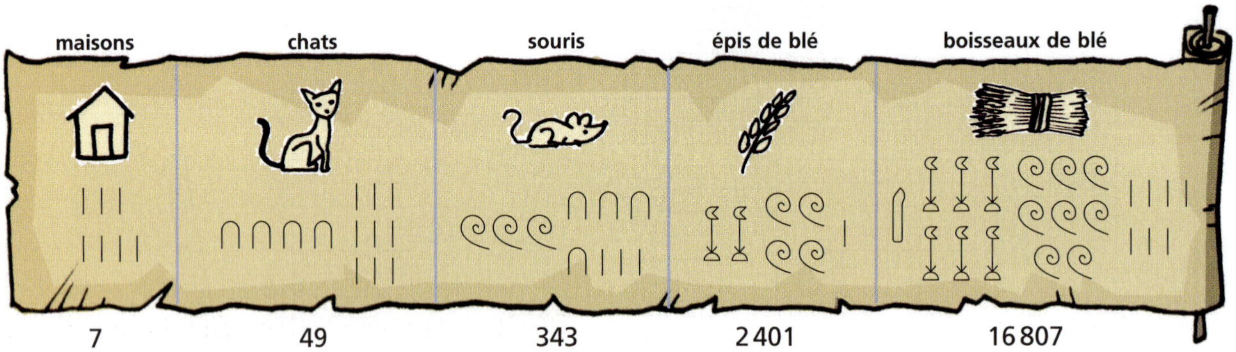

Analyse ces écritures, trouve la valeur des différents symboles.

Complète ce tableau de correspondance entre les symboles égyptiens et leur valeur dans notre système de numération.

1 000 000	100 000	10 000	1 000		10	

2. Sur ce papyrus, le scribe a écrit deux autres nombres. Quels sont ces nombres ?

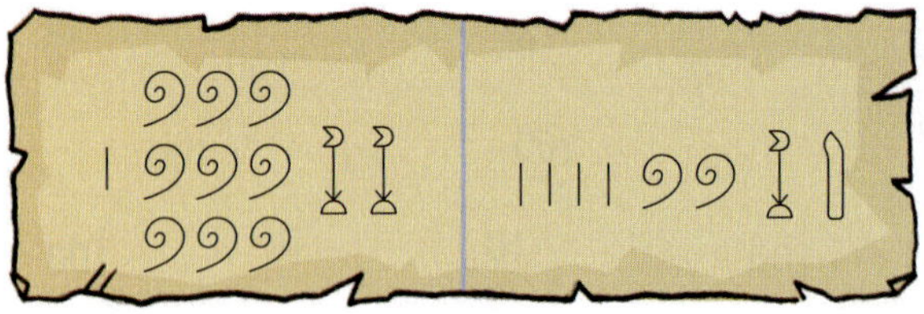

Le scribe a additionné ces deux nombres et a trouvé 14 105.

- Utilise cette information pour vérifier ce que tu as trouvé.
- Écris ce nombre avec des chiffres égyptiens.
- Compare le nombre de chiffres utilisés pour écrire ce nombre dans notre système et dans le système égyptien.

3. Explique les règles de la numération égyptienne.

Objectif Revoir, à travers l'étude de la numération égyptienne, les différents types de groupements propres à toute numération décimale.

Calcul mental À partir d'un nombre quelconque inférieur à 500, le maître alterne la règle ajouter 10 ou retrancher 10.

Exercices

1 Pour chacun des nombres 15 et 532, trouve l'écriture égyptienne correcte.

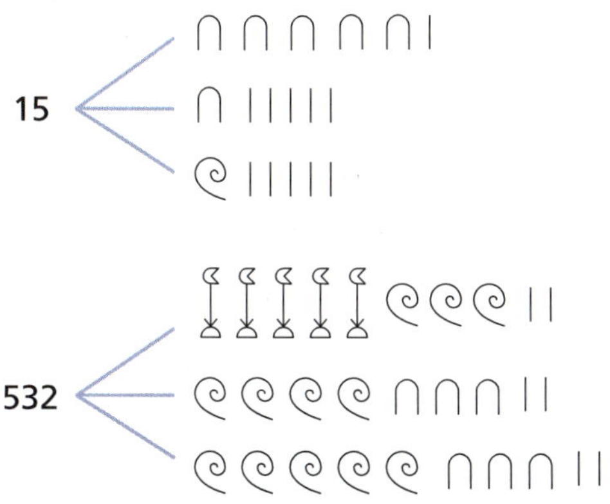

2 Pour chaque nombre en hiéroglyphes, trouve son écriture avec nos chiffres.

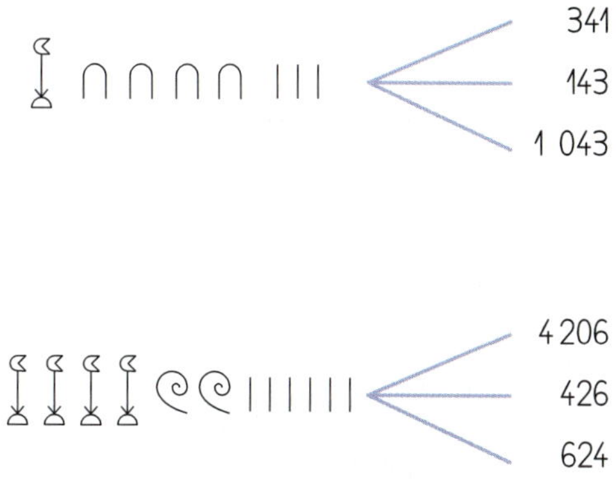

3 Calcule.

1 000 + 1 000 + 100 + 100 + 10 + 1 + 1

1 000 + 10 + 10 + 10 + 1 + 1 + 1 + 1 + 1 + 1

1 000 + 1 + 1 + 1 + 1 + 1

4 Écris la décomposition additive de chaque nombre.

143 = 100 + 10 + 10 + 10 + 10 + 1 + 1 + 1

437	3 040	470
2 128	5 006	1 403

5 Pour chaque nombre en hiéroglyphes, donne avec nos chiffres son écriture sous la forme d'une somme, puis son écriture habituelle.

Exemple :  c'est 100 + 100 + 10 + 10 + 10 + 1 + 1 + 1, c'est encore 233.

a. 

b. 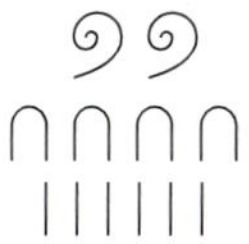

c. 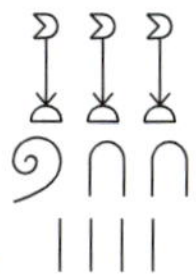

d. 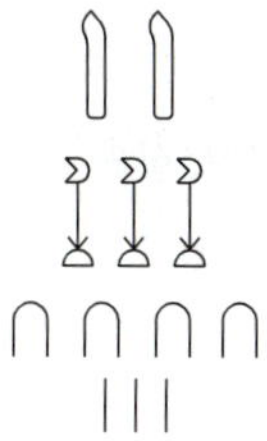

Remue-méninges

Sur ce fragment de bas-relief présentant des offrandes aux dieux, repère les nombres et écris-les avec nos chiffres.

6 Alignements (1)

Activité préparatoire de découverte : Entraîner les élèves à tracer sur des feuilles de format A3 des segments les plus longs possible avec une règle ne dépassant pas 20 cm. Dans la cour, faire jouer les enfants à se cacher pour que l'un d'eux, sans se déplacer, ne voie pas les autres ; faire anticiper les zones qui conviennent.

Découverte

Les enfants jouent à cache-cache dans la cour. Où peuvent se cacher Alice, Théo et Leïla pour que Qwang ne les voie pas ?

Décalque cette vue du dessus de la cour sur une feuille transparente.
Place des croix bleues aux endroits qui te paraissent convenir.

Colorie en bleu les zones où peuvent se cacher les joueurs.

Exercices

1 Maintenant, où peuvent se cacher Alice, Théo et Qwang pour que Leïla ne les voie pas ?

Décalque cette vue du dessus de la cour sur une feuille transparente.

Colorie en bleu les zones où peuvent se cacher les joueurs.

Objectif Repérer et construire des alignements.

Calcul mental Le maître donne oralement un nombre (inférieur à 1 000), les élèves le disent ou l'écrivent comme somme d'un multiple de 100, d'un multiple de 10 et des unités. Exemple : 345 = 300 + 40 + 5.

2 Décalque les points, puis :

a. Place le point I :
– il est aligné avec A, B et E ;
– il est aussi aligné avec C et F.

b. Place le point J :
– il est aligné avec D et B ;
– il est aussi aligné avec G et A.

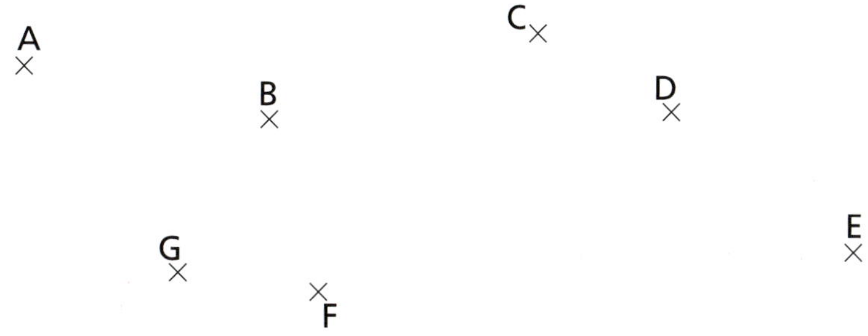

3 Les quatre droites sont désignées par les lettres d, f, g, h.
Les trois points sont désignés par les lettres I, J, K.

À vue d'œil, sur quelle(s) droite(s) se trouve(nt) chacun des points ? Vérifie avec ta règle.

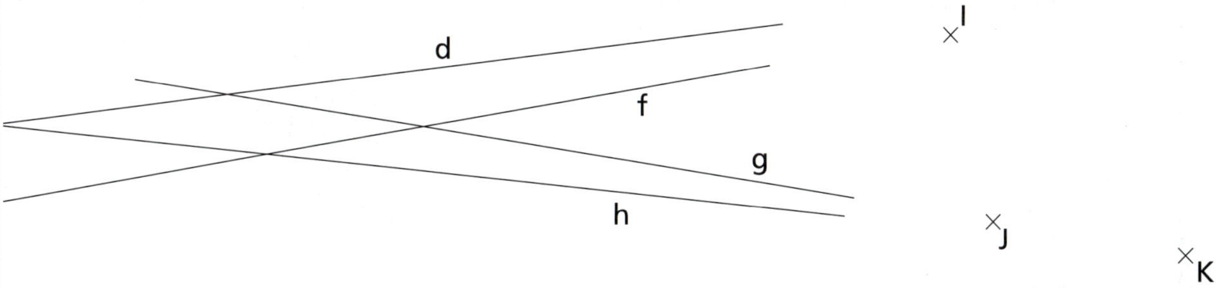

Illusion d'optique

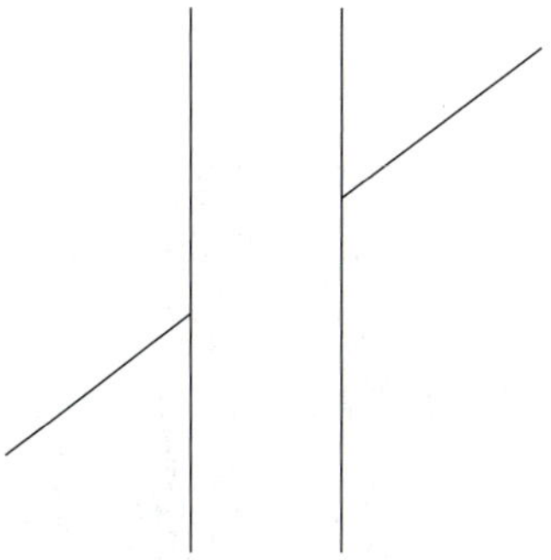

Les deux segments te semblent-ils dans le prolongement l'un de l'autre ? Vérifie avec ta règle.

7 Alignements (2)

Découverte

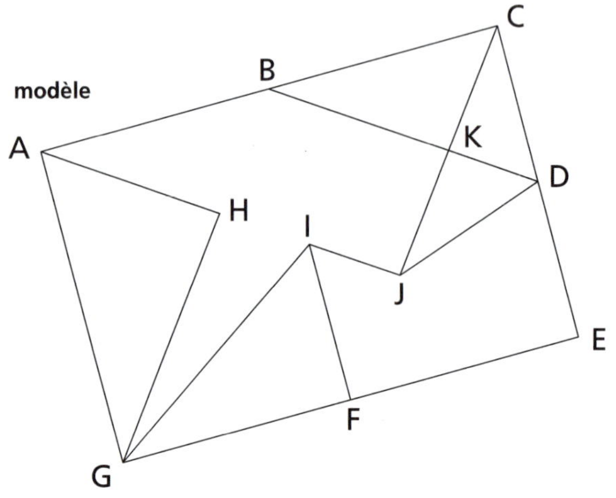

Observe bien cette figure complexe, on a désigné les points par des lettres.

1. À vue d'œil, quels points te paraissent alignés avec les points A et I ? Note-les sur ton cahier puis vérifie avec ta règle.

2. Trouve, à vue d'œil, 4 autres points qui sont alignés, note-les sur ton cahier puis vérifie avec ta règle.

3. Le point G est-il aligné avec J et D ? Vérifie avec ta règle.

4. Sur un calque, reproduis puis complète la figure ci-contre pour qu'elle soit semblable au modèle.

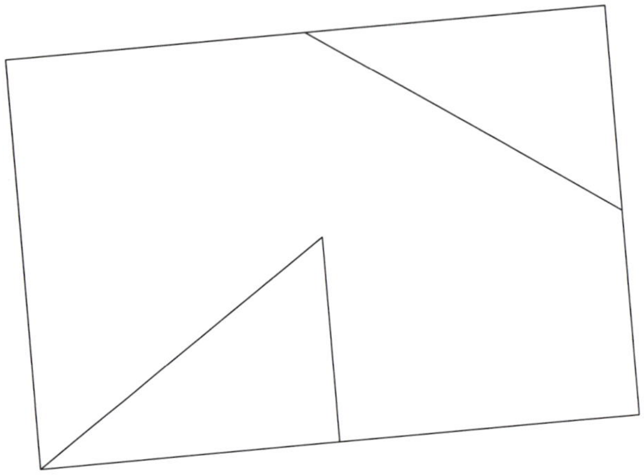

Exercice

Observe bien cette figure complexe.

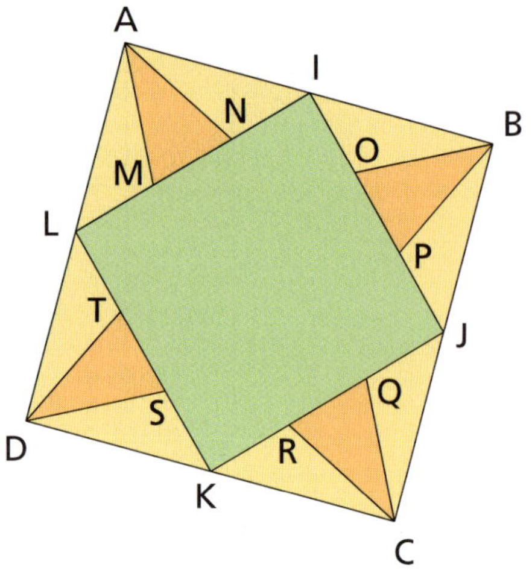

a. À l'œil, quel point te paraît aligné avec les points A et N ? Vérifie avec ta règle.

b. Quel point te paraît aligné avec A et M ? Vérifie avec ta règle.

c. Reproduis la figure sur du papier quadrillé puis sur du papier uni.
Pour cela, trace un carré ABCD de 6 cm de côté.
Place le point I milieu de [AB], le point J milieu de [BC], le point K milieu de [CD], le point L milieu de [DA].
Trace ensuite les autres segments en repérant des alignements.

Objectif Comprendre que des points sont alignés s'ils sont sur une même droite. Repérer et construire des alignements pour reproduire des figures.

Calcul mental Le maître donne oralement la décomposition additive d'un nombre (dans l'ordre ou le désordre). Les enfants écrivent le nombre correspondant.

relations et propriétés géométriques
6
7
17
18
29
34
69
70
73
74

8 Numération orale (1)

Découverte

La classe de CM1 de l'école « Sophie Germain » a lancé un défi mathématique à la classe de CM1 de Théo. Voici le texte de ce défi.

Réponds à ce défi.

Défi maths

Voici 7 étiquettes bleues et 7 étiquettes vertes.

trois	quatre	sept	dix	vingt(s)	cent(s)	mille
3	4	7	10	20	100	1 000

En juxtaposant les 7 étiquettes bleues, nous pouvons dire « trois mille cent quatre-vingt-dix-sept ».

Avec les étiquettes vertes et des signes opératoires, nous pouvons écrire : (3 × 1 000) + 100 + (4 × 20) + 10 + 7.

C'est la décomposition auditive de 3 197.

① En juxtaposant les 7 étiquettes bleues, pouvez-vous obtenir d'autres nombres de 4 chiffres ?

② En juxtaposant seulement 3 ou 4 étiquettes bleues, pouvez-vous obtenir des nombres de 4 chiffres ?

Si oui, avec les étiquettes vertes et des signes opératoires, donnez leur décomposition auditive et leur écriture en chiffres.

Exercices

1 Voici des mots-nombres : quatre six sept vingt(s) cent(s)

Parmi les nombres suivants, trouve ceux que tu peux dire en utilisant uniquement certains de ces mots-nombres.

1 007 786 726 4 007 704 10 020 207 180 407 687 400

2 Pour chaque nombre, trouve les mots-nombres utilisés pour le dire. Écris le nombre en lettres.

3 275	deux	trois	cinq	sept	quinze	vingt(s)	soixante	cent(s)	mille	
3 098	zéro	trois	quatre	huit	neuf	dix	vingt(s)	trente	cent(s)	mille

3 Recopie et complète les décompositions auditives.

1 387 = 1 000 + (… x 100) + (4 x …) + 7

6 127 = (6 x …) + 100 + … + 7

3 295 = (3 x …) + (… x 100) + (… x 20) + 15

4 568 = (4 x …) + (5 x 100) + … + 8

Objectifs Dire les nombres. Étudier les règles d'association des mots-nombres. Débusquer les erreurs fréquentes.

Calcul mental À partir d'un nombre quelconque inférieur à 500, le maître alterne la règle ajouter 100 ou retrancher 100.

9 Numération orale (2)

Découverte

En France, les trains en circulation portent tous un numéro.
Ce numéro change selon leur destination.

S'ils vont vers Paris, ils portent un numéro pair. Si, au contraire, ils s'éloignent de Paris, ils portent un numéro impair.

Ces numéros sont annoncés par des haut-parleurs et sont écrits en chiffres sur des panneaux d'affichage.

1. Les numéros de trains suivants ont été annoncés :

mille sept — trois mille cent quarante-neuf — six mille cinq cent quarante-cinq — cinq mille trois cent seize — huit mille huit cent douze — mille six cent quatre

Écris en chiffres, d'un côté les numéros de trains qui vont à Paris, de l'autre ceux qui s'éloignent de Paris.

2. Voici des numéros de trains affichés dans différentes gares. Écris ces numéros en lettres.

7 254 — 8 026 — 5 375 — 6 807 — 5 390 — 9 802 — 3 395 — 7 298 — 4 308

Exercices

1 Pour chaque nombre écrit en chiffres, trouve l'écriture correcte en lettres.

8 376
- quatre-vingt-trois soixante-seize
- huit mille trois cent soixante-seize
- huit trois cent soixante-seize

12 830
- mille deux cent quatre-vingt-trois
- douze mille huit cent trois
- douze mille huit cent trente

2 Pour chaque nombre écrit en lettres, trouve l'écriture correcte en chiffres.

mille trois cent quatre-vingts
- 100 380
- 130 080
- 1 380

deux mille cinq cent soixante-quinze
- 256 015
- 2 575
- 250 075

Objectifs Dire et écrire les nombres. S'entraîner à associer l'écriture en chiffres des nombres et la manière de les dire. Débusquer les erreurs fréquentes.

Calcul mental Le maître dit 4 nombres inférieurs à 1 000. Après une dizaine de secondes les élèves les écrivent en chiffres.

3 Écris en lettres les nombres suivants : 1 809 ; 6 705 ; 3 070 ; 5 057 ; 8 970 ; 9 087.

4 Écris en chiffres les nombres suivants.

a. mille neuf cent soixante-dix-huit
b. neuf cent quatre-vingt-dix-sept
c. six mille quatre cent soixante-quinze
d. quatre mille quatre
e. deux mille neuf cent un
f. quatre mille quarante

5 Trouve les nombres que tu peux écrire en lettres en utilisant une seule fois chaque étiquette.

un   cent   trois   mille

Écris ensuite ces nombres en chiffres.

6 Compte de dix en dix à partir de « trois mille soixante » jusqu'à « trois mille cent dix », et écris en lettres les nombres obtenus.

7 Pendant les vacances, Hugo et ses parents ont visité le site d'assemblage des avions Airbus de Toulouse. Hugo a écrit à ses amis pour leur raconter cette visite.

Les avions Airbus A300, A320, A330, A340 et A380 sont fabriqués par la France, l'Allemagne, la Grande-Bretagne et l'Espagne. Ils sont assemblés à Toulouse. Ils peuvent voler sur de grandes distances sans escale.

L'A300 peut parcourir sept mille sept cents kilomètres : c'est son rayon d'action.

Le rayon d'action de l'A320 est de cinq mille cinq cents kilomètres, celui de l'A330, douze mille cent kilomètres.

Pour l'A340, le rayon d'action est de quatorze mille cent cinquante kilomètres. L'A380 peut parcourir quatorze mille huit cents kilomètres sans escale !

Recopie et complète le tableau à l'aide du texte écrit par Hugo.

Appareil	Nombre maximum de passagers	Rayon d'action (en km)
A300	266	7 700
A320	150	
A330	253	
A340	380	
A380	555	

connaissance des nombres
4
5
8
9
10
11
12
21
22
23
60
90

10 Numération écrite : décomposition canonique (1)

Découverte

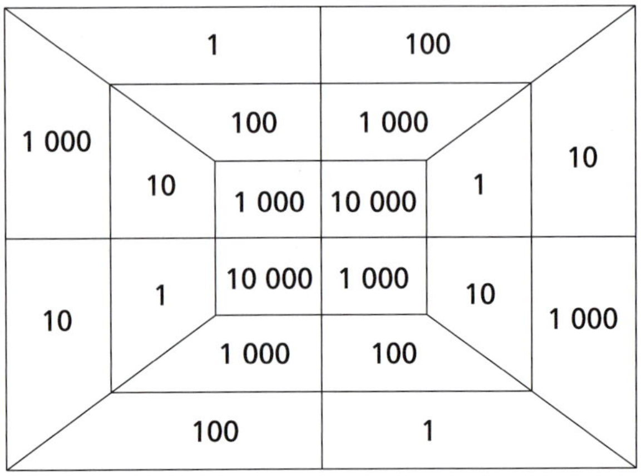

Voici la cible du jeu de palets. Chaque enfant lance 25 palets.

1. À l'issue d'une partie, chaque enfant a calculé son score :
- 13 palets de Qwang sont arrivés sur la cible, il a obtenu 8 023 points ;
- 18 palets de Leïla sont arrivés sur la cible, elle a obtenu 684 points.

Pour chaque enfant :
– trouve les cases sur lesquelles ont pu tomber les palets ;
– écris son score sous forme d'une somme.

2. Le score d'Alice est 5 837. Elle a écrit : (5 x 1 000) + (8 x 100) + (3 x 10) + 7
C'est la décomposition canonique de 5 837. Sur quelles cases étaient ses palets ?

3. Pour Clara, 6 palets sont tombés dans la case 1 000, 12 sont tombés sur 100, 1 est tombé sur 10, et 6 sont tombés sur 1. Quel est le score de Clara ?

4. Hugo a obtenu 2 310 points. Un seul palet est tombé sur 1 000. Dans quelles cases de la cible ont pu tomber les autres palets d'Hugo ? Y a-t-il plusieurs solutions ?

Exercices

1 Écris la décomposition canonique de chaque nombre.

a. 6 853 **b.** 340
c. 3 057 **d.** 14 582
e. 5 609 **f.** 30 574

Objectif Comprendre le rôle de la position des chiffres dans l'écriture d'un nombre.

Calcul mental Le maître affiche 4 mots-nombres au tableau. Les élèves cherchent des nombres qui peuvent être dits avec ces mots et les écrivent en chiffres.

2 Recopie et complète le tableau suivant.

Nombre	Chiffre des dizaines	Nombre de dizaines
2 957	5	295
997		
12 043		
7 802		

3 Recopie et complète le tableau suivant.

Nombre	Chiffre des centaines	Nombre de centaines
9 863	8	98
14 057		
7 588		
13 672		

4 Au jeu de palets, voici les résultats de 3 enfants.

	10 000	1 000	100	10	1
Lila		4	12	1	6
Steve	1		8	13	1
Louis	1	15		4	2

Calcule le score de chaque enfant et écris la décomposition canonique du nombre obtenu.

5 Calcule.

(12 x 100) + (3 x 10) + 7

(4 x 1 000) + (12 x 10)

(7 x 1 000) + (9 x 10) + 3

(37 x 100) + 8

6 Retrouve les nombres qui manquent.

2 385 = (… x 1 000) + (… x 10) + …

3 047 = (… x 100) + (… x 10) + …

7 817 = (… x 1 000) + (… x 100) + (… x 10) + …

90 305 = (… x 1 000) + (… x 10) + …

7 Voici un nombre : 6 394. Sans écrire de calculs, réponds à chacune des questions suivantes.

a. Si on remplace le chiffre 3 par le chiffre 5, de combien augmente le nombre ?

b. Si on remplace le chiffre 9 par le chiffre 2, de combien diminue le nombre ?

c. Quel chiffre faut-il modifier et comment pour que le nombre diminue de 2 000 ?

11 Numération écrite : position et valeur des chiffres

Découverte

Dans certains pays, on utilise les symboles hindi pour écrire les nombres, comme par exemple sur les plaques d'immatriculation des voitures au Moyen-Orient.

1. Voilà des numéros de plaques d'immatriculation et leur traduction.

٩٤٦	٣٢٤٩	٦٧٠٣
946	3 249	6 703
٩١٣٠	١٠٧٥٣	٤٨٨٢٧
9 130	10 753	48 827

À l'aide de ces informations, trouve la valeur des différents symboles hindi, puis explique comment fonctionne la numération hindi.

2. Dans les régions semi-arides de l'Inde, certains déplacements se font à dos de dromadaires.

Dans le tableau ci-dessous, tu trouveras le nombre de dromadaires de différentes races.

Bikaneri	Jaisalmeri	Kutchi	Mawari	Sindhi
١٤٤٢٤٥	٤٥٥٣٨	١٦٨٥١	٣٠٥١١	١٢٠٠٥

Écris avec nos chiffres le nombre de dromadaires de chaque race.

Exercices

1 Voici des étiquettes : 4 6 9 5

En juxtaposant ces quatre étiquettes, écris tous les nombres inférieurs à 6 000 que tu peux former.

2 Voici des étiquettes : ٨ ٠ ٦ ٢

En juxtaposant ces quatre étiquettes, écris avec nos chiffres tous les nombres supérieurs à 6 000 que tu peux former.

Objectif Mieux comprendre notre système de numération à travers l'étude d'une autre numération de position : la numération hindi.

Calcul mental Le maître écrit au tableau 4 nombres inférieurs à 100 puis les cache. Après une dizaine de secondes, les élèves les écrivent en chiffres.

3 Calcule et écris le résultat avec nos chiffres.

a. (8 x 1 000) + (4 x 100) + (3 x 10) + (2 x 10 000)
2 + (5 x 1 000) + (7 x 100)
(3 x 100 000) + (2 x 100) + (5 x 10 000) + (6 x 1 000) + 1

b. (٤ × ١٠٠٠) + (٩ × ١٠٠) + (٢ × ١٠) + ٨
(٥ × ١٠٠) + (٢ × ١٠) + (٩ × ١٠٠٠) + ٦
٥ + (٢ × ١٠٠٠) + (٩ × ١٠٠٠٠) + (١ × ١٠)

4 Écris ces nombres avec nos chiffres.

a. 4 unités et 5 dizaines
b. 5 centaines et 6 unités
c. 24 centaines et 8 dizaines
d. 3 unités de mille, 8 unités et 9 centaines
e. 15 unités de mille, 6 dizaines et 3 unités
f. 24 unités, 47 centaines et 7 unités de mille

5 La tante de Leïla a passé des vacances en Inde.
Voici le texte énigmatique qu'elle a envoyé à sa nièce.

Écris avec nos chiffres toutes les informations numériques de cette lettre.

Le Taj Mahal, tout en marbre blanc, est situé près de la ville d'Agra, dans le nord de l'Inde.

*La capitale de l'Inde est New Delhi.
Elle se trouve à ٦٥٨١ km de Paris.
A ٢٠٠ km de New Delhi, on peut visiter un monument célèbre :
le Taj Mahal.
C'est un mausolée construit par l'empereur Shah Jahan en mémoire de son épouse décédée en ١٦٣٠.
La construction a commencé en ١٦٣٢ et s'est terminée en ١٦٤٨, soit plus de ١٠ ans de travaux.
Pour le construire, il a fallu ٢٠٠٠٠ personnes, et plus de ١٠٠٠ éléphants.
On a utilisé ٢٨ types de pierres précieuses pour le décorer.*

12 Numération écrite : comparer des nombres entiers

Découverte

La France des trois océans

La France lointaine est constituée de départements d'outre-mer (DOM), de territoires d'outre-mer (TOM) et de collectivités territoriales. Ce sont souvent des îles.

Voici quelques informations sur cette France des trois océans.

L'île de Mooréa en Polynésie française

Un village en Guyane

Océan	DOM, TOM ou collectivité territoriale *	Superficie (en km²)	Ville principale	Distance de Paris (en km)
Atlantique	Guadeloupe	1704	Pointe-à-Pitre	6793
	Guyane	86504	Cayenne	7074
	Martinique	1128	Fort-de-France	6859
	Saint-Pierre-et-Miquelon	227	Saint-Pierre	4269
Indien	La Réunion	2512	Saint-Denis	9345
	Mayotte	374	Dzaoudzi	8027
Pacifique	Nouvelle-Calédonie	18575	Nouméa	16736
	Polynésie française	4200	Papeete	15703
	Wallis-et-Futuna	211	Mata-Utu	16043

* Ce tableau ne présente que quelques-uns des DOM, TOM ou collectivités territoriales. Il en existe d'autres.

1. Quel est le rayon d'action de l'avion Airbus A300 ? (Si tu l'as oublié, reporte-toi à la page 21.)
L'A300 peut-il aller sans escale de Paris à Saint-Denis de La Réunion ?

2. Quel est le rayon d'action de l'A330 ? Quelles sont les villes du tableau qu'il peut atteindre sans escale au départ de Paris ?

3. Range les départements, territoires et collectivités territoriales :
– de celui qui est le moins éloigné de Paris à celui qui est le plus éloigné ;
– de celui qui a la plus petite superficie à celui qui a la plus grande.

Explique comment tu fais pour ordonner des nombres.

Objectif Maîtriser les règles de comparaison des nombres écrits en chiffres.

Calcul mental Le maître écrit au tableau 4 nombres inférieurs à 100 puis les cache. Après une dizaine de secondes, les élèves les écrivent dans l'ordre croissant (ou décroissant).

Exercices

1 Écris tous les nombres supérieurs à 7 230 et qui s'écrivent sous la forme 7 2 • 6.

2 Recopie et complète en remplaçant chaque point par un chiffre.

387 < •00 < 452   2 141 < • 000 < 3 053

583 < •00 < 654   3 400 < • 000 < 4 517

3 Écris tous les nombres qui sont à la fois :
- supérieurs à 2 800 ;
- inférieurs à 3 300
- qui s'écrivent sous la forme • •74.

4 Complète chaque nombre en utilisant une fois au maximum les chiffres 4, 8 ou 5.
Trouve plusieurs solutions.

6	0			<	6	0			<	6	0		

▸ Remue-méninges

Trouve les nombres pairs compris entre 14 227 et 14 372 dont la somme des chiffres est 15, puis range-les dans l'ordre croissant.

connaissance des nombres
4
5
8
9
10
11
12
21
22
23
60
90

13 Addition : techniques

Découverte

1. Effectue le calcul de 579 + 67 + 4683.

2. Compare ta méthode avec les méthodes décrites ci-dessous.

Technique allemande du XVIe siècle

		5	7	9
+			6	7
+	4	6	8	3
			1	9
		2	1	
	1	1		
	4			
	5	3	2	9

Autre version de la technique allemande

		5	7	9
+			6	7
+	4	6	8	3
			1	9
		2	1	0
	1	1	0	0
	4	0	0	0
	5	3	2	9

Technique usuelle

	1	2	1	
		5	7	9
+			6	7
+	4	6	8	3
	5	3	2	9

• Dans la technique allemande du XVIe siècle, que représentent les nombres 19 ; 21 ; 11 ; 4 ?

• Quels sont les avantages et les inconvénients de chacune de ces techniques ?

3. Voici trois autres manières d'effectuer des additions.
Trouve le résultat de chaque opération en utilisant la méthode proposée.

1 256 + 400

Calcule de tête.

1 327 + 426

Fais des sauts en décomposant un des nombres.

426 = 400 + 20 + 6

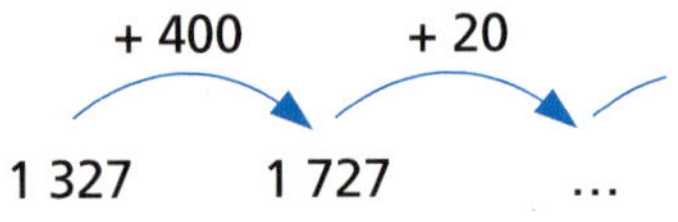

528 + 436

Écris la décomposition additive de chaque nombre et regroupe astucieusement.

500 + 20 + 8 + 400 + 30 + 6

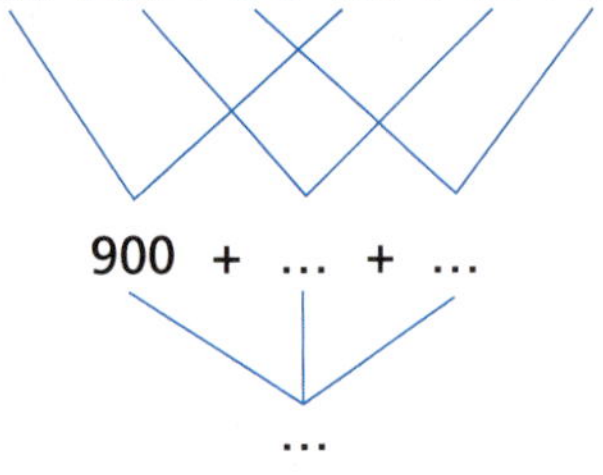

Objectif Comprendre et maîtriser la technique usuelle de l'addition en s'appuyant sur les connaissances acquises en numération.

Calcul mental Le maître écrit au tableau 4 nombres inférieurs à 100 puis les cache. Après une dizaine de secondes, les élèves écrivent les nombres suivants ou précédents.

Exercices

1 Calcule mentalement.

30 + 80 + 6 1 625 + 340
820 + 90 7 403 + 2 500
250 + 2 300 700 + 20 300

2 Calcule en décomposant un des nombres.

1 358 + 425 913 + 4 087
3 540 + 235 7 246 + 1 531

3 Calcule en décomposant les nombres et en regroupant astucieusement.

582 + 345 9 024 + 2 087

4 Pose et calcule.

2 543 + 762 31 + 3 012 + 124
728 + 3 901 5 964 + 309 + 4 027

5 Calcule avec la méthode de ton choix.

126 + 52 + 1 128 1 217 + 513

6 Complète les additions dans les deux sens : vertical et horizontal. Trouve un moyen pour vérifier si tes calculs sont justes.

613	+ 746	+ 2014	= …
+ 48	+ 3612	+ 736	= …
+ 6327	+ 408	+ 28	= …
+ 2416	+ 39	+ 316	= …
…	…	…	

7 Complète ces additions.

```
                                  • 3 5 • 4
   • 2 8        1 4 2 8     +         • 3 7
 + 6 • 4      + • • • •     +       • 4 1 3
 -------      ---------     ---------------
   9 3 •        3 1 1 6           2 0 8 7 •
```

Nombres croisés

Horizontalement

A • 94 centaines + 2 unités + 6 dizaines • Moitié de 12.
B • Le plus grand nombre de trois chiffres. • Le plus petit nombre de deux chiffres tous identiques.
C • Entre 24 000 et 25 000, le nombre ne change pas quand on le lit de gauche à droite ou de droite à gauche.
D • Entre 43 200 et 43 300.
E • Si on lui ajoute 93, on obtient une centaine.
• Somme de 5 978 et 1 717.
F • 123 + 321 • Si on lui ajoute 5 unités, on obtient 5 dizaines.

	I	II	III	IV	V	VI
A					■	
B				■		
C	■					
D						■
E		■				
F				■		

Verticalement

I • Juste avant 100 • 46 dizaines et 14 unités.
II • Si on lui ajoute une centaine, on obtient 5 023. • Sa moitié est 2.
III • Entre 69 dizaines de mille et 70 dizaines de mille.
IV • Nombre pair. • 6 unités et 8 centaines.
V • Si on lui ajoute 6, on obtient 143 centaines.
VI • Si on lui retire 12 unités, on obtient 6 centaines. • Ses chiffres sont les mêmes.

14 Addition et soustraction : sens et calcul (2)

Découverte

Pour chaque question, cherche une solution.
Explique ta réponse.

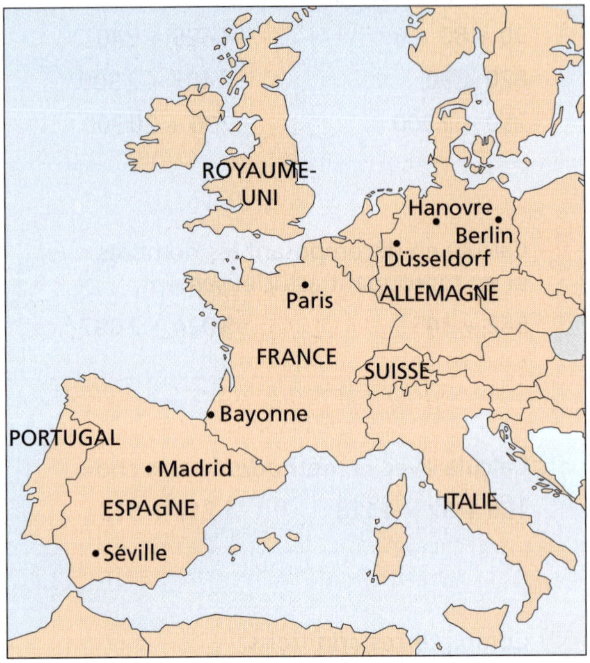

1. Pendant les vacances, Alice et ses parents sont allés de Paris à Madrid.
Alice a dessiné un schéma de son voyage.

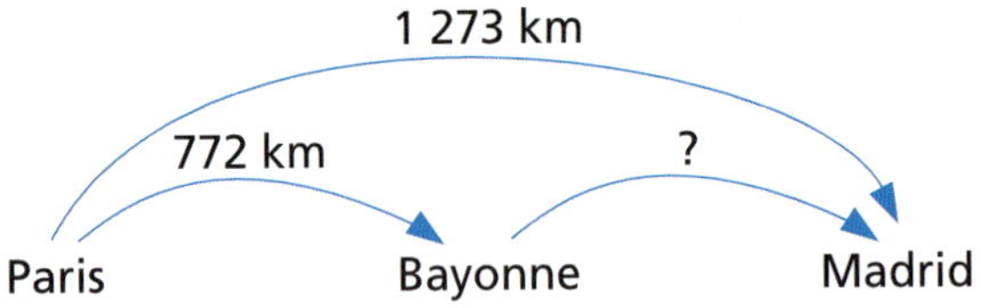

Combien de kilomètres y a-t-il entre Bayonne et Madrid ?

2. Après cette étape à Madrid, Alice et ses parents sont partis pour Séville.

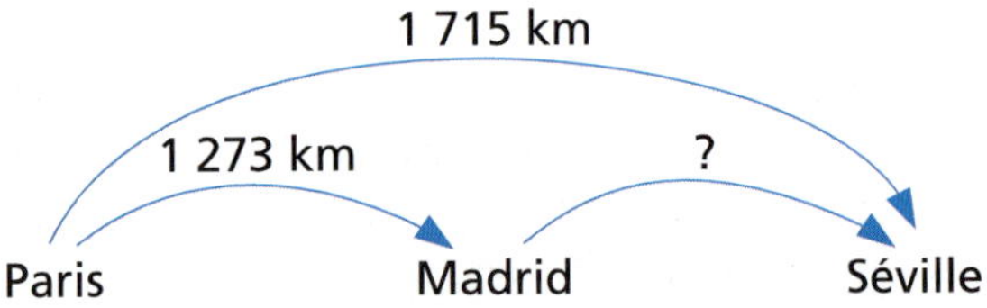

Combien de kilomètres y a-t-il entre Madrid et Séville ?

3. Qwang est allé à Berlin avec ses grands-parents. Ils ont traversé Düsseldorf et Hanovre. Il y a :
– 490 km entre Paris et Düsseldorf ;
– 283 km entre Düsseldorf et Hanovre ;
– 275 km entre Hanovre et Berlin.
Qwang a schématisé son trajet.

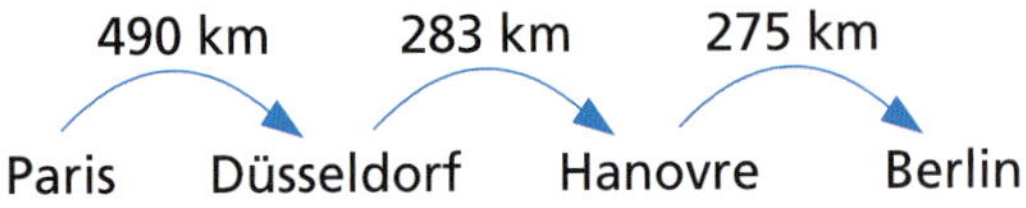

Combien de kilomètres Qwang a-t-il parcourus entre Paris et Berlin ?

Objectif Résoudre des problèmes additifs et soustractifs dans un contexte de distances.

Calcul mental Le maître écrit au tableau 4 nombres inférieurs à 100 puis les cache. Après une dizaine de secondes, les élèves écrivent les nombres obtenus en ajoutant 10 ou en enlevant 10 aux nombres cachés.

Exercices

1 Pour aller de Toulouse à Lille, les parents de Leïla passent par Orléans.
Il y a 556 km entre Toulouse et Orléans et 901 km entre Toulouse et Lille.

Combien de kilomètres y a-t-il entre Orléans et Lille ?

2 Pour aller de Rennes à Lyon par l'autoroute, on passe par le péage de Saint-Arnoult-en-Yvelines.
Entre Rennes et Lyon, la distance est alors de 767 km. Entre Rennes et Saint-Arnoult, il y a 296 km.

Combien de kilomètres y a-t-il entre Saint-Arnoult-en-Yvelines et Lyon ?

3 Cherche dans la découverte les informations nécessaires pour calculer la distance entre Madrid et Berlin en empruntant l'itinéraire suivant :

Madrid → Bayonne → Paris → Düsseldorf → Hanovre → Berlin

4 Deux montgolfières volent en conservant entre elles la même différence d'altitude de 50 m. La montgolfière la plus haute est à 400 m d'altitude.

À quelle altitude vole l'autre montgolfière ?
Y a-t-il plusieurs solutions ?

5 Deux avions de la Patrouille de France doivent conserver une différence d'altitude de 20 m. L'un des avions vole à une altitude de 700 m.

À quelle altitude vole l'autre avion ?
Y a-t-il plusieurs solutions ?

6 L'écart entre deux nombres est 30.
L'un des nombres est 100.

Quel est l'autre nombre ?
Y a-t-il plusieurs solutions ?

7 L'écart entre deux nombres est 40.
Le nombre le plus grand est 200.

Quel est l'autre nombre ?
Y a-t-il plusieurs solutions ?

Carrés magiques

Un carré est magique si la somme des nombres situés en ligne, en colonne ou en diagonale est toujours la même.

Quels sont les carrés magiques ?

A

8	1	6
3	5	7
4	9	2

B

9	26	16
24	17	10
18	11	25

C

16	3	2	13
5	10	11	8
9	6	7	12
4	15	14	1

15 Addition et soustraction : calcul

Activité préparatoire de découverte : Rappel des procédures utilisées dans la découverte de la séance précédente (étape 14).

Découverte

1. Calcule : 1 152 + … = 1 438.

2. Voici comment Alice, Théo et Piotr, leur ami russe, calculent 1 152 + … = 1 438.

Étudie la proposition de chaque enfant. Complète son calcul et compare avec ta méthode.

• **Alice**

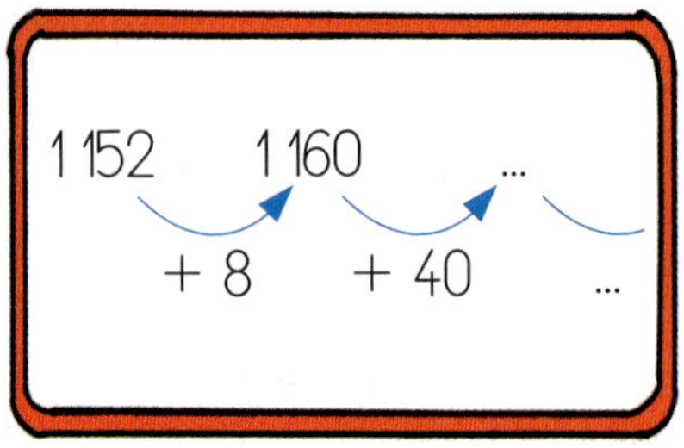

• **Théo**

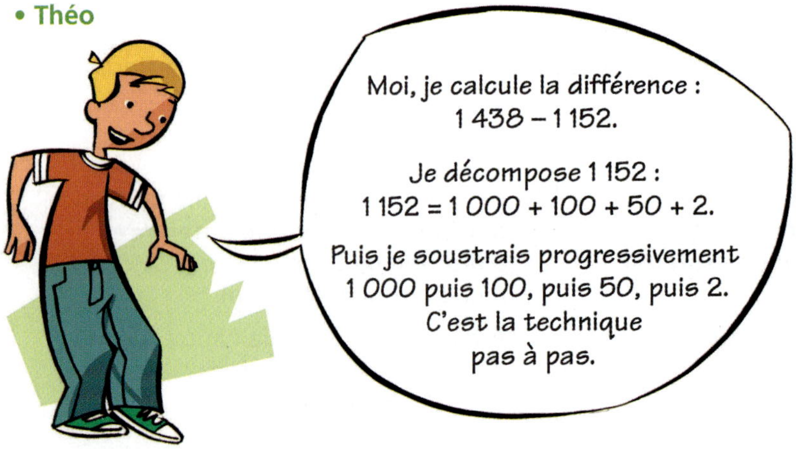

1 438 – 1 000 = 438
438 – 100 = 338
338 – … = …

• **Piotr** propose à ses amis sa technique pour calculer des soustractions : la soustraction à la russe.

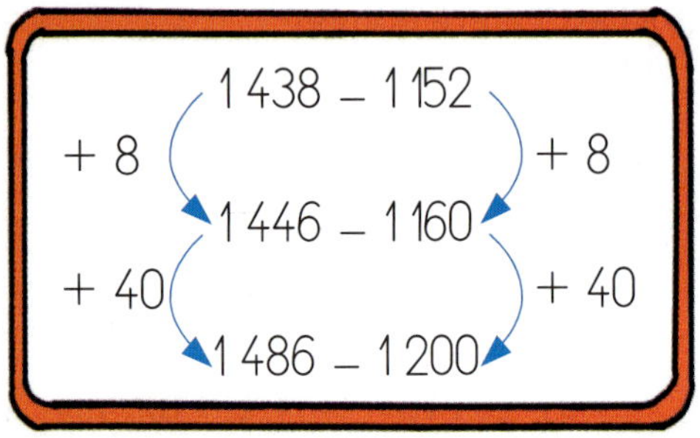

Objectifs Comprendre l'équivalence entre l'addition à trou et la soustraction. Mettre en œuvre différentes procédures de calcul réfléchi d'additions à trou ou de soustractions.

Calcul mental Le maître écrit un nombre au tableau, puis fait faire des calculs en chaîne. Il annonce : « plus 20, moins 13, plus 5… ». Les enfants calculent mentalement, écrivent ou non les résultats intermédiaires.

Exercices

1 Calcule 1 468 + … = 2 125 en utilisant la technique d'Alice.

2 Calcule 3 241 – 1 158 en utilisant la technique de Théo.

3 Transforme en addition à trou la soustraction 4 536 – 2 624, puis calcule par la technique des sauts.

4 Transforme en soustraction l'addition à trou 503 + … = 2 841, puis calcule par la technique pas à pas.

5 Utilise la technique de la soustraction à la russe pour calculer 3 152 – 856.

6 Utilise la technique de ton choix pour calculer 2 135 + … = 2 842 et 3 256 – 1 541.

7 Effectue les calculs.

1 238 →(+ 100) … →(+ 10) … →(+ 1) … →(– 200) … →(– 20) … →(– 2) … →(+ 3) … →(+ 300) … →(– 30) …

8 Effectue les calculs.

2 846 →(…) 2 746 →(…) 2 747 →(…) 2 767 →(…) 3 767 →(…) 3 760 →(…) 3 730

9 Effectue les calculs.

1 342 →(…) 1 350 →(…) 1 400 →(…) 2 000

10 Effectue les calculs.

2 536 →(…) 2 540 →(…) 2 600 →(…) 3 000

Carrés magiques

Recopie puis complète ces carrés pour qu'ils soient magiques.

D

		178
	165	
152		126

E

		33	
	34	38	31
	35	39	
29		36	41

F

30		24		18
13	25	12		31
	8	20		
		28	15	27
22		16	23	

16 Soustraction : technique usuelle

Découverte

Il y a plusieurs manières de calculer des soustractions.

1. Calcule 6 759 – 2 486 par la technique de ton choix.

Compare ta technique avec la technique usuelle, décrite ci-dessous, étape par étape.

1

```
   6  7  5  9
–  2  4  8  6
            3
```

9 u moins 6 u égalent 3 u.

5 d moins 8 d, ce n'est pas possible.

2

```
   6  7 10+5  9
–  2 1+4  8   6
          7   3
```

On ajoute 10 d à 6 759. 15 d moins 8 d égalent 7 d.

On ajoute 1 c à 2 486 pour garder le même écart.

3

```
   6  7 10+5  9
–  2 1+4  8   6
      2   7   3
```

7 c moins 5 c égalent 2 c.

4

```
   6  7 10+5  9
–  2 1+4  8   6
   4  2   7   3
```

6 unités de mille moins 2 unités de mille égalent 4 unités de mille.

Finalement, on écrit :

6 759 – 2 486 = 4 273

2. Qwang dit que pour vérifier ce calcul, on peut faire une addition.

A-t-il raison ?

3. Calcule avec la technique usuelle : 2 386 – 837.

Vérifie ton calcul en faisant comme Qwang.

Objectif Comprendre que la technique usuelle de la soustraction utilise la propriété : la différence entre deux nombres est inchangée si l'on ajoute un même nombre aux deux termes de l'opération.

Calcul mental Recherche de compléments à 10 (3 pour aller à 10) ou au multiple de 10 immédiatement supérieur (exemple : 52 pour aller à 60).

Exercices

1 Calcule avec la technique usuelle.

a. $\begin{array}{r} 1\,7\,6\,2 \\ -\ 4\,2\,8 \\ \hline \end{array}$ b. $\begin{array}{r} 2\,6\,4\,8 \\ -\ 3\,8\,3 \\ \hline \end{array}$ c. $\begin{array}{r} 3\,4\,6\,5 \\ -\ 6\,3\,4 \\ \hline \end{array}$ d. $\begin{array}{r} 2\,5\,0\,7 \\ -\ 1\,0\,2\,4 \\ \hline \end{array}$

2 Calcule mentalement.

1 752 – 300 2 487 – 1 200
170 – 40 657 – 99

3 Complète mentalement les additions à trou.

328 + … = 1 328 140 + … = 200
72 + … = 100 125 + … = 535

4 En utilisant la technique de la soustraction à la russe, calcule :

728 – 387 629 – 293 1 231 – 783

5 Transforme en additions à trou :
749 – 568 1 394 – 854
Calcule-les en faisant des sauts.

6 En utilisant la technique usuelle, effectue les soustractions :
8 103 – 1 042 3 254 – 1 342.
Vérifie tes calculs en faisant les additions qui conviennent.

7 Calcule par la méthode de ton choix :
- l'écart entre 781 et 45 ;
- l'écart entre 2 648 et 4 073 ;
- l'écart entre 12 648 et 11 793.

8 Au jeu de la marchande, Alice est la caissière, Théo, Qwang et Leïla sont les clients.

a. Pour payer 62 €, Théo donne un billet de 100 € et une pièce de 2 €.

Trouve pourquoi Alice dit cela à Théo.

b. Qwang doit payer 37 €. Combien doit-il donner à Alice pour que celle-ci lui rende 20 € ?

c. Leïla donne 50 € et 6 € à Alice qui lui rend 20 €. Combien lui devait-elle ?

17 Distance de deux points, milieu d'un segment

Activité préparatoire de découverte : Dans la cour, demander aux élèves de placer deux corbeilles symbolisant deux panneaux de basket (donc suffisamment éloignées), puis de chercher l'emplacement du ballon pour l'engagement.

Découverte

On a fait le plan d'un terrain de basket. Les points E et F marquent les emplacements des deux poteaux.

1. Décalque ce plan, puis place à vue d'œil et à main levée le point où doit être le ballon lors de l'engagement du match.
Ce point se trouve au milieu du terrain, entre les deux poteaux.
Vérifie avec les instruments de ton choix.
Quel(s) instrument(s) as-tu utilisé(s) ?

2. Pour chacun des points A, B, C et D, explique pourquoi ils ne peuvent pas convenir pour l'engagement.

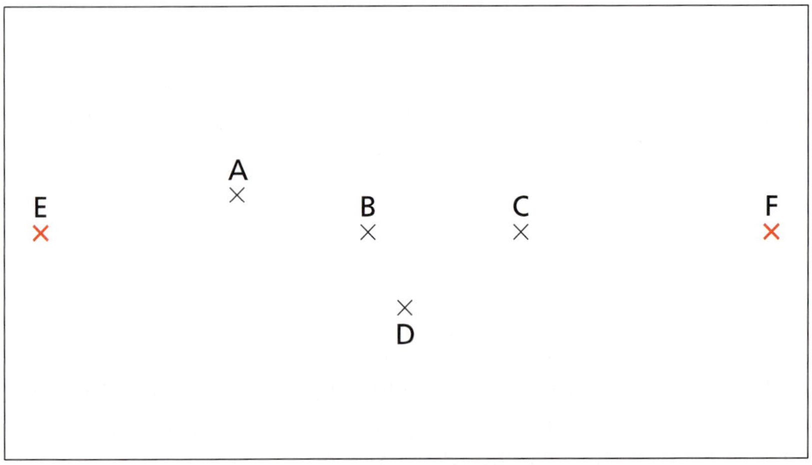

Exercices

1 Décalque les points et reporte les lettres qui les désignent.

Avec l'instrument de ton choix, vérifie que les longueurs AD et DG sont égales.

À vue d'œil, trouve d'autres égalités de longueurs, puis vérifie-les.

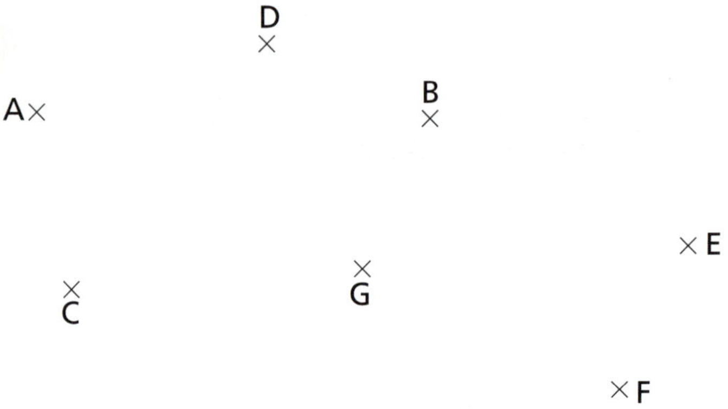

Objectifs Envisager la distance de deux points comme longueur d'un segment. Envisager le milieu d'un segment comme point équidistant des extrémités, l'identifier par pliage ou mesurage.

Calcul mental Recherche du complément au multiple de 10 ou au multiple de 100 immédiatement supérieur.
Exemples : de 72 pour aller à 80, de 185 pour aller à 200.

2 Certains segments de cette figure ont la même longueur. À vue d'œil, lesquels ? Vérifie avec l'instrument de ton choix.

Quel instrument as-tu utilisé ?

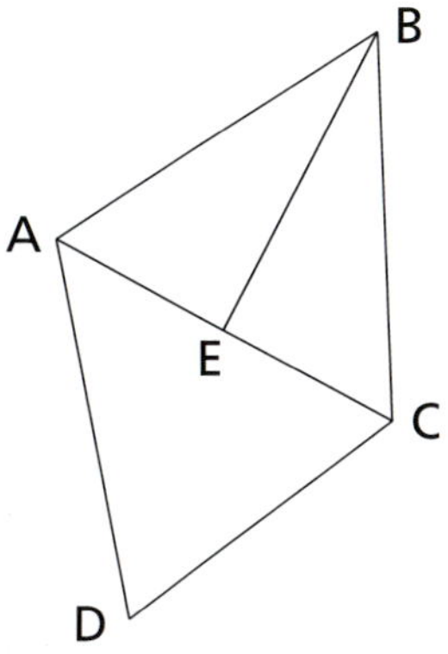

3 Décalque cette figure. Certains points sont les milieux de segments tracés. Lesquels ?

Comment fais-tu pour vérifier ?
Place le milieu F du segment [AE].

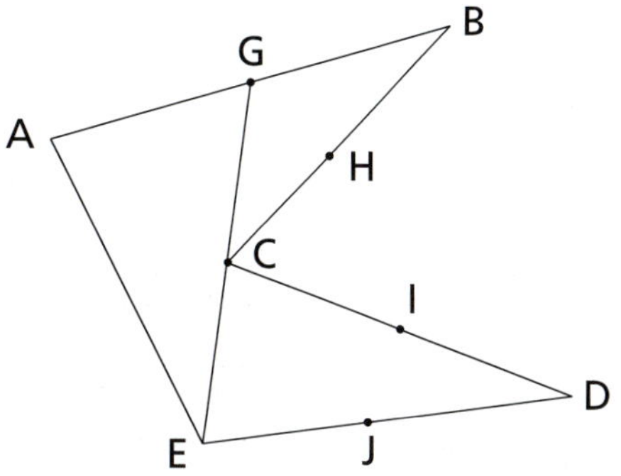

4 Place trois points T, R et S sur une feuille.

En utilisant ta règle graduée, place le milieu I du segment [TR], puis le milieu J du segment [RS]. Vérifie la position des points I et J en utilisant une bande de papier.

Parmi les formulations suivantes, recopie celles qui sont correctes.

- *Le segment* [TR] *a pour milieu* I.
- *Le centre du segment* [TR] *est* I.
- *Les points* R, S *et* J *sont à égale distance.*
- R *et* S *sont à égale distance de* J.

À ton tour, propose deux autres formulations correctes.

5 Place deux points G et H sur une feuille.

Place le point L pour que le point H soit le milieu du segment [GL].

Place le point M pour que le point G soit le milieu du segment [MH].

6 Observe le modèle ci-dessous.

Pour le reproduire, décalque seulement 4 points et termine la construction avec tes instruments.

Quels points as-tu décalqués ?
Explique ton choix.

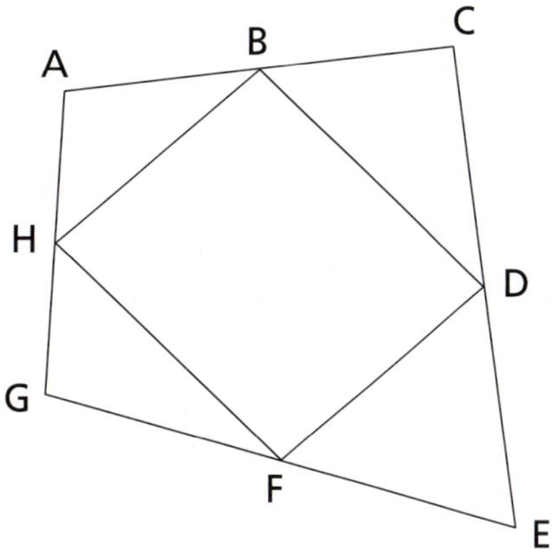

Illusion d'optique

Quel point est le milieu du segment, le vert ou le bleu ?

Vérifie avec tes instruments.

18 Distance de deux points, cercle

Activité préparatoire de découverte : Dans la cour, demander aux élèves de prévoir l'emplacement des joueurs pour un jeu de lancer d'anneaux sur un piquet central, de telle sorte que le jeu soit équitable.

Découverte

1. Place un point A sur une feuille, puis place à vue d'œil et à main levée 5 points à la même distance du point A.

Vérifie avec les instruments de ton choix que les points sont bien placés. Quel(s) instrument(s) as-tu utilisé(s) ?

2. Place un point B sur ta feuille.
Place maintenant le plus rapidement possible 20 points à 5 cm de B.
Quel(s) instrument(s) as-tu utilisé(s) ?

La grande roue de Datong, en Chine

3. Place sur ta feuille deux points I et J distants de 5 cm.
Cherche s'il est possible de placer un point K qui soit à 3 cm de I et en même temps à 4 cm de J.

Ces informations suffisent-elles ? Y a-t-il plusieurs positions possibles pour le point K ?

Exercices

1 Décalque les points et reporte les lettres qui les désignent.

Parmi les points dessinés, cinq sont sur un même cercle.
Le centre de ce cercle est un des points de la configuration. À vue d'œil, trouve lequel.

Vérifie avec l'instrument de ton choix. Quel instrument as-tu utilisé ?

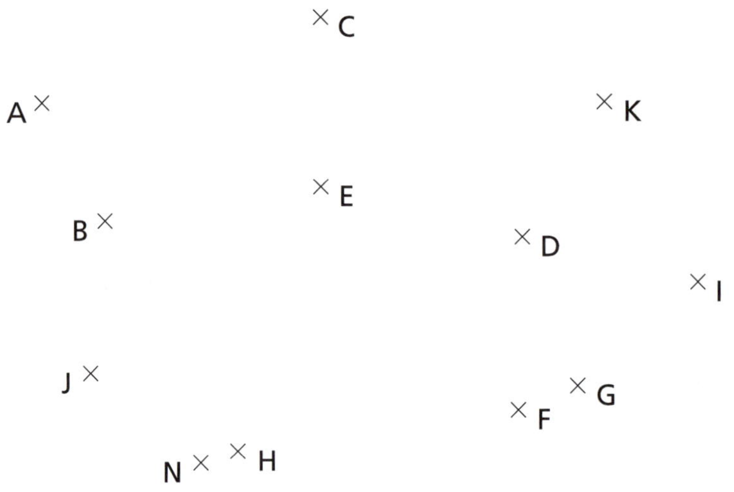

Objectifs Envisager le cercle comme ensemble des points situés à une distance fixée d'un point donné.
Revoir le vocabulaire sur le cercle.

Calcul mental Recherche du complément au multiple de 10 ou au multiple de 100 immédiatement supérieur (exemples : de 65 pour aller à 100, de 734 pour aller à 800).

2 Trace un segment [CD] de longueur 8 cm. Trace le cercle de centre C et de rayon 3 cm. Trace le cercle de centre D et de rayon 5 cm.

Comment sont ces deux cercles ?

3 Place sur ta feuille deux points A et B distants de 6 cm.

a. Trace un cercle de centre A et de rayon 3 cm. Appelle I le point où il coupe le segment [AB]. Quelle est la position de I sur le segment [AB] ? Explique ta réponse.

b. Trace un cercle de centre B et de diamètre 10 cm. Appelle M et N les points communs aux deux cercles. Quelles sont les longueurs des segments [MA], [MB], [NA], [NB] ?

4 Place deux points A et B distants de 6 cm.

Cherche un moyen de placer plusieurs points qui soient à la même distance de A et de B.

Explique comment tu as fait.

5 Place deux points E et F distants de 7 cm.

Peux-tu placer un point qui soit à 3 cm de E et en même temps à 2 cm de F ?

Explique ta réponse.

6 Dans une cour, un chien est attaché à un piquet par une laisse mesurant 3 m.

Sur le plan de la cour, 1 cm représente 1 m, le point P indique la position du piquet, et le rectangle représente un petit cabanon.

Reproduis ce plan en le décalquant, puis colorie la zone dans laquelle le chien peut se déplacer.

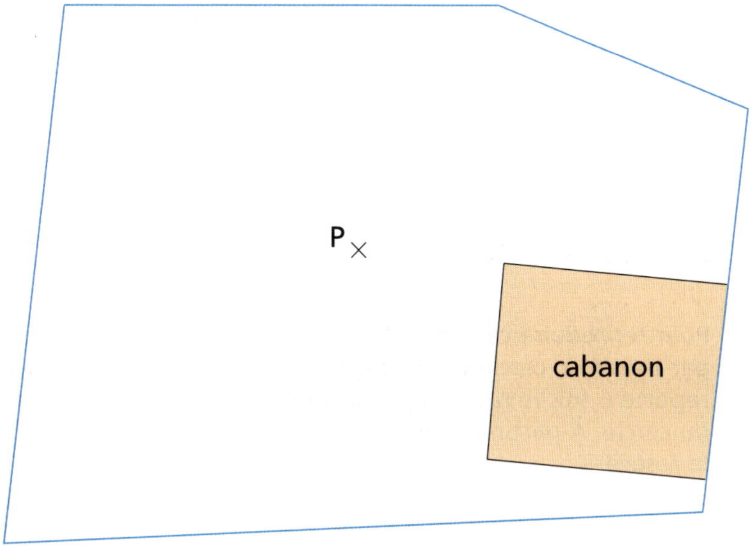

Illusions d'optique

a. Les trois segments ont-ils la même longueur ?

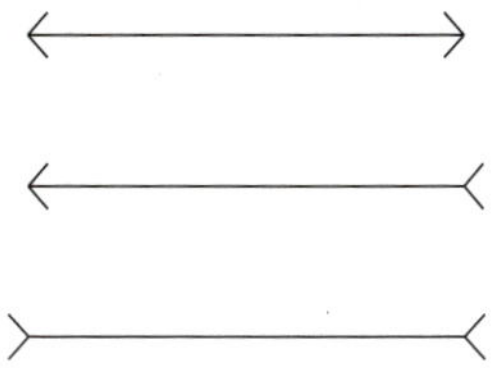

b. La distance AB est-elle supérieure, égale ou inférieure à la distance BC ?

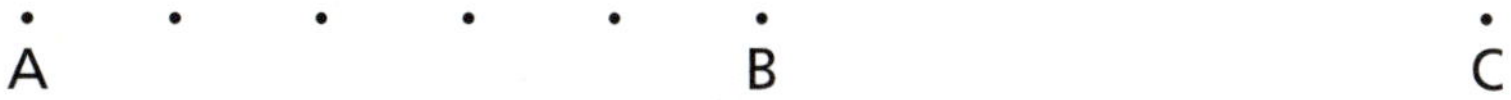

Vérifie tes réponses avec tes instruments.

19 Cercles

Activité préparatoire de découverte : Tracés de cercles et d'arcs de cercles avec contraintes.

Découverte

Sur la figure ci-contre, cherche où se trouvent les centres des cercles et des arcs de cercles.

Reproduis la figure sur une feuille en prenant 4 cm pour le rayon des cercles.

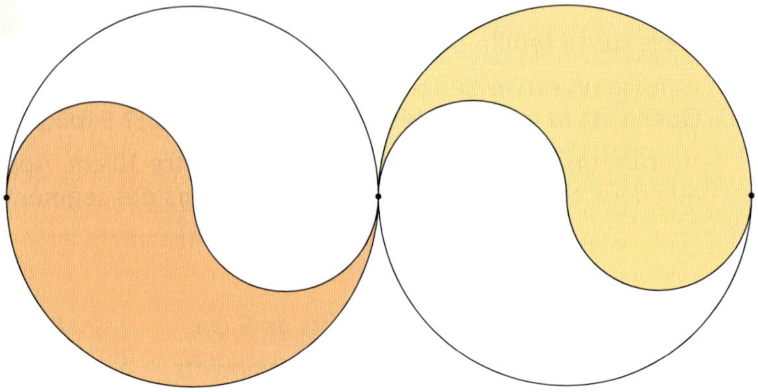

Exercices

1 Sur une feuille unie, marque un point A.

Trace le cercle de centre A et de rayon 4 cm, puis trace le cercle de centre A et de diamètre 10 cm.

Quelle est la particularité de ces deux cercles ?

2 Trace un segment [AB] de longueur 2 cm.

Trace le cercle de centre A et de rayon 4 cm, puis le cercle de centre B et de rayon 2 cm.

Quelle est la particularité de ces deux cercles ?

3 Pour reproduire cette rosace, commence par tracer un cercle de diamètre 5 cm et reporte 6 fois le rayon à partir d'un point du cercle. À partir de ces points, termine la rosace.

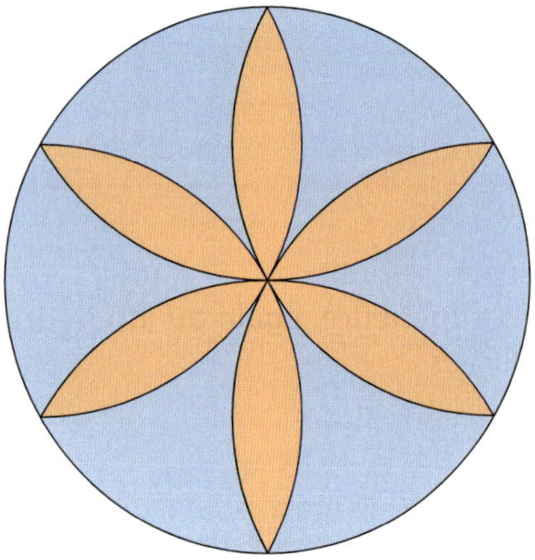

4 Dans la figure ci-dessous, cherche où se trouvent les centres des arcs de cercles. Puis, reproduis-la sur du papier uni.

Objectifs Affiner les compétences techniques liées à l'utilisation du compas. Maîtriser le vocabulaire relatif au cercle.

Calcul mental Le maître donne à calculer une somme du type : n + 11, n + 12 ou n + 13, avec n < 100. Les enfants écrivent le résultat.

5 Ces quatre spirales ont été construites à partir d'une figure centrale : triangle équilatéral, carré, pentagone et demi-cercle.

Pour les reproduire sur une feuille unie, décalque la figure centrale, puis utilise ta règle et ton compas. Tu peux les prolonger autant que tu veux.

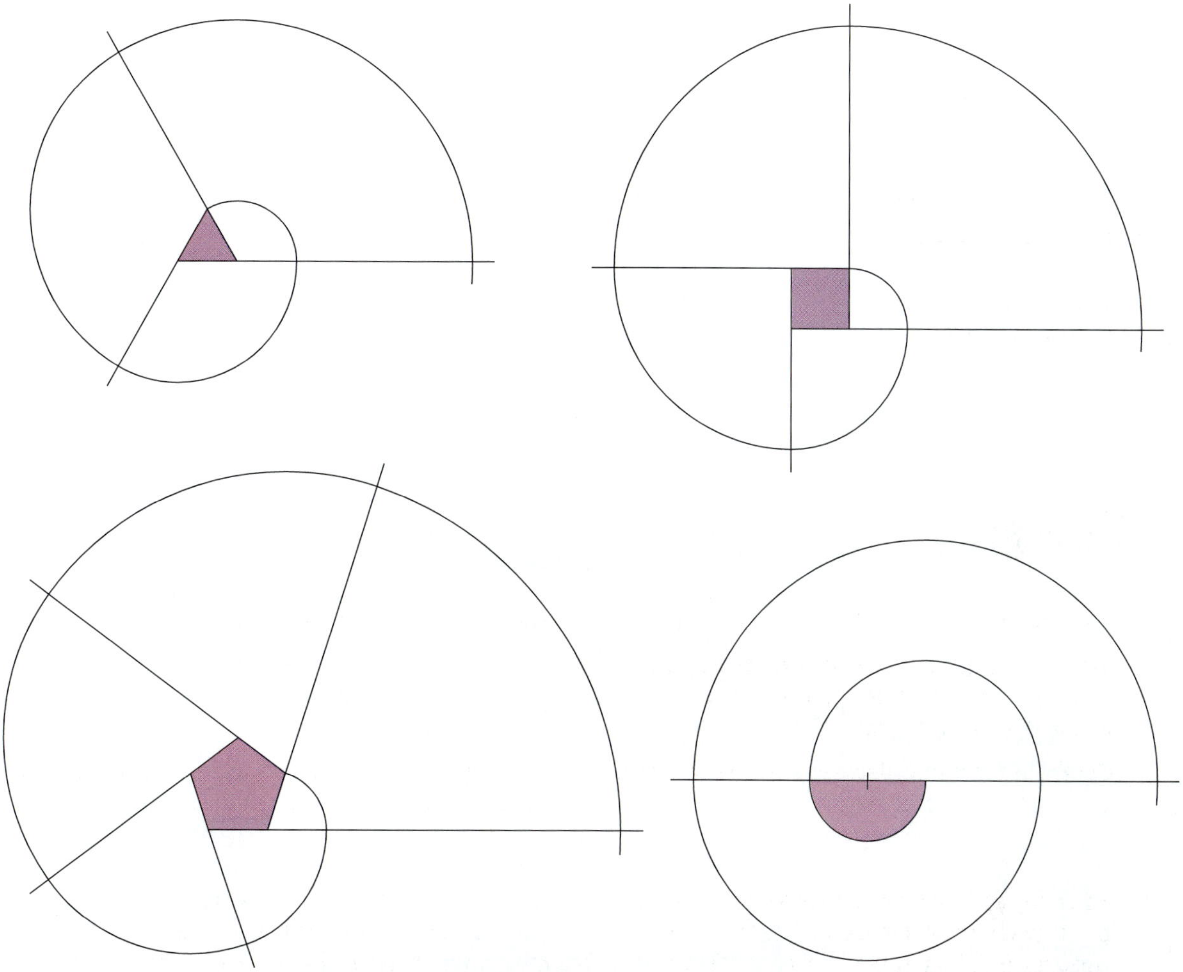

Illusion d'optique

Observe les petits cercles dans chacune des deux figures.

Lequel te paraît avoir le plus grand diamètre ?

Vérifie avec tes instruments.

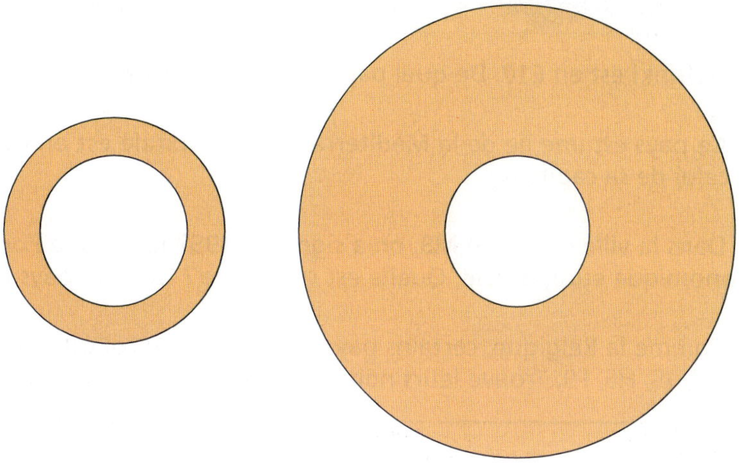

20 Découvrir l'Europe

Les capitales de l'Union européenne

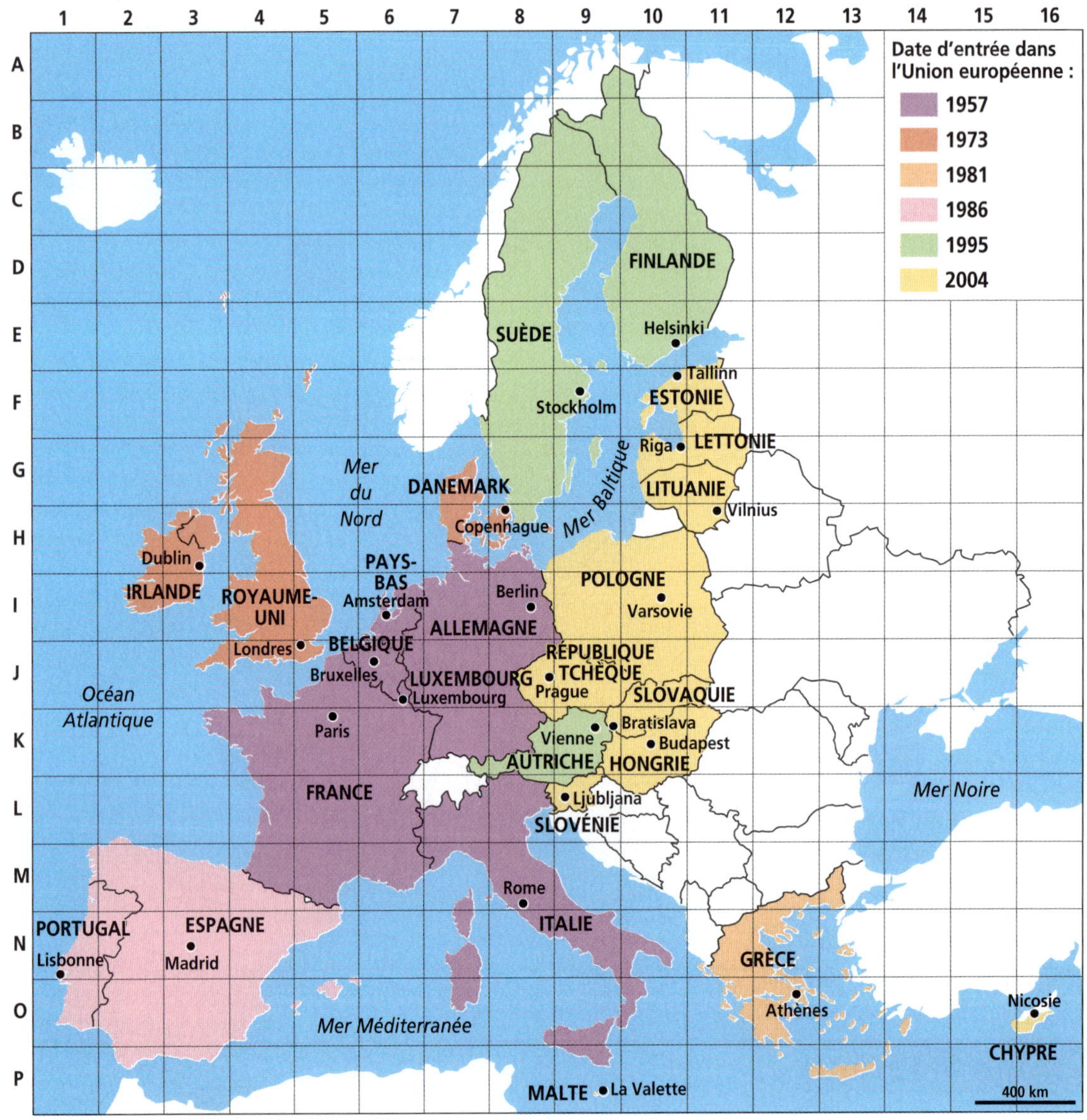

1. Helsinki est en E10. De quel pays est-ce la capitale ?

2. Ce pays est une île de la Méditerranée. Sa capitale est en P9. Trouve son nom et celui de sa capitale.

3. Dans la ville située en M8, on a signé en 1957 le traité à l'origine de la communauté économique européenne. Quelle est cette ville ? De quel pays est-elle la capitale ?

4. Comme la Belgique, certains pays ont encore un roi ou une reine, leurs capitales sont en N3, J5, H8, F9. Trouve leurs noms et le nom de leurs capitales.

Objectif Réinvestir ses connaissances concernant le repérage sur quadrillage et le repérage dans le temps.

Calcul mental Le maître donne une somme à calculer du type n + 9, n + 8 ou n + 7, avec n inférieur à 100. Les élèves écrivent le résultat.

Les fêtes dans l'Union européenne

Pour repérer les dates des fêtes nationales de chaque pays de l'Union européenne, les élèves de la classe de Théo ont dessiné un calendrier en forme de cercle.
Voici les dates dont ils disposent, et le calendrier qu'ils ont commencé à construire.

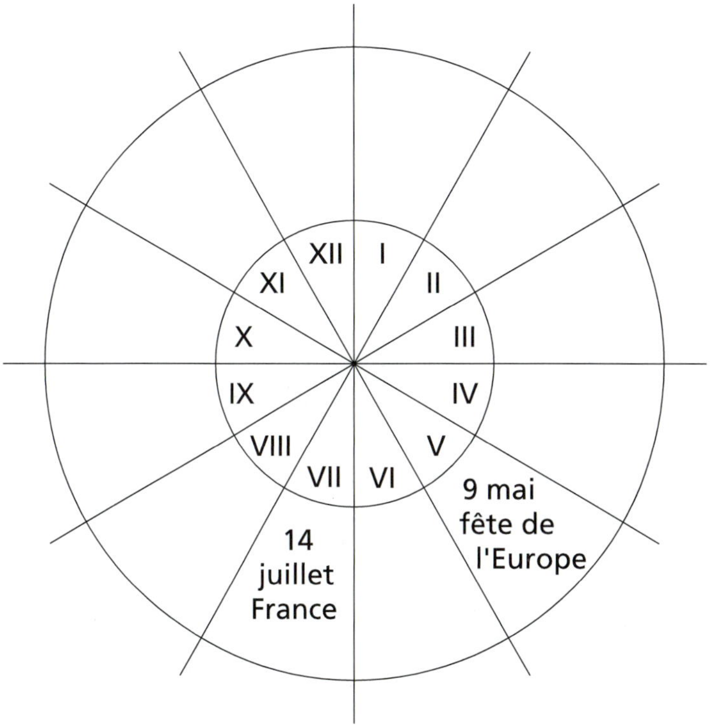

Pays	Fête nationale
Allemagne	3 octobre
Autriche	26 octobre
Belgique	21 juillet
Chypre	1er octobre
Danemark	16 avril
Espagne	12 octobre
Estonie	24 février
Finlande	6 décembre
Grèce	25 mars
Hongrie	23 octobre
Irlande	17 mars
Italie	2 juin
Lettonie	18 novembre
Lituanie	16 février
Luxembourg	23 juin
Malte	21 septembre
Pays-Bas	30 avril
Pologne	3 mai
Portugal	10 juin
République tchèque	28 octobre
Royaume Uni	13 juin
Slovaquie	1er septembre
Slovénie	25 juin
Suède	6 juin

1. Reproduis sur du papier uni le calendrier des fêtes de l'Union européenne.
Le petit cercle doit avoir un rayon de 2 cm, le grand cercle un rayon de 10 cm.

Complète-le en inscrivant pour chaque mois les jours de fête nationale et les pays concernés.

2. Dans l'Union européenne :
a. Y a-t-il des mois sans fête nationale ?
b. Combien de jours y a-t-il entre la fête de l'Europe et la fête nationale française ?

3. En quelle saison y a-t-il le plus de fêtes nationales ?
En quelle saison y en a-t-il le moins ?

représentation de données
20
39
40
59
78
79
85
98

Ce que je dois savoir faire seul(e)

1 Écris les nombres en chiffres :

trois cent cinquante-huit

mille deux cent sept

huit mille trois cent soixante-seize

sept mille quatre-vingts

2 Écris les nombres en lettres :

2 048

736

45 608

4 790

3 Calcule :

a. 100 + 100 + 10 + 100 + 1 + 1 + 1 + 10

b. 3 000 + 80 + 9 + 700

c. (5 x 100) + (8 x 1 000) + (2 x 10) + 7

4 Donne la décomposition canonique de chacun des nombres suivants :

752	3 658	8 509
5 067	23 780	1 450

5 Voici un nombre : 2 465. Sans écrire de calculs, réponds à chacune des questions suivantes.

a. Si on remplace le chiffre 6 par le chiffre 8, de combien augmente le nombre ?

b. Si on remplace le chiffre 4 par le chiffre 3, de combien diminue le nombre ?

c. Quel chiffre faut-il modifier et comment pour que le nombre diminue de 2 000 ?

6 Pour la rentrée des classes, la maman de Qwang dispose d'un budget de 100 €. Elle souhaite acheter un survêtement à 36 €, un tee-shirt à 12 € et des chaussures de sport à 43 €.

A-t-elle assez d'argent ?

7 Décalque cette figure puis complète-la pour qu'elle soit semblable au modèle.

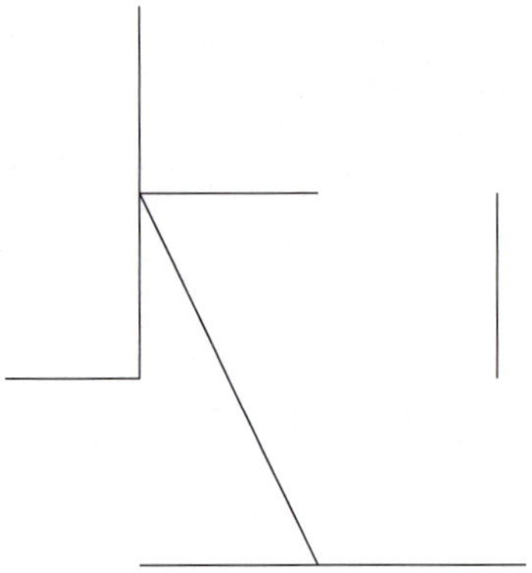

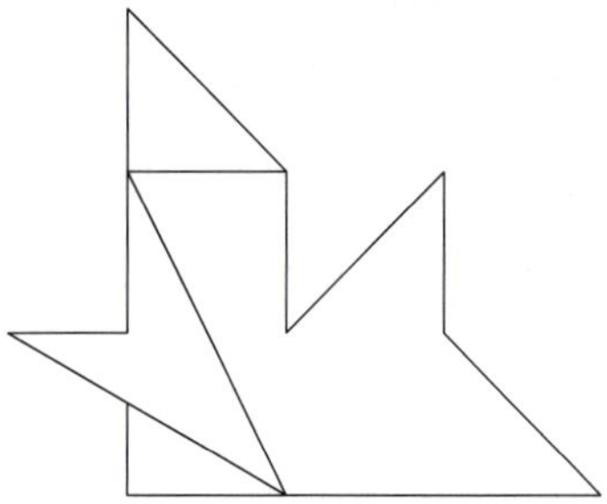

modèle

8 Trace un segment [AB] de longueur 7 cm. Place le milieu I de [AB]. Trace le cercle de centre I passant par A.

9 Place un point K sur une feuille unie, puis place 18 points à 4 cm du point K. Quel(s) instrument(s) as-tu utilisé(s) ?

10 Certains côtés du polygone ont la même longueur. À vue d'œil, lesquels ?

Vérifie avec l'instrument de ton choix. Quel instrument as-tu utilisé ?

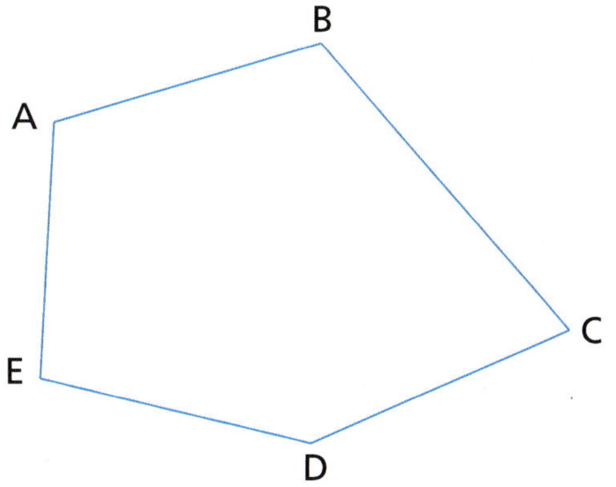

11 Certains points sont les milieux des côtés du polygone. À vue d'œil, lesquels ?

Vérifie avec l'instrument de ton choix. Quel instrument as-tu utilisé ?

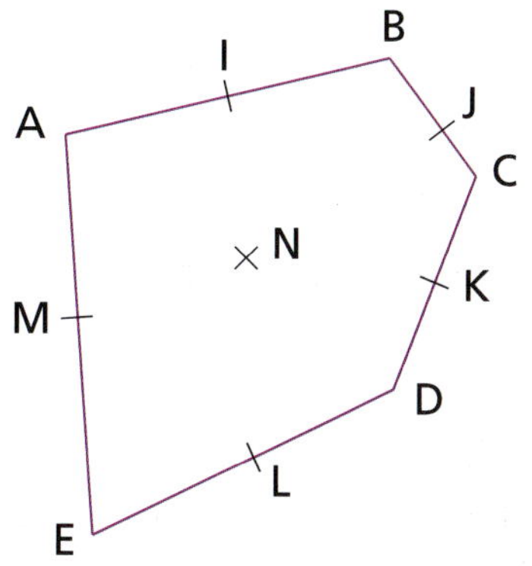

12 Effectue les calculs :

2 989 →(+ 10) … →(+ 10) … →(+ 1) … →(+ 1) … →(+ 100) … →(+ 10) … →(– 1) … →(– 10) … →(– 100) …

13 Calcule mentalement :

57 + … = 100   870 + … = 1 000

178 + 20   258 + 300

14 Calcule :

46 + 1 329 + 250   456 – 392

2 684 – 336   746 – 475

15 Théo et ses parents veulent aller visiter Rome, Naples et Reggio de Calabre. Ils décident de franchir les Alpes au tunnel de Fréjus.

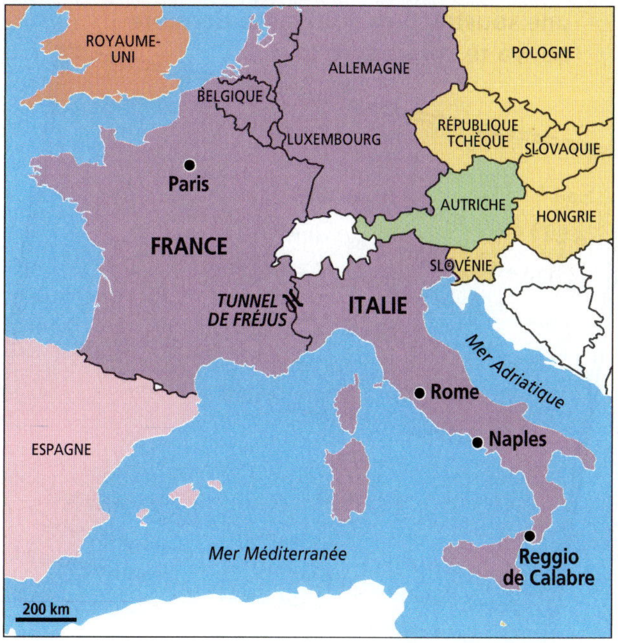

a. De Paris au tunnel de Fréjus il y a 676 km.
De Paris à Rome il y a 1 411 km.

Paris → Tunnel du Fréjus → Rome

Combien de kilomètres y a-t-il entre le tunnel de Fréjus et Rome ?

b. Voici un schéma de leur trajet :

Paris →(1 411 km) Rome →(209 km) Naples →(488 km) Reggio de Calabre

Combien de kilomètres Théo va-t-il parcourir entre Paris et Reggio de Calabre ?

Condorcet... et la soustraction

Né en 1743 dans le nord de la France, le **marquis de Condorcet** avait 22 ans quand il publia ses premiers travaux importants en **mathématiques.**

Savant renommé, il fit partie de l'Académie des Sciences et de l'Académie Française.

Il a pris part à la **vie politique** du temps de Louis XVI puis à la Révolution Française.

Dans ses livres de **philosophie**, il défendait les droits de l'Homme, s'élevait contre l'esclavage et prenait la défense des femmes. En 1789, il déclarait qu'elles devraient avoir le droit de vote, droit qu'elles n'ont acquis qu'en 1945.

En 1791, alors qu'il est député à l'Assemblée législative, il propose un **système d'enseignement** gratuit et laïque.

Accusé de trahison pendant la Terreur, il se cache pendant six mois puis il est arrêté alors qu'il tente de fuir Paris. Il meurt en prison en mars 1794.

Il a écrit un livre destiné aux enfants de ton âge :
Moyens d'apprendre à compter sûrement et avec facilité.
Dans ce livre, il proposait plusieurs façons de faire une soustraction dont cette dernière qui va te surprendre !

Soit à soustraire 4 535 de 6 223.
6 223 est la même chose que 6 000 plus 223 ;
6 000 est la même chose que 5 999 et I ;
j'ôte 4 535 de 5 999 ; j'ai pour reste I 464 ;
j'ajoute I et 223 (ou 224)
que le premier nombre contenait de plus ;
et j'ai la différence égale à I 688.

Condorcet ajoutait :
Cette dernière méthode est plus simple encore ;
c'est à l'instituteur à voir s'il doit enseigner cette dernière, conjointement avec la méthode ordinaire.

Compliqué ? Pas si sûr :
cette méthode permet d'effectuer toutes les soustractions comme s'il n'y avait jamais de retenue !

Traduis avec nos signes opératoires modernes ce qui est décrit dans la méthode.

Calculer 6 223 – 4 535

6 223 = 6 000 + 223 = ...

Pas de retenues, du calcul réfléchi et une soustraction simple !

6 223 ⟩ 224
5 999 ⟩ 1 464
4 535
1 688

6223 – 4535 = 1688

Effectue à ton tour 3 457 – 1 379 avec cette méthode.

Période 2

Nombres entiers

En découvrant la manière dont les chinois écrivent les nombres, tu vas comprendre comment les noms de nombres sont construits.

Ainsi tu vas faire le lien entre la manière de les dire et leur écriture en chiffres.

Tu t'entraîneras aussi à comparer des nombres.

Relations géométriques et figures planes

Tu vas résoudre des problèmes d'encastrement et de distances qui te permettront de comprendre ce qu'est un angle, ce que sont deux droites perpendiculaires, ce que sont des droites parallèles.

Tu utiliseras ces nouvelles connaissances pour décrire des polygones.

Problèmes numériques

Tu vas t'entraîner à résoudre des problèmes dans lesquels tu utiliseras des procédures de calcul d'addition, de soustraction et de multiplication.

Tu vas aussi t'entraîner à résoudre des problèmes analogues dans lesquels seules les données numériques sont changées.

Représentation de données

Tu apprendras à lire des tableaux et des graphiques.

Calculs

Tu vas t'entraîner au calcul mental et au calcul réfléchi.

Tu vas aussi revoir la technique usuelle de la multiplication.

Mesure des longueurs

Pour estimer des longueurs, tu utiliseras des unités variées.

Tu calculeras le périmètre de certaines figures planes.

21 Numération orale : lire, écrire et comparer

Découverte

Leïla et Théo jouent avec un jeu de cartes étrange. Une carte porte le mot « mille », toutes les autres portent des nombres écrits en chiffres.

Le jeu consiste à construire des noms de nombres en juxtaposant trois cartes. La carte « mille » doit toujours être utilisée.

1. Écris en chiffres les nombres trouvés par Leïla et Théo.

2. Construis cinq nombres à l'aide du jeu. Écris-les en lettres, puis en chiffres.

Exercices

1 Peux-tu écrire un nombre de 4 chiffres dans lequel tu ne dis pas « cent » quand tu le lis ? Si oui, donne un exemple. Et un nombre de 6 chiffres ?

2 Réponds aux questions d'Alice et de Qwang.

Objectifs Étudier les règles de la numération orale et celles de la numération écrite. Débusquer les erreurs fréquentes.

Calcul mental Le maître dit 4 nombres, multiples de 10 et inférieurs à 1 000. Après une dizaine de secondes, les enfants les écrivent en chiffres dans l'ordre croissant ou décroissant.

3 Recopie le tableau de numération. Écris dans ce tableau les nombres suivants.

83 865   80 596   42 087   7 095   582 001   95 636   830

Écris ces nombres en lettres.

Classe des mille					
centaines	dizaines	unités	centaines	dizaines	unités

4 Range dans l'ordre croissant les nombres :

cinq mille trois cent vingt-sept   dix mille cinq   dix mille cinq cents

quinze mille six cents   treize mille vingt   trente mille

5 De nombreuses capitales européennes possèdent des stades de football de plus de trente mille places.

Dans le tableau suivant sont indiquées les capacités des stades de plusieurs capitales européennes.

Le Stade de France

Capitale	Nom du stade	Nombre total de places
Paris (France)	Stade de France	soixante-dix-neuf mille neuf cent cinquante-neuf
	Parc des Princes	quarante-quatre mille deux cent quatre-vingt-trois
Madrid (Espagne)	Santiago Bernabeu	quatre-vingt mille quatorze
	Vicente Calderon	cinquante-quatre mille huit cent soixante-seize
Londres (Royaume Uni)	Wemblay	soixante-dix-huit mille trois cent onze
	White Hart Lane	trente-six mille deux cent quarante
Rome (Italie)	Olimpico	quatre-vingt-un mille cent trente-huit

a. Pour chacun de ces stades, trouve parmi les nombres ci-dessous celui qui correspond à son nombre de places.

801 138   36 240   80 014   79 959   6 018 311   44 283   54 876   78 311   81 138

b. Range ces stades du plus petit au plus grand en fonction du nombre de places.

Numération orale : ses règles

Découverte

Voici des nombres écrits en chinois.

一	1
四十	40
四百四十四	444
五百七十六	576
九百四	904
二千七百五十六	2 756
八千九百八十九	8 989
一萬五千三百六十七	15 367

1. Trouve la valeur des différents symboles chinois utilisés pour écrire ces nombres.
Écris ces valeurs en chiffres et en lettres.

一	四	十	五	百	七	六	九	二	千	八	萬	三
a	b	c	d	e	f	g	h	i	j	k	l	m

2. Voici la décomposition auditive d'un des nombres écrits ci-dessus en chinois :
(2 x 1 000) + (7 x 100) + 50 + 6

Quel est ce nombre ? Écris-le en lettres.
Donne sa décomposition canonique
et compare-la avec son écriture en chinois.

3.

Qu'en penses-tu ?

Objectif Comprendre les règles de notre numération orale à travers l'étude de la numération chinoise.

Calcul mental Le maître affiche 4 mots-nombres au tableau. Les élèves cherchent des nombres qui peuvent être dits avec ces mots et les écrivent en chiffres.

Exercices

1 Calcule et donne l'écriture en lettres des nombres.

(8 x 1 000) + 40 + 7

(10 x 1 000) + 100 + 5

(4 x 1 000) + (3 x 100) + 60 + 14

(9 x 1 000) + (7 x 100) + (4 x 20) + 10 + 8

2 Pour chacun des nombres suivants, écris sa décomposition auditive, sa décomposition canonique et son écriture en chiffres. Tu peux utiliser le tableau de numération.

dix-sept — quatre cent huit — treize mille cent treize

trois mille cinq cents — six mille neuf cent vingt-trois — dix mille cent huit

3 Écris la décomposition canonique et l'écriture en lettres des nombres suivants. Tu peux utiliser le tableau de numération.

8 007 — 5 600 — 10 126 — 1 111 — 389

4 Recopie le nombre écrit en lettres et l'écriture chiffrée qui lui correspond.

cinquante-neuf mille soixante-dix-huit
- 5 900 078
- 5 978
- 59 078

trois cent quatre-vingt mille
- 380 000
- 300 801 000
- 30 420 000

5 Recopie le nombre écrit en chiffres et l'écriture en lettres qui lui correspond.

83 097
- huit cent trente mille quatre-vingt-dix-sept
- quatre-vingt-trois zéro quatre-vingt-dix-sept
- quatre-vingt-trois mille quatre-vingt-dix-sept

6 Je suis un nombre :
– compris entre vingt-deux mille et vingt-trois mille ;
– quand on dit mon nom, on n'entend pas le mot « cent » mais on entend « quatre-vingt-quinze ».

Qui suis-je ?

connaissance des nombres
4
5
8
9
10
11
12
21
22
23
60
90

23 Numération écrite : décomposition canonique (2)

Découverte

Le professeur Fourmisov a étudié plusieurs espèces de fourmis menacées de disparition. Le nombre de fourmis de chaque espèce est écrit sur la fourmilière.

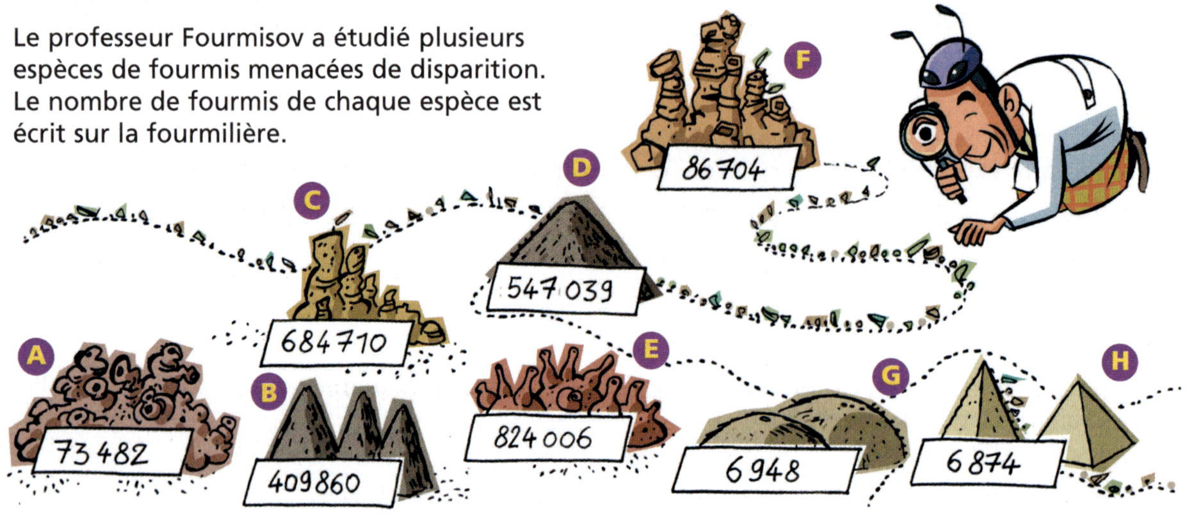

Voici les informations notées par le professeur sur sa feuille.

Espèces de fourmis	Nombre de fourmis
Fourmis ailées	(5 x 100 000) + (4 x 10 000) + (7 x 1 000) + 9 + (3 x 10)
Fourmis rouges	(7 x 10 000) + (3 x 1 000) + (4 x 100) + (8 x 10) + 2
Fourmis amazones	(6 x 1 000) + (800 x 100) + 4 + (70 x 10)
Fourmis légionnaires	(6 x 10) + (9 x 1 000) + (4 x 100 000) + (8 x 100)

1. Calcule pour aider le professeur à retrouver la fourmilière de chaque espèce.

2. Le professeur Fourmisov a écrit la décomposition canonique du nombre de fourmis rouges. Fais de même pour les autres espèces du tableau.

Exercices

1 Calcule.

a. 30 x 100
b. 100 x 800
c. 100 000 x 7
d. 1 000 x 90
e. 400 x 1 000
f. 10 000 x 80

2 Complète.

a. … x 10 = 1 000
b. 1 000 x … = 25 000
c. 200 x … = 20 000
d. 10 x … = 400 000
e. … x 5 = 15 000
f. … x 10 000 = 700 000

Objectif Réinvestir ses connaissances sur les règles de notre système de numération écrite dans un champ numérique supérieur à 100 000.

Calcul mental Le maître dit un nombre, les élèves donnent oralement ou par écrit sa décomposition canonique. Par exemple : 4 820 = (4 x 1 000) + (8 x 100) + (2 x 10).

3 Calcule.

a. (8 x 100 000) + (5 x 1 000) + (3 x 100) + (9 x 10) + 5

b. (2 x 10 000) + (3 x 100 000) + (8 x 100) + (5 x 10) + 6

c. 7 + (2 x 1 000) + (7 x 100 000) + (9 x 10 000) + (5 x 100)

4 Calcule.

a. (30 x 1 000) + (702 x 10) + 8

b. (40 x 100) + (20 x 1 000) + (62 x 10)

c. (60 x 1 000) + (100 000 x 7) + (30 x 10)

5 Complète.

a. 52 369 = (5 x …) + (23 x …) + (6 x …) + 9

b. 562 302 = (5 x …) + (6 x …) + (230 x …) + 2

c. 329 476 = (32 x …) + (94 x …) + (7 x …) + 6

6 Dans les nombres suivants, on a entouré certains groupes de chiffres.

[3743]54 [56]867 [59736]5 [3860]45 [4556]7

a. Pour quel(s) nombre(s) a-t-on entouré le nombre d'unités de mille ?

b. Pour quel(s) nombre(s) a-t-on entouré le nombre de dizaines ?

c. Pour quel(s) nombre(s) a-t-on entouré le nombre de centaines ?

7 Recopie les nombres suivants. Pour chacun d'eux, entoure le nombre de centaines et mets un point sous le chiffre des dizaines de mille.

218 453 653 985 43 583 932 004 839 850

8 Avec 4 387 €, combien de billets de 100 € peut-on avoir au maximum ? et avec 28 347 € ?

9 Dans l'armée romaine, les soldats étaient organisés en centuries. Une centurie comportait 100 hommes.

Combien de centuries pouvait-on constituer avec 6 000 hommes (une légion) ?

Remue-méninges

Alice a trouvé les nombres 218, 1 502 et 610 en additionnant les valeurs de certaines étiquettes.

Quelles étiquettes a-t-elle utilisées ?
Et toi, peux-tu obtenir les nombres 1 835 et 2 222 ?

3 unités | 21 dizaines | 1 unité | 2 unités | 32 dizaines | 10 unités | 15 centaines | 8 unités | 40 dizaines | 72 unités | 92 centaines

24 Multiplication et division : sens et calcul

Découverte

Pour chaque question, cherche une solution et explique ta réponse.

1.

Combien de CD possède chaque enfant ?

2. Christophe a cinq billes. Jérémie a quatre fois plus de billes que Christophe. Denis a trois billes de plus que Jérémie. Benoît a le double de billes de Denis. Paul a six billes de moins que Benoît. Farid a deux fois moins de billes que Paul.

- Combien Farid a-t-il de billes ?
- À tous les six, combien de billes ont-ils ?

3. Combien y a-t-il dans le tiroir-caisse de Théo ?

Exercices

1 Le club des sports renouvelle son matériel. Recopie et complète ce bon de commande.

Désignation	Prix unitaire	Quantité	Prix total
Ballons	9 €	......	90 €
Tee-shirts	....	12	60 €
Paires de chaussures de sport	15 €	11	......
Paires de chaussettes	....	25	......
Shorts	12 €	......	240 €
TOTAL			630 €

Objectif Revoir différents sens de la multiplication et de la division.

Calcul mental Le maître donne oralement la décomposition canonique d'un nombre (dans l'ordre ou le désordre), les enfants écrivent le nombre correspondant. Par exemple : (5 x 1 000) + (7 x 10) + (3 x 100) + 9, les enfants écrivent 5 379.

2 Alice réalise des mosaïques rectangulaires avec des carreaux. Avec 24 carreaux, elle a réalisé une mosaïque de 3 carreaux sur 8 et une de 4 carreaux sur 6.
Il y a d'autres possibilités : lesquelles ?

Avec 72 carreaux, quelles mosaïques peut-elle réaliser ? Donne 3 solutions.

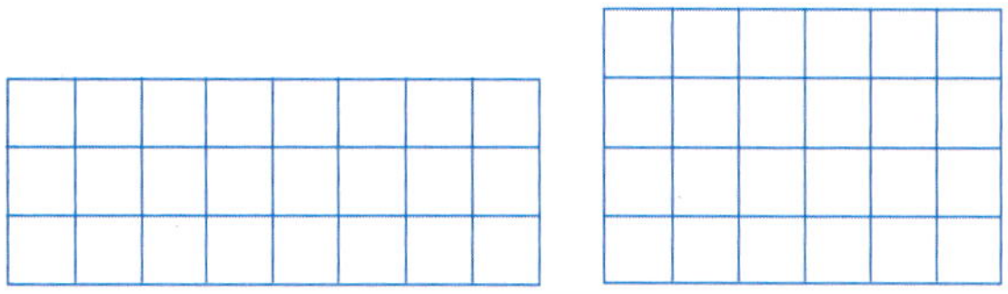

3 Théo réalise une mosaïque rectangulaire de 15 carreaux sur 12. Combien y a-t-il de carreaux dans sa mosaïque ?

4 Avec 165 carreaux, Leïla veut réaliser une mosaïque rectangulaire la plus longue possible. Un des côtés doit avoir 10 carreaux.

Quel nombre de carreaux peut-elle mettre sur l'autre côté ?

Restera-t-il des carreaux ?
Si oui, combien ?

5 Deux nombres ont pour produit 36 et pour somme 15.
Quels sont ces nombres ?

6 Pour aider Qwang à acheter un vélo, son grand-père lui propose deux solutions.

- **1re solution** : la première semaine, il lui verse 7 € ;
puis, pendant 4 semaines, il lui donne chaque semaine le double de la semaine précédente.
- **2e solution** : la première semaine, il lui verse 30 € ;
puis pendant 4 semaines, il lui donne chaque semaine 7 € de plus que la semaine précédente.

Quelle solution Qwang a-t-il intérêt à choisir ? Explique ta réponse.

7 Alice économise pour s'acheter un équipement de vélo.

a. Un vélo de marque Bécane coûte 480 €.
Un vélo de marque Pigot coûte quatre fois moins cher.

Quel est le prix du vélo de marque Pigot ?

b. Un casque de la marque Sécurit coûte 69 €, et un casque de la marque Protect coûte 23 €.

Le casque de la marque Sécurit coûte combien de fois plus cher que celui de la marque Protect ?

c. Combien Alice doit-elle économiser si elle veut acheter le vélo et le casque les moins chers ?

8 Un commerçant remet à la banque 10 000 € en billets de 50 €. Les billets sont répartis dans des enveloppes contenant chacune 20 billets.

Combien y a-t-il d'enveloppes ?

9 Leïla a 264 perles. 138 sont argentées, les autres sont de couleur bleue ou de couleur jaune. Elle a le même nombre de perles bleues et de perles jaunes.

Combien de perles bleues a-t-elle ?

25 Calcul réfléchi : le répertoire multiplicatif

Activité préparatoire de découverte : Jeu de Pythagore (placer des produits dans une table de Pythagore murale, en respectant une contrainte d'adjacence avec les cartes déjà placées).

Découverte

1. Leïla et Alice veulent faire une partie de jeu de Pythagore.
C'est Alice qui commence.
Elles ont chacune 4 cartes à placer.

Règle du jeu de Pythagore

• 2 à 8 joueurs • Une table de Pythagore
• 36 cartes correspondant aux résultats des tables de multiplication

Avant de jouer, on place 5 cartes dans la table de Pythagore.
Chaque joueur reçoit 4 cartes.
À tour de rôle, chaque joueur doit chercher à placer une de ses cartes dans la table. Il ne peut la poser que si elle est dans une case adjacente par un côté à une case déjà remplie. S'il ne peut pas jouer, il passe son tour et pioche une carte.
Le premier joueur qui a posé 4 cartes a gagné.

À ton avis, qui va gagner ?
Pour le savoir, recopie la feuille de jeu et la table de Pythagore.
Puis note les nombres placés à chaque tour.

	1er tour	2e tour	3e tour	4e tour
Alice				
Leïla				

X	1	2	3	4	5	6	7	8	9	10
1										
2										
3		6								
4										
5							35			
6									54	
7				28						
8								64		
9										
10										

2. Dans la table de Pythagore, certains nombres se retrouvent dans des cases différentes.
Par exemple, 24 se retrouve à 4 endroits : 4 x 6 ; 6 x 4 ; 3 x 8 ; 8 x 3.

• Trouve des nombres qui sont présents 4 fois dans la table de Pythagore.
Écris les 4 produits correspondants.

• Quels nombres trouve-t-on une seule fois dans la table de Pythagore ?
Écris-les sous forme d'un produit.

• Quels nombres trouve-t-on 3 fois dans la table de Pythagore ? Écris-les sous forme d'un produit.

Objectif Mémoriser le répertoire multiplicatif.

Calcul mental Compter de 2 en 2 en croissant à partir de 0, puis en décroissant à partir d'un multiple de 2.
Demander de temps en temps de quel multiple il s'agit.
Exemple : 56 = 2 x ?

Exercices

1 Écris la liste des produits que tu sais calculer très vite. Tu as 5 minutes.

Écris les produits de la table de multiplication que tu as du mal à mémoriser.
Cherche un moyen pour les retrouver.

2 **Devinettes**

a. « Si l'on me multiplie par 6, on obtient 48. Qui suis-je ? »

b. « Si l'on me multiplie par 9, on obtient 72. Qui suis-je ? »

c. « Si l'on me multiplie par 8, on obtient 56. Qui suis-je ? »

d. « Si l'on me multiplie par 10, on obtient 130. Qui suis-je ? »

e. « Si l'on me multiplie par 12, on obtient 0. Qui suis-je ? »

3 Calcule.

9 x 6 — 9 x 7 — 9 x 8 — 9 x 9

6 x 8 — 6 x 9 — 6 x 10 — 6 x 11

4 Complète.

8 x … = 56 — … x 8 = 40 — … x 7 = 63

… x 6 = 0 — 9 x … = 0 — 8 x … = 64

5 Recopie et complète.

X	3	8	5	4
7				
9				
6				
2				

X		4		
		12		
			42	
9	18			72
		16	28	

X			7	
			42	54
		64		
		24		
	20		35	

6 Alice, Leïla et Qwang sont allés à la pêche à la palourde. Alice en a pêché 42, c'est 7 fois plus que Qwang.
Leïla a pêché 9 palourdes de moins qu'Alice.

a. Combien de palourdes Qwang a-t-il pêchées ?

b. Combien de palourdes Leïla a-t-elle pêchées ?

Remue-méninges

Dans cette grille, tu dois placer les nombres de 1 à 9.
Pour trouver comment les placer, on t'indique le produit des trois nombres de chaque ligne et de chaque colonne.
Tu ne dois pas répéter deux fois le même nombre.

Le 9 est déjà placé. Explique sa position.
Place ensuite le 5, puis le 7.

			42
9			270
			32
108	42	80	

calcul automatisé, calcul réfléchi
2
25
26
30
49
58
68
87
92
97

26 Calcul réfléchi : les multiples

Découverte

Trois robots partent de la case 0 et font des bonds réguliers.

1. Le robot vert part de la case 0, il fait toujours des sauts de 6 cases. Il passe sur la case 6, puis sur la case 12.
Écris les numéros des cases où il passe sans dépasser 100.
Les nombres que tu as écrits sont des multiples consécutifs de 6, c'est-à-dire des multiples de 6 qui se suivent.

2. Le robot gris part de la case 0. Il fait des sauts de 8. Il passe sur la case 8, puis sur la case 16.
Écris jusqu'à 100 les numéros des cases où il passe.
Les nombres que tu as écrits sont aussi des multiples consécutifs, mais de quel nombre ?

3. Le robot noir part de la case 0. Il fait des sauts de 9. Il passe sur la case 9, puis sur la 18.
Écris jusqu'à 100 les numéros des cases où il passe.
De quels multiples s'agit-il ?

4. Après 5 sauts, sur quelle case arrive chacun des trois robots ?

5. Cherche une case sur laquelle passent les trois robots. Peux-tu en trouver d'autres ? Explique comment tu fais pour trouver.

Exercices

1 Écris la suite des multiples de 7 jusqu'à 120.
Parmi eux, quels sont ceux qui sont aussi multiples de 8 ?

Objectifs Mémoriser le répertoire multiplicatif. Aborder la notion de multiple.

Calcul mental Compter de 3 en 3 en croissant à partir de 0, puis en décroissant à partir d'un multiple de 3. Demander de temps en temps de quel multiple il s'agit.

2 Est-ce que 100 est un multiple de 10 ?
Est-ce un multiple de 20 ?
Est-ce un multiple de 25 ?

Cherche de quels autres nombres 100 est un multiple.

3 Est-ce que 150 est un multiple de 10 ?
Est-ce un multiple de 20 ?
Est-ce un multiple de 25 ?

Cherche de quels autres nombres 150 est un multiple.

4 Le robot violet se déplace sur la piste en faisant des sauts de 5.

Recopie les numéros des cases où il passe.

40	78	120	95	98	36	75	83	105	117	100

Quand il est sur la case 100, combien de sauts a-t-il faits depuis le départ ? Explique comment tu as trouvé.

5 Théo dit que 36 est un multiple de 4, de 6 et de 9. Qu'en penses-tu ?

Explique ta réponse.

6 Quels sont les multiples de 8 plus petits que 50 ?
Quels sont les multiples de 9 plus petits que 50 ?

7 Trouve un multiple de 10 qui soit plus petit que 83 et le plus proche possible de 83.
Trouve un multiple de 10 qui soit plus grand que 83 et le plus proche possible de 83.

Complète alors : 10 x … < 83 < 10 x …

Nombres croisés

	I	II	III	IV	V	VI
A					■	
B			■			■
C					■	
D	■					
E		■				
F				■		

Horizontalement

A • Le plus grand nombre écrit avec les chiffres 4 ; 3 ; 5 ; 2.
• 2 x 2 x 2

B • Multiple de 10. • Nombre impair multiple de 9.

C • 105 dizaines et 3 unités. • Nombre impair

D • Si on lui ajoute 181, on obtient 100 x 1 000.

E • Nombre impair. • Ce nombre ne change pas quand on le lit de gauche à droite ou de droite à gauche.

F • La somme de ses chiffres est égale à 8. • Juste avant 20.

Verticalement

I • Écart entre 1 807 et 1 236. • Multiple de 7 et de 8, inférieur à 60.

II • La somme de ses chiffres est égale à 13. • (10 x 10) – 100.

III • Écart entre 997 et 1 000. • Il a 2 pour chiffre des unités, le chiffre des centaines est le même que celui des dizaines.

IV • Entre 29 300 et 30 000.

V • Nombre impair. • (10 x 10) + 1.

VI • 10 – 2. • Le plus grand nombre de 4 chiffres.

27 Comparer des angles

Activité préparatoire de découverte : Jeu du « géométriscrabble » : encastrements successifs de figures s'appuyant sur le repérage des égalités d'angles (cf. matériel photocopiable dans le livre du maître).

Découverte

Au jeu du « géométriscrabble », les deux pièces A et B sont déjà posées. Théo a tiré la pièce C.

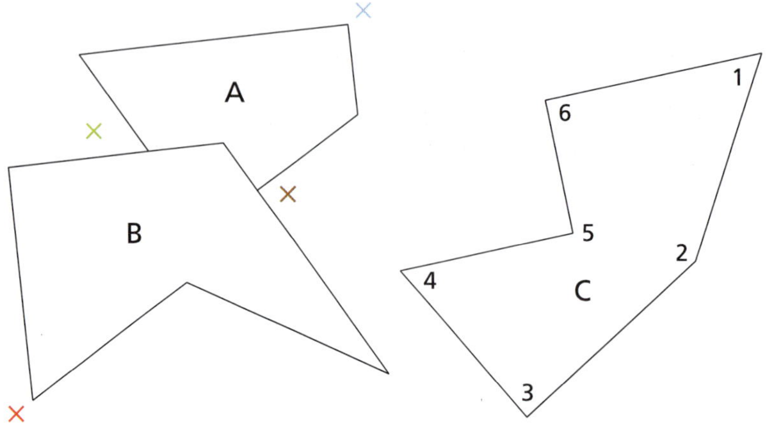

1. Repère à l'œil si Théo peut encastrer la pièce C aux différents endroits indiqués par les croix marron, rouge, verte et bleue.

Pour cela, note pour chaque croix le numéro de l'angle de la pièce C qui te paraît convenir.
Vérifie tes prévisions avec un calque.

2. Pour comparer et reporter facilement des angles, Qwang et Alice ont confectionné un instrument qu'ils ont appelé un « porte-angle ».

Pour le fabriquer, découpe deux bandes rectangulaires dans du bristol et fais un trou puis assemble les deux bandes avec une attache parisienne, comme sur le modèle ci-contre.

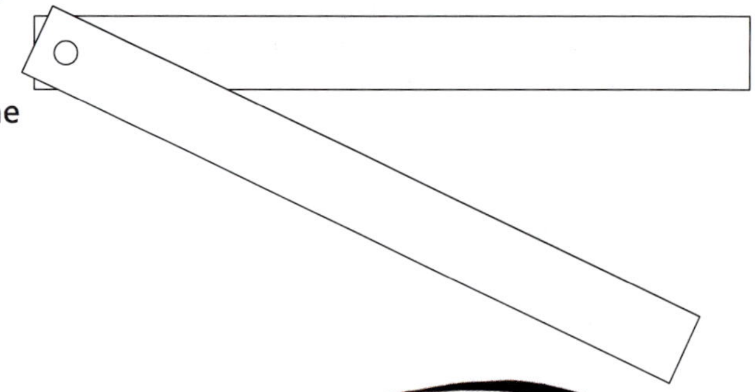

Cherche comment utiliser le « porte-angle ».
Vérifie, avec cet instrument, les hypothèses que tu as élaborées à la question précédente.

3. Parmi les angles de la pièce C du puzzle, y a-t-il un angle droit ? Si oui, lequel ?
Vérifie avec ton équerre.

À vue d'œil, certains angles de la pièce C sont-ils égaux ? Vérifie tes réponses avec le « porte-angle ».

Range les angles de la pièce C du plus petit au plus grand.

Objectif Comparer des angles, prendre conscience que les longueurs des côtés n'ont pas d'incidence sur le résultat de la comparaison.

Calcul mental Compter de 4 en 4 en croissant à partir de 0, puis en décroissant à partir d'un multiple de 4. Demander de temps en temps de quel multiple il s'agit.

Reproduire des angles

Découverte

La Grande Ourse est une constellation célèbre que tu peux voir la nuit quand il n'y a pas de nuages. Elle est constituée de 7 étoiles visibles.
Alice a commencé à reproduire le schéma de la Grande Ourse en l'agrandissant, c'est-à-dire que les longueurs des segments sont agrandies mais les angles sont conservés.

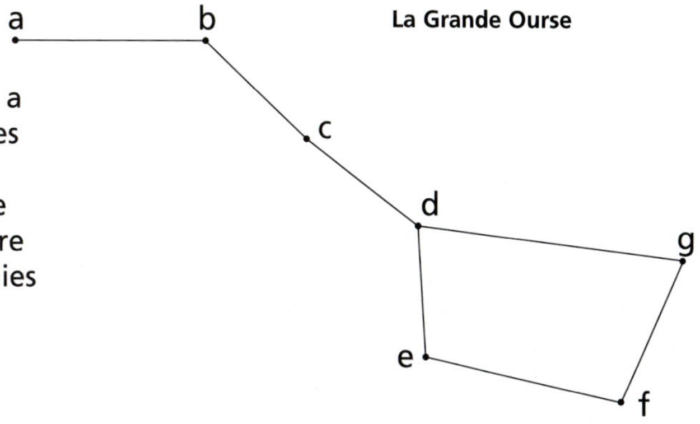

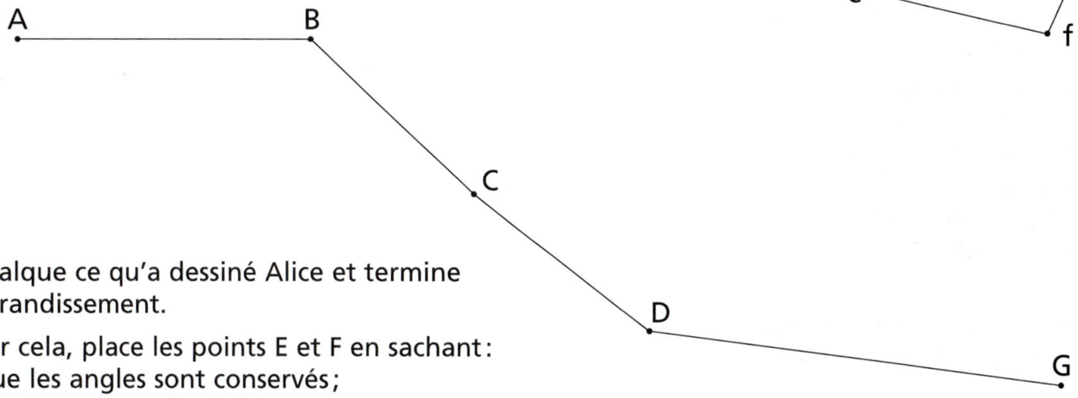

Décalque ce qu'a dessiné Alice et termine l'agrandissement.

Pour cela, place les points E et F en sachant :
- que les angles sont conservés ;
- que le segment [DE] doit mesurer 2 cm 6 mm
- le segment [EF] doit mesurer 4 cm 5 mm.

Quels instruments as-tu utilisés ?

Exercice

Pour atteindre le trésor, Alice doit suivre un trajet qui va tout droit ou qui fait un angle superposable à l'angle donné par le gabarit vert.

Décalque un chemin qu'elle peut suivre.

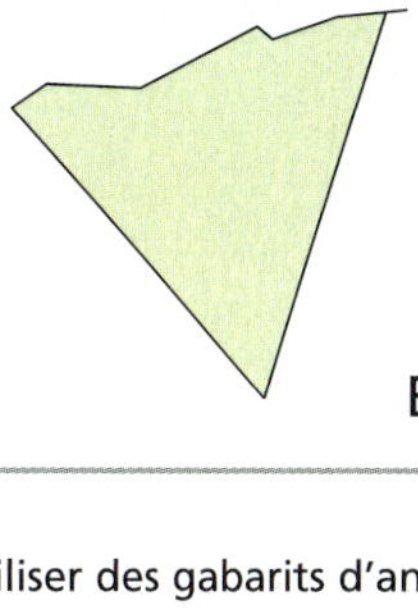

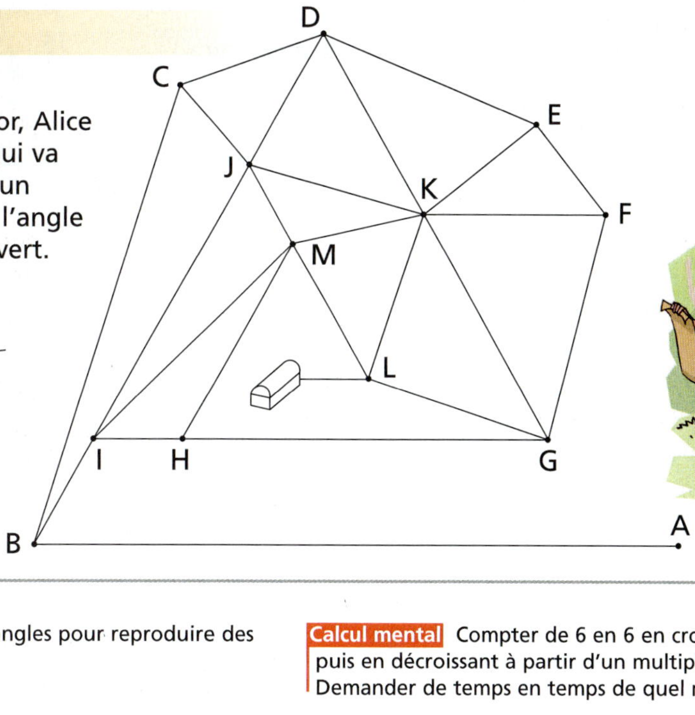

Départ

Objectif Utiliser des gabarits d'angles pour reproduire des figures.

Calcul mental Compter de 6 en 6 en croissant à partir de 0 puis en décroissant à partir d'un multiple de 6.
Demander de temps en temps de quel multiple il s'agit.

29 Distance d'un point à une droite, droites perpendiculaires

Activité préparatoire de découverte : Dans la cour, dessiner sur le sol une droite d. Placer un piquet (point P) extérieur à la droite. Faire chercher aux élèves l'endroit de la droite où l'on est le plus près du piquet, par exemple en se déplaçant sur la droite. Le faire vérifier.

Découverte

1. Sur le plan, la droite d représente le bord de la plage et le point A la position de Leïla sur la plage. Un centimètre sur le plan représente 1 mètre sur la plage. Décalque ce plan.

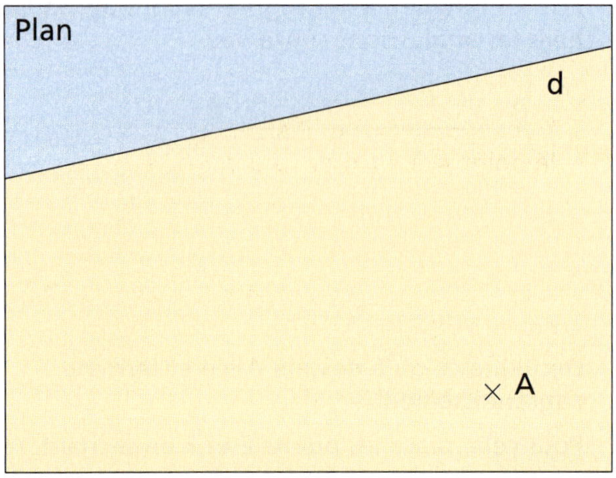

Quel est le chemin le plus court qui permet à Leïla de toucher l'eau ? Trace-le.
Comment est ce chemin ? Comment est-il par rapport à la droite d ?

Mesure la longueur de ce chemin sur le plan.
Cette longueur s'appelle la distance du point A à la droite d.
Sur la plage, à quelle distance Leïla se trouve-t-elle de l'eau ?

2. Qwang a construit un château. On veut représenter sur le plan l'emplacement de son château. On sait qu'il est à la distance de 3 m du bord de la plage.

Indique sur le plan où il peut se trouver. Y a-t-il plusieurs solutions ? Explique comment tu as procédé.

Exercices

1 Reproduis la figure en la décalquant.
Quel est le point qui se trouve à la distance de 2 cm de la droite d ? Explique comment tu as fait pour être sûr.

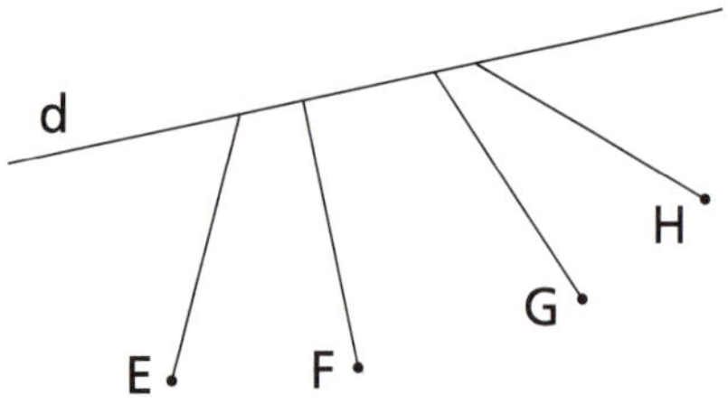

Objectifs Prendre conscience que la perpendiculaire à une droite permet d'obtenir la plus courte distance d'un point à cette droite. Repérer et tracer des droites perpendiculaires.

Calcul mental Distribuer à chaque enfant un morceau de table de multiplication vide (par exemple 4 lignes et 6 colonnes). Dicter les nombres à placer à l'entrée des lignes et des colonnes. Demander aux enfants de la compléter dans un temps donné (5 minutes).

2 Observe bien comment tracer avec précision une droite perpendiculaire à une droite donnée avec une règle et une équerre.
Refais la construction sur une feuille unie.

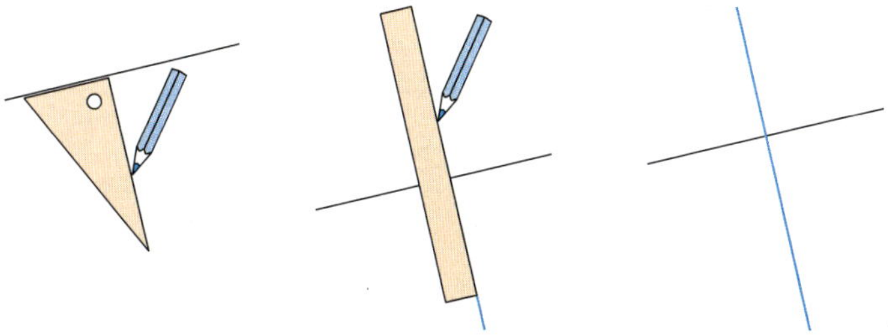

3 Trace une droite d. Place deux points A et B de part et d'autre de la droite d : le point A à 4 cm de la droite d et le point B à 3 cm de la droite d.

4 Alice a commencé à repérer les angles droits de cette figure.
Reproduis la figure en la décalquant, puis complète son travail et corrige ses erreurs.

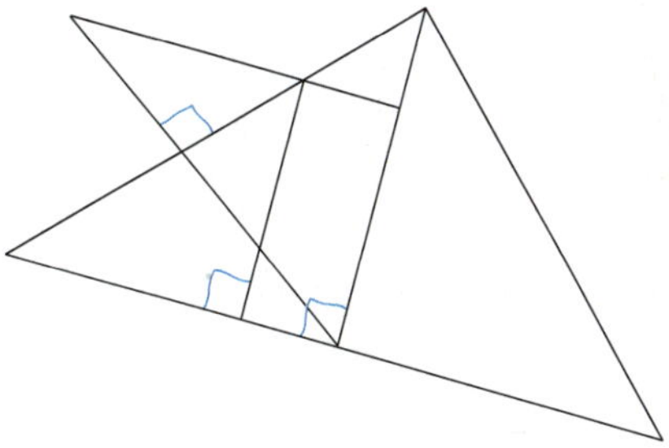

5 Certains de ces polygones ont des côtés perpendiculaires. Lesquels ? Décalque-les et repasse les côtés perpendiculaires en couleur puis marque les angles droits. Quelles remarques fais-tu ?

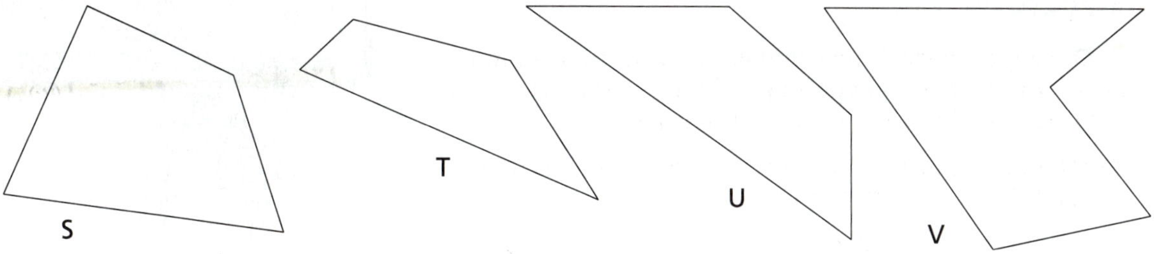

Remue-méninges

Pour récupérer son équerre, Qwang doit suivre un chemin qui tourne à angle droit. Sur un calque, trace le chemin à suivre.

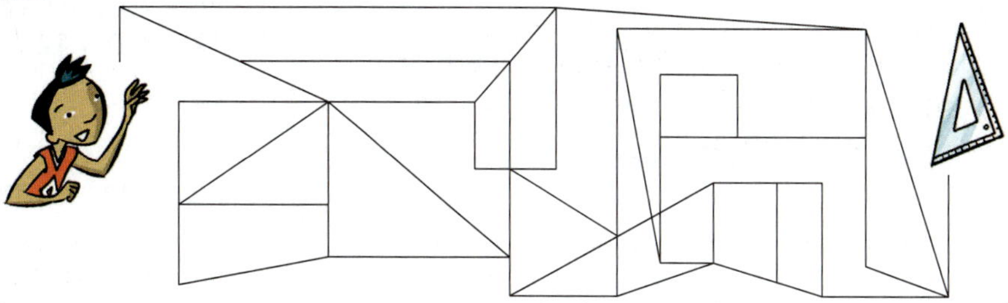

30 Calcul réfléchi : multiplier par 10, 100, 1 000 et leurs multiples

Découverte

Les robots géants partent de la case 0 et font des bonds réguliers.

1. Le robot rouge fait des sauts de 100.

- Lorsqu'il a fait 12 bonds, sur quelle case arrive-t-il ?
- Parmi les cases suivantes, trouve les numéros de celles où il passe.

10	800	100	165	200	350	1 000	1 300

Dis pourquoi tu es sûr qu'il passe sur ces cases.
Les numéros des cases sur lesquelles passe le robot rouge sont des multiples de 100.

2. Le robot jaune fait des sauts de 30.

- Lorsqu'il a fait 7 bonds, sur quelle case arrive-t-il ? et lorsqu'il a fait 11 bonds ?
- Parmi les cases suivantes, trouve les numéros de celles où il passe.

10	3	30	100	120	130	300	330	3 000

Dis pourquoi tu es sûr qu'il passe sur ces cases.
Les numéros des cases sur lesquelles passe le robot jaune sont des multiples de 30.

3. Écris la suite des multiples de 40 aussi loin que tu peux. Écris la suite des multiples de 60 aussi loin que tu peux. Cherche deux multiples communs à 40 et à 60.

Exercices

1 Les nombres 800 et 900 sont deux multiples consécutifs de 100 car 800 = 8 x 100 et 900 = 9 x 100.

a. Encadre 565 entre 2 multiples consécutifs de 100.
Complète : … x 100 < 565 < … x 100

b. Encadre 1 456 entre 2 multiples consécutifs de 100.

c. Encadre 3 542 entre 2 multiples consécutifs de 1 000.

Pour multiplier un nombre par 10, on écrit un zéro à la droite du nombre comme chiffre des unités.
Exemple : 130 x 10 = 1 300.

2 Calcule :

6 x 100	12 x 1 000	100 x 25
10 000 x 17	100 x 12	25 x 10
1 000 x 6	23 x 10 000	24 x 1 000

3 Pour calculer 12 x 300, on peut écrire :
12 x 300 = 12 x 3 x 100 = 36 x 100 = 3 600

Calcule :

300 x 4	6 x 5 000	2 000 x 12
4 x 3 000	500 x 6	12 x 200

Objectifs Comprendre les règles de multiplication par les multiples de 10. S'entraîner à les utiliser.

Calcul mental Le maître annonce dans le désordre le nombre de milliers, centaines, dizaines et unités d'un nombre, les enfants écrivent le nombre.

calcul automatisé, calcul réfléchi
2
25
26
30
49
58
68
87
92
97

31 Multiplication : technique usuelle (1)

Découverte

1. Calcule le produit 47 x 6.

2. Voici comment Théo, Qwang, Leïla et Alice calculent 47 x 6.
Recopie puis termine les calculs de Qwang et Leïla.
Compare ta méthode avec celles-ci.

40	7	
40 x 6 = …	7 x 6 = …	6

47 x 6 = (40 x 6) + (7 x 6)

47 x 6 = … + …

```
    4 7
 x    6
 -------
 ........  ←  6 x 7
 ........  ←  6 x 40
 -------
 ........  ←  (6 x 7) + (6 x 40)
```

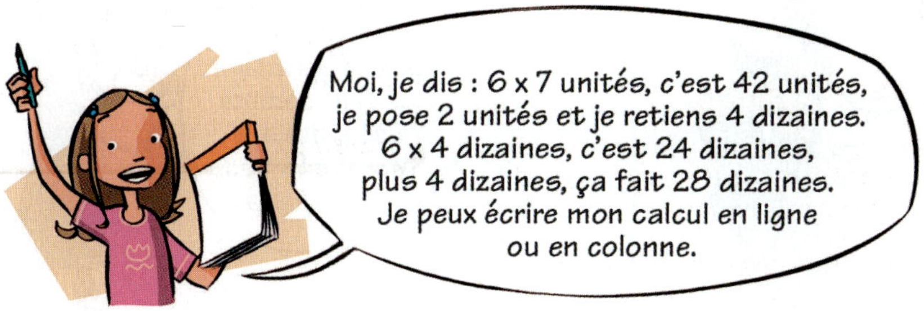

47 x 6 = 282

```
    4 7
 x    6
 ------
  2 8 2
```

Exercice

Calcule comme Alice :

34 x 7 — 28 x 3 — 5 x 72 — 132 x 8 — 84 x 6 — 9 x 104 — 2 x 730

Utilise tes résultats pour calculer :

7 x 34 — 28 x 30 — 72 x 5 — 80 x 132 — 840 x 60 — 104 x 90 — 20 x 73

Objectif S'entraîner à mémoriser les calculs intermédiaires dans la multiplication d'un nombre à deux chiffres par un nombre à un chiffre.

Calcul mental Le maître donne oralement un nombre, les élèves le disent ou l'écrivent comme somme d'un multiple de 1 000, d'un multiple de 100, d'un multiple de 10 et des unités.

32 Multiplication : technique usuelle (2)

Découverte

1. Calcule 374 x 26.

2. Voici comment Qwang, Leïla et Alice ont calculé 374 x 26.
Vérifie puis recopie la proposition de chaque enfant.
Complète chaque calcul.

	300	70	4
20	20 x 300	20 x 70	20 x 4
6	6 x 300	6 x 70	6 x 4

20 x 374 = (20 x 300) + (20 x 70) + (20 x 4)
20 x 374 = … + … + … = …

6 x 374 = (… x …) + (… x …) + (… x …)
6 x 374 = … + … + … = …

374 x 26 = (20 x 374) + (6 x 374) = … + … = …

```
    3 7 4
x     2 6
---------
............... ← 6 x 4
............... ← 6 x ...
............... ← 6 x...
............... ← 20 x 4
............... ← 20 x ...
............... ← 20 x ...
---------
............... ← 374 x 26
```

```
    3 7 4
x     2 6
---------
............... ← 6 x 374
............... ← 20 x 374
---------
............... ← 374 x 26
```

3. Dans le découpage de Qwang, colorie en jaune les rectangles qui correspondent à 6 x 374 et en bleu les rectangles qui correspondent à 20 x 374.

Objectif Revoir la technique de la multiplication.

Calcul mental Le maître donne oralement une décomposition additive (dans l'ordre ou le désordre) d'un nombre. Les enfants écrivent le nombre correspondant.

Exercices

1 Voici trois résultats : 3 x 254 = 762 7 x 254 = 1 778 9 x 254 = 2 286

Utilise ces résultats pour calculer :

379 x 254 793 x 254 937 x 254 709 x 254

2 Calcule.

519 x 8	519 x 3	519 x 4
519 x 48	519 x 38	519 x 34
519 x 483	519 x 834	519 x 348

3 En utilisant la technique de la multiplication, calcule :

568 x 46	409 x 72	2 890 x 44
342 x 105	534 x 570	3 068 x 749

4 Un des trois nombres ci-dessous est égal à 873 503 x 917. Sans effectuer le produit, cherche lequel. Explique comment tu le sais.

a. 422 251

b. 801 002 251

c. 912 014 348

5 Un des trois nombres ci-dessous est égal à 124 757 x 28. Sans effectuer le produit, cherche lequel. Explique comment tu le sais.

a. 3 240 198

b. 8 133 196

c. 3 493 196

6 Complète ces multiplications.

```
  2 • 7        6 • 5
x     4      x     6
-------      -------
  9 4 8      4 1 1 0
```

7 Complète ces multiplications.

```
  • • •        • • •
x     •      x     •
-------      -------
  • • •      • • • •
```

8 Dans la ville de Chamallo, il y a 1 540 élèves. Pour la fête des écoles, le maire achète 136 sacs de 25 ballons à gonfler et 35 colis de 50 tee-shirts.

Combien de ballons et combien de tee-shirts pourra-t-il donner à chaque élève ?

Remue-méninges

Place les chiffres dans les cases vides pour que le calcul soit correct.

1 1 2 3 5 7 7

```
  □ □ □
x     7
-------
□ □ □ □
```

33 Problèmes numériques : aide méthodologique à la résolution (1)

Découverte

Cherche à résoudre le premier problème. Si tu ne le comprends pas bien, résous le second, puis recommence à réfléchir au premier.

1er problème

Alice a des perles rouges et des perles jaunes. Elle a deux fois plus de perles rouges que de jaunes.
En tout, elle en a 660.

Combien a-t-elle de perles de chaque couleur ?

2e problème

Leïla a des perles rouges et des perles jaunes. Elle a deux fois plus de perles rouges que de jaunes.
En tout, elle en a 30.

Combien a-t-elle de perles de chaque couleur ?

Exercices

Pour chaque exercice, procède comme dans la découverte.

1 **1er problème**

Leïla et ses amis jouent aux billes. À la récréation du matin, ils perdent 157 billes. À la récréation de l'après-midi, ils gagnent 314 billes.

À la fin de la journée, ont-ils perdu ou gagné des billes et combien ?

2e problème

Qwang joue aux billes.
À la récréation du matin, il perd 5 billes.
À la récréation de l'après-midi, il gagne 12 billes.

À la fin de la journée, a-t-il perdu ou gagné des billes et combien ?

2 **1er problème**

Victor va se promener en voiture.
Il fait 218 km. Son compteur marque alors 3 534 km.

Que marquait son compteur au départ de sa promenade ?

2e problème

Alexandre va se promener en vélo.
Il fait 36 km. Son compteur marque alors 542 km.

Que marquait son compteur au départ de sa promenade ?

Objectifs S'entraîner à résoudre des problèmes. Apprendre à s'aider, quand c'est nécessaire, en les résolvant dans un champ numérique plus petit.

Calcul mental À partir d'un nombre quelconque, le maître alterne la règle ajouter ou retrancher 1, ajouter ou retrancher 10, ajouter ou retrancher 100.

3 **1er problème**

Luc a 365 timbres. Sophie en a 231 et Camille en a 451. Ils décident de répartir leurs timbres pour que chacun en ait le même nombre.

Comment peuvent-ils faire ?
Combien de timbres chacun aura-t-il ?

2e problème

Au retour d'une sortie au bord de la mer, Qwang a 26 coquillages, Alice en a 42, Leïla en a 22. Ils décident de répartir leurs coquillages pour que chacun en ait le même nombre.

Comment peuvent-ils faire ?
Combien de coquillages chacun aura-t-il ?

4 **1er problème**

Nous sommes deux nombres consécutifs.
Notre somme est égale à 253.

Qui sommes-nous ?

2e problème

Nous sommes deux nombres consécutifs.
Notre somme est égale à 27.

Qui sommes-nous ?

5 **1er problème**

Nous sommes deux nombres pairs consécutifs.
Notre somme est égale à 430.

Qui sommes-nous ?

2e problème

Nous sommes deux nombres pairs consécutifs.
Notre somme est égale à 50.

Qui sommes-nous ?

6 **1er problème**

Nous sommes deux nombres impairs consécutifs. Notre somme est égale à 736.

Qui sommes-nous ?

2e problème

Nous sommes deux nombres impairs consécutifs. Notre somme est égale à 64.

Qui sommes-nous ?

Remue-méninges

Dans un sac sont mélangées 5 billes vertes et 5 billes rouges.
On plonge la main dans le sac, sans regarder, pour prendre des billes.

Combien doit-on prendre de billes pour être certain d'avoir au moins 2 billes de la même couleur ?

Et si on avait 30 billes vertes, 18 rouges et 24 jaunes ?

34 Droites parallèles, droites perpendiculaires

Activité préparatoire de découverte : Dans la cour, dessiner sur le sol une ligne droite d (entre 5 et 10 m). Les élèves doivent dessiner 30 points (ou placer 30 jetons) situés à la même distance de d dans un temps minuté.

Découverte

1. Trace une droite d sur une feuille unie de format A4. Place le plus rapidement possible 10 points à 15 cm de d du même côté, puis 12 autres points à 15 cm de d mais de l'autre côté.

Explique comment tu as fait.

2. Voici les méthodes d'Alice et de Théo pour construire deux droites parallèles d1 et d2 distantes de 2 cm.

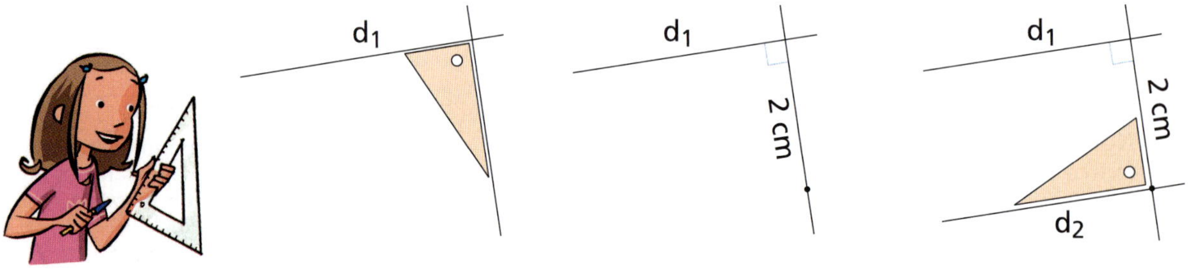

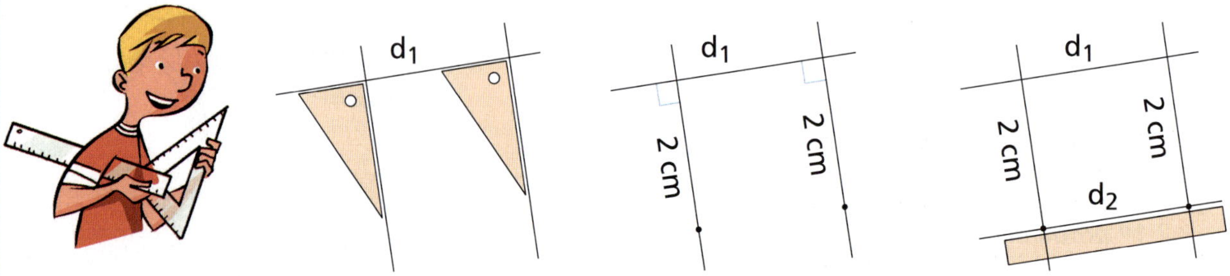

Reproduis ces constructions. Décris les différentes étapes de chaque méthode.
Explique pourquoi ces deux méthodes sont correctes.

Exercices

1 Les deux droites d et h sont-elles parallèles ?

Si oui, à quelle distance sont-elles l'une de l'autre.

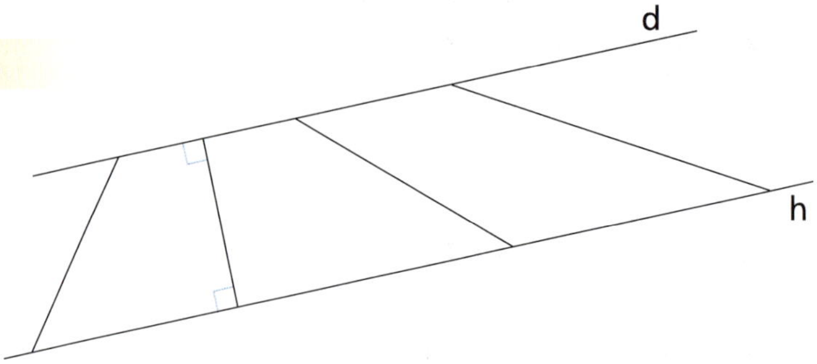

Objectifs Reconnaître visuellement des droites parallèles, vérifier le parallélisme par divers procédés. Construire des droites parallèles entre elles. Apprendre à décrire les positions relatives de plusieurs droites.

Calcul mental Le maître pense à un nombre, il ne dit pas lequel. Il annonce qu'il multiplie ce nombre par 4 et donne le résultat. Les enfants disent ou écrivent le nombre auquel le maître a pensé. Reprendre en multipliant par 5 puis par 6.

2 Vérifie les propositions avec tes instruments, puis recopie celles qui sont correctes.

a. *d et h sont perpendiculaires entre elles.*

b. *e est perpendiculaire à g.*

c. *f est parallèle à d, et f est perpendiculaire à h.*

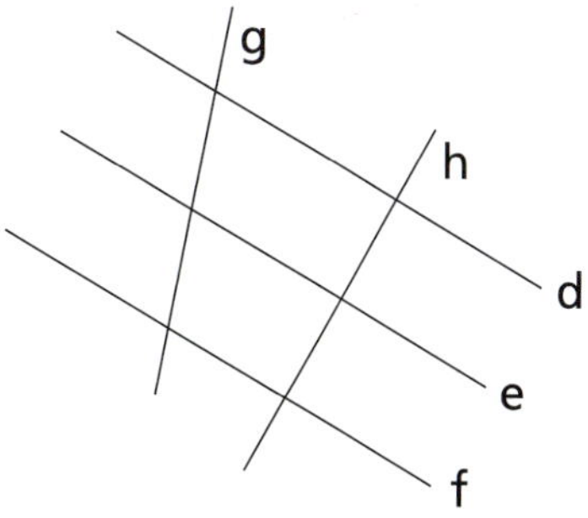

3 Parmi les polygones suivants, certains ont des côtés parallèles. Décalque-les et repasse en couleur les côtés parallèles.

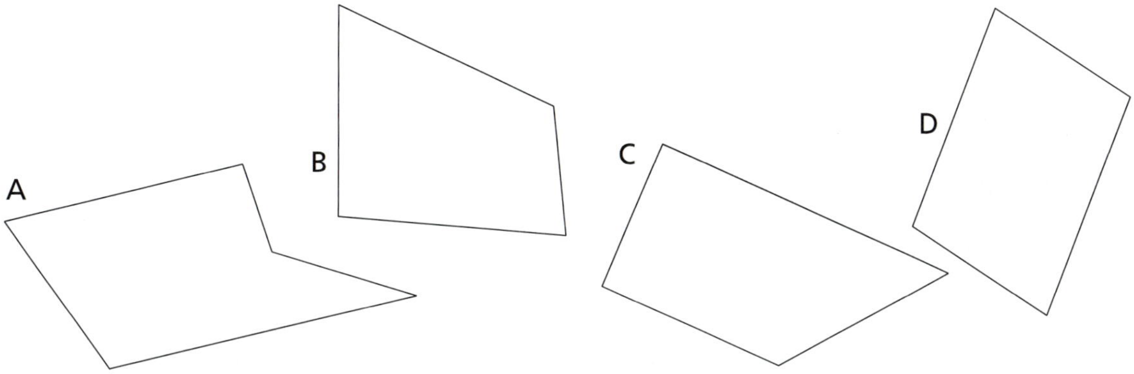

4 Vérifie avec tes instruments que la figure ABCD est un rectangle.
Recopie les phrases suivantes en les complétant :

a. Les segments [AB] et [BC] sont…

b. Les segments [AB] et [CD] sont…

c. Les segments [DE] et [BF] sont perpendiculaires au segment…

d. Les segments [DE] et [BF] sont …entre eux.

Reproduis la figure en construisant un rectangle de dimensions 10 cm et 6 cm.

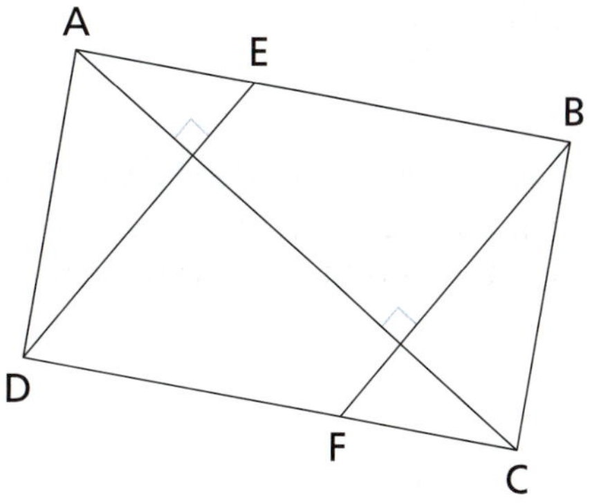

Illusion d'optique

Les lignes bleues sont-elles droites ?
Sont-elles parallèles entre elles ?

Comment peux-tu vérifier ta réponse ?

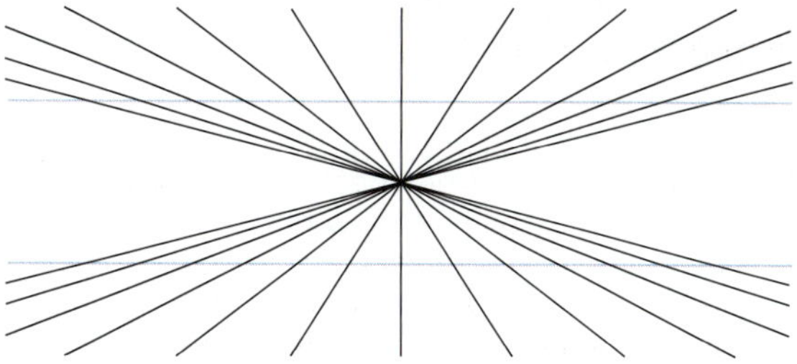

relations et propriétés géométriques
6
7
17
18
29
34
69
70
73
74

35 Propriétés des polygones

Activité préparatoire de découverte : Jeu de portrait à partir d'une famille de figures planes (cf. matériel photocopiable dans le livre du maître).

Découverte

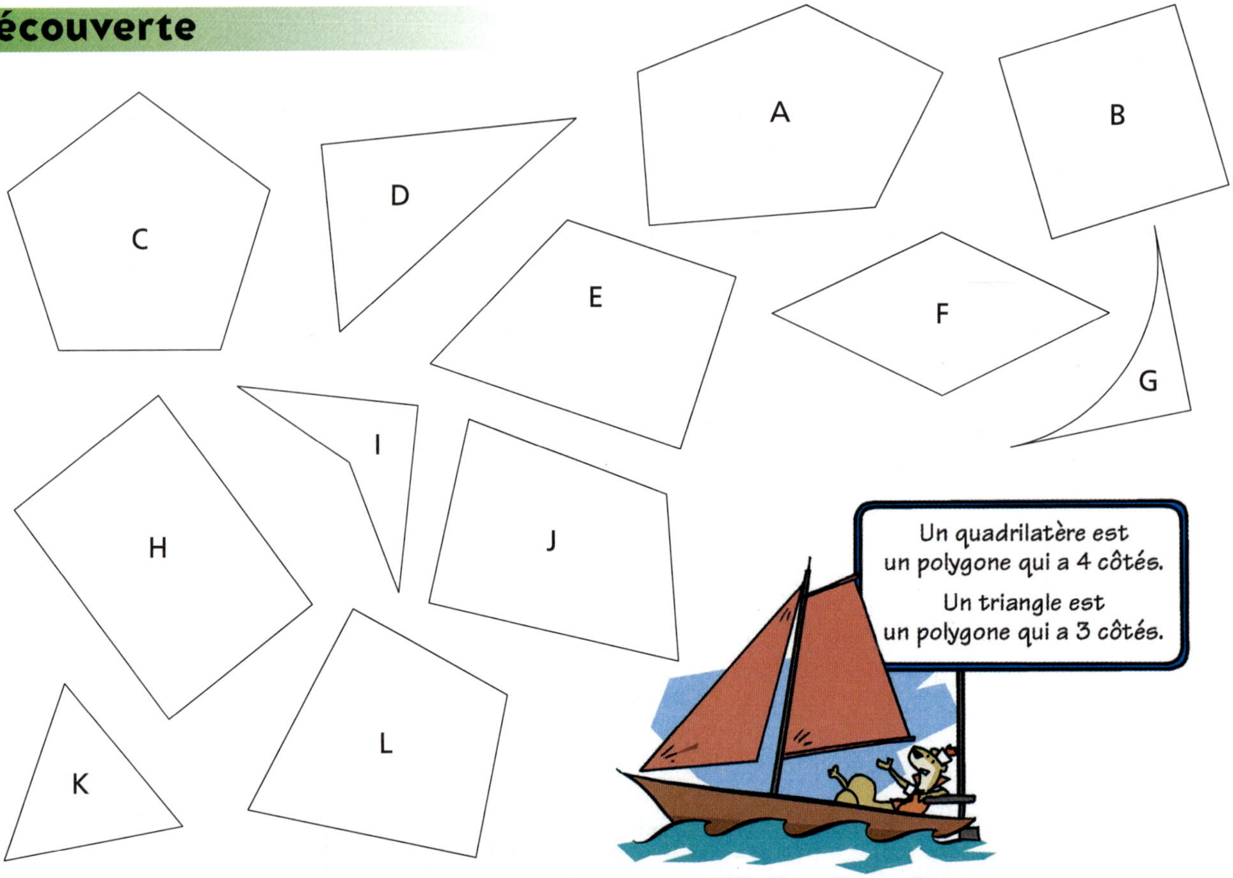

1. Parmi les figures dessinées, il y a un intrus. Quel est cet intrus ? Justifie ta réponse.

2. Trouve la figure qui correspond à chacun des portraits suivants.

a. « C'est un quadrilatère. Il a 4 angles droits mais ce n'est pas un carré. Qui est-ce ? »

b. « C'est un quadrilatère. Il a une paire de côtés parallèles et seulement deux angles droits. Qui est-ce ? »

3. Qwang a mis ensemble les polygones A, D, I, J. Ils ont une propriété commune. Laquelle ?

Exercices

1 Écris un portrait qui permette de reconnaître la figure A parmi les figures de la découverte. Fais de même pour la figure D.

Objectif Apprendre à analyser des polygones, à dégager leurs propriétés relatives aux côtés et aux angles.

Calcul mental Le maître pense à un nombre. Il annonce qu'il multiplie ce nombre par 7 et donne le résultat. Les enfants disent ou écrivent le nombre auquel le maître a pensé. Reprendre en multipliant par 8 puis par 9.

2 Quelle figure de la découverte correspond à toutes les informations suivantes ?

- La figure est-elle un polygone ? OUI
- La figure est-elle un quadrilatère ? OUI
- La figure a-t-elle au moins deux côtés parallèles ? NON
- La figure a-t-elle exactement un angle droit ? NON

3 Voici un portrait. Complète-le pour qu'il corresponde à une seule figure de la découverte.

« Je suis un polygone. Tous mes côtés ont la même longueur… »

4 Théo a mis ensemble les figures E et L. Pourquoi ?

Leïla a mis ensemble les figures A et C. Pourquoi ?

Qwang a mis ensemble les figures B et H. Pourquoi ?

5 Fais la liste de toutes les propriétés de la figure F. Connais-tu le nom de cette figure ?

6 Écris ce que tu dois vérifier pour savoir si une figure est un carré.

7 Écris ce que tu dois vérifier pour savoir si une figure est un rectangle.

8 Écris ce que tu dois vérifier pour savoir si une figure est un triangle.

9 Existe-t-il une (ou plusieurs) figure(s) correspondant à chacun de ces portraits ?

10 Reproduis et continue à compléter le tableau (les lettres désignent les figures de la découverte).

	A	B	C	D	E	F	G	H	I	J	K	L
Polygone	X											
Nombre de côtés	5											
Nombre d'angles droits	2											
Nombre de paires de côtés parallèles	0											
Nombre de côtés de même longueur	3											

36 Estimer des longueurs, des distances

Activité préparatoire de découverte : Évaluer diverses longueurs et distances à l'œil (dimensions de la cour, d'un tableau, d'un cartable, etc.), les mesurer avec des « étalons corporels ». En déduire des estimations avec les unités usuelles, puis les vérifier en utilisant des instruments de mesure usuels.

Découverte

Pour évaluer des longueurs tu peux utiliser ta main, ton pas… Pour cela, tu as besoin de connaître leurs mesures avec les unités usuelles rappelées ci-dessous.

kilomètre (km)	hectomètre (hm)	décamètre (dam)	mètre (m)	décimètre (dm)	centimètre (cm)	millimètre (mm)

1. Écris la mesure, en cm, de :

- la largeur de ton pouce

- la longueur de ton empan

- la longueur de ton pied

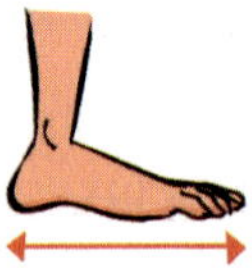

- la longueur de ta coudée

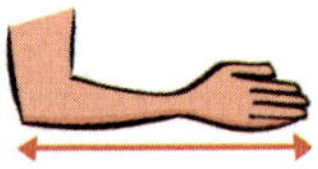

- la longueur de ton envergure
- la longueur de ton pas moyen

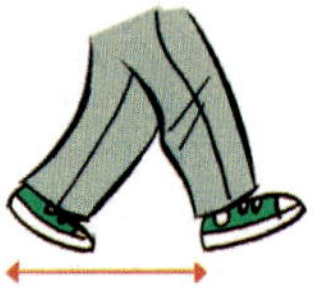

2. Exprime la longueur d'un mètre à l'aide des étalons corporels qui conviennent.

3. Qwang habite à 700 m de l'école. Son pas moyen est de 60 cm. Qwang pense qu'il fait plus de 1 000 pas pour aller à l'école. A-t-il raison ?

Exercices

1 En prenant le cm pour unité, donne un encadrement de l'envergure des élèves de ta classe. Si tous les élèves de ta classe se donnent la main, donne une estimation en m de la longueur de la chaîne qu'ils forment ainsi.

2 La circonférence de la Terre est d'environ 40 000 km. Donne une estimation du nombre d'enfants qui devraient se donner la main pour faire une chaîne autour de la Terre.

Objectif Se construire des référents pour évaluer des longueurs, des distances.

Calcul mental Jeu du portrait sur les polygones (cf. étape 35, activité préparatoire).

3 Avec quel(s) étalon(s) corporel(s) estimerais-tu :

a. les dimensions de la classe ?

b. le diamètre d'une assiette ?

c. la longueur d'une corde à sauter ?

d. la largeur d'une porte ?

Donne une estimation de ces dimensions avec tes étalons corporels puis avec les unités usuelles.

4 Trouve, dans chaque cas, la mesure la plus vraisemblable.

a. La longueur d'une piscine :	5 hm	50 km	50 m
b. La longueur d'une voiture :	420 cm	4 200 cm	42 m
c. La hauteur d'une table :	15 m	80 cm	1,50 m

5 Quelle(s) unité(s) te semble(nt) la (les) plus appropriée(s) pour donner la mesure de :

a. la distance de Paris à Madrid

b. la longueur d'un lit

c. la hauteur d'une montagne

d. la profondeur d'une piscine

6 Trouve, dans chaque cas, la mesure la plus vraisemblable.

a. Si tu marches pendant une heure sans t'arrêter, tu parcours environ :	400 m	5 km	20 km
b. Lorsqu'une voiture roule pendant une heure sur une autoroute sans s'arrêter, elle parcourt environ :	1 200 m	50 km	120 km
c. Lorsqu'un TGV roule pendant une heure, il parcourt environ :	240 km	240 hm	24 000 m
d. Lorsqu'un avion de ligne vole pendant une heure, il parcourt environ :	600 km	6 000 km	1 000 hm

7 Voici trois phrases dans lesquelles on évalue des distances en utilisant des durées.

En utilisant les réponses de l'exercice 6 :

a. donne une estimation en km de la distance entre Londres et Paris par le rail ;

b. donne une estimation en km de la distance de Paris à Lyon ;

c. donne une estimation en m ou en km de la distance entre la maison de Leïla et l'école.

37 Mesurer des longueurs, des distances

Découverte

De nombreux pays ont adopté le système métrique, mais nos voisins anglais ne l'utilisent pas couramment. Pour les longueurs et les distances, ils utilisent des unités liées aux étalons corporels.

- 1 « inch » (pouce) correspond à une longueur comprise entre 2 cm 5 mm et 2 cm 6 mm.
- 1 « foot » (pied) vaut 12 inches.
- 1 « yard » (pas) vaut 3 feet (feet est le pluriel de foot).
- 1 « mile » anglais vaut 1 760 yards.

1. Vérifie qu'un « foot » vaut environ 30 cm, un « yard » 91 cm et un « mile » environ 1 600 m.

2. Théo pense qu'un coureur de 100 m parcourt plus de 100 yards. A-t-il raison ? Justifie ta réponse.

3. Dans le code de la route en France, le panneau « 50 » indique que l'on ne doit pas dépasser une vitesse de 50 km à l'heure. En Angleterre, il indique que l'on ne doit pas dépasser 50 miles à l'heure. Parmi les panneaux anglais suivants, indique celui qui correspond le mieux au panneau « 50 » en France.

4. L'avion Airbus A340 peut voler à une altitude de 35 000 pieds. À quelle altitude cela correspond-il environ dans le système métrique ?

1 000 km ? 10 000 m ? 10 000 hm ?

Exercices

1 Voici un segment mesurant 1 inch.
Sans te servir de la règle graduée, exprime la longueur des segments suivants en utilisant l'unité « inch ».

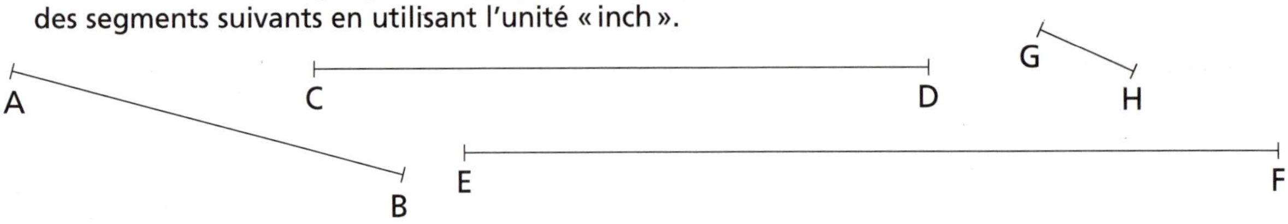

Objectif Utiliser des unités conventionnelles pour mesurer des longueurs, des distances.

Calcul mental Le maître écrit au tableau 4 nombres inférieurs à 100 puis les cache. Après une dizaine de secondes, les élèves les écrivent dans l'ordre croissant (ou décroissant).

2 Construis des segments mesurant 3 inches, 5 inches, $\frac{1}{2}$ inch.

Construis un segment mesurant entre 4 inches et 5 inches.

3 Construis une règle graduée en inches.
Pour cela, utilise une bande rectangulaire de papier cartonné.
Avec cette règle, vérifie tes réponses aux exercices 1 et 2.

4 Voici les longueurs de 4 segments. Trace-les en utilisant ta règle graduée.

AB = 7 cm 2 mm CD = 23 cm EF = 67 mm GH = 18,5 cm

5 Quels points faut-il joindre avec la règle graduée pour obtenir un segment de 3 cm ? 4 cm ? 5 cm ? 6 cm ? 7 cm ? 8 cm ?

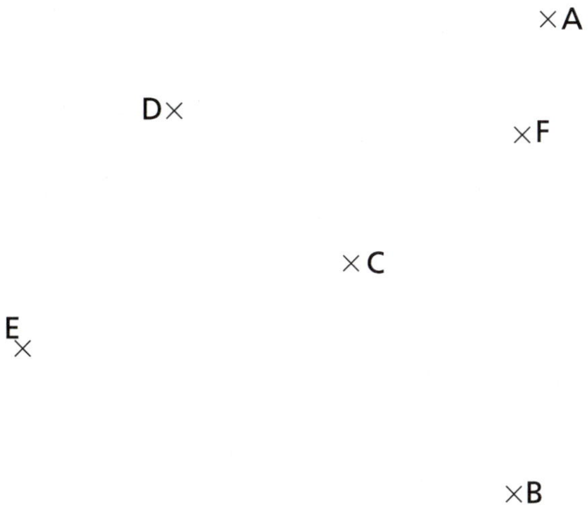

6 Quelle est la ligne la plus longue : la ligne rouge ou la ligne bleue ?

7 Trace sur une feuille une ligne mesurant 2 m. Explique comment tu as fait.

8 Un coureur de marathon parcourt 42 195 m. Exprime cette distance en km et m.

9 Un adulte qui a de grandes jambes fait des pas moyens de 1 m.
Combien doit-il faire de pas pour parcourir 2 km 300 m ?

10 Aux jeux Olympiques d'Athènes, Menedez Osleidez a gagné la médaille d'or au javelot en effectuant un lancer à 7 153 cm.
Exprime cette longueur en m et en cm.

11 Complète les égalités en mettant les valeurs numériques ou les unités qui conviennent.

a. 980 mm = … cm

b. 980 dm = … m

c. 748 cm = 7 … 48 …

d. 748 m = 7 … 48 …

38 Périmètre des figures planes

Activité préparatoire de découverte : Faire mesurer le périmètre de la classe. Faire mesurer le périmètre de diverses figures planes en utilisant plusieurs procédés. Puis, demander aux élèves de tracer des rectangles et des carrés de périmètres donnés.

Découverte

1. En utilisant ton compas et ta règle, mais sans mesurer, trace un segment ayant la même longueur que le périmètre du triangle T.

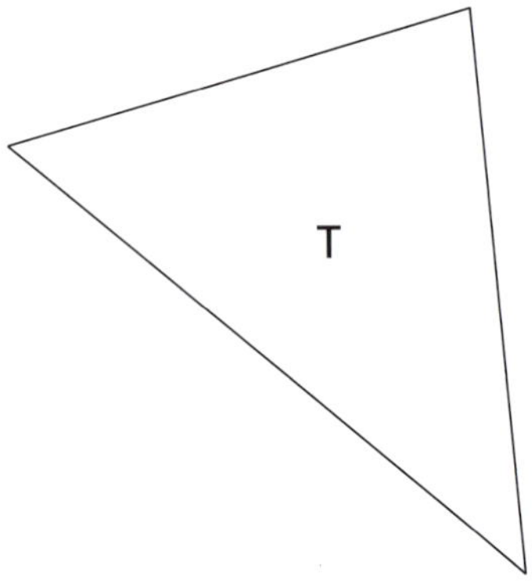

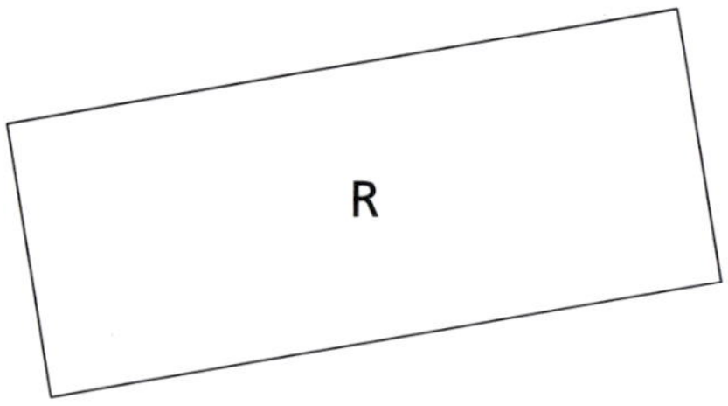

2. Sans mesurer, trouve un moyen de comparer le périmètre du triangle T et celui du rectangle R.

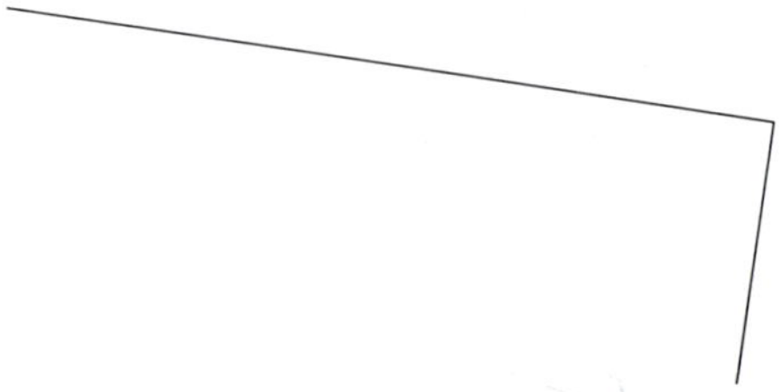

3. Théo a commencé à tracer un rectangle de périmètre 16 cm. Reproduis sa construction et termine-la.

4. Trace trois rectangles de périmètre 30 cm, tous différents.

Exercices

1 Trace un carré de périmètre 30 cm.
Y a-t-il plusieurs solutions ?

2 Trace un rectangle de périmètre 20 cm dont un côté mesure 6 cm.

3 Un court de tennis est un rectangle de 17 m sur 36 m.
Quelle longueur de grillage faut-il pour le clôturer ?

Objectifs Mesurer le périmètre de diverses figures planes.
Construire des figures usuelles de périmètre donné.

Calcul mental Le maître pense à un nombre, il ne dit pas lequel. Il annonce qu'il ajoute (ou soustrait) un nombre entre 5 et 9 à ce nombre et donne le résultat. Les enfants disent ou écrivent le nombre auquel le maître a pensé.

4 Trace un triangle équilatéral de périmètre 30 cm.
Utilise le principe de construction ci-contre.

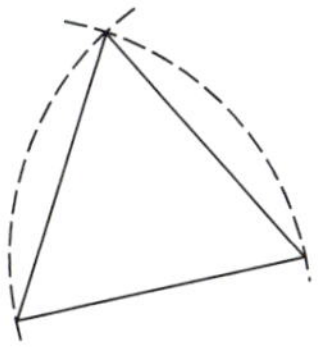

5 Trace un triangle isocèle de périmètre 30 cm dont un côté mesure 12 cm.
Y a-t-il plusieurs solutions ?

6 Reproduis le polygone ci-contre sur une feuille quadrillée.
Construis 5 figures de même périmètre que ce polygone mais de formes différentes.

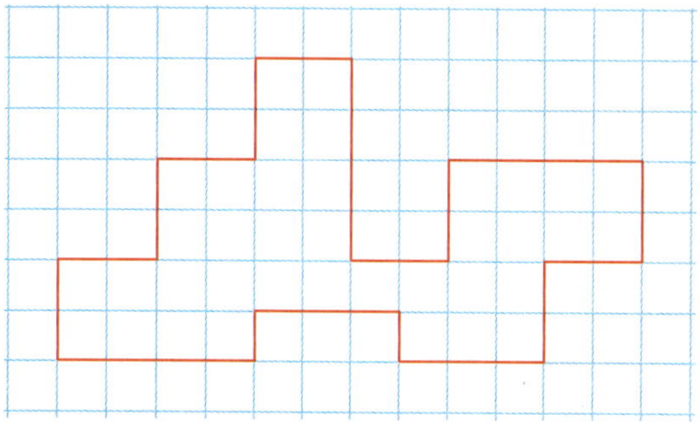

7 Un terrain rectangulaire a pour dimensions 75 m et 128 m. Calcule son périmètre.

8 Voici le plan d'un terrain. Son périmètre est de 190 m.

Trouve la longueur du côté AB du terrain.

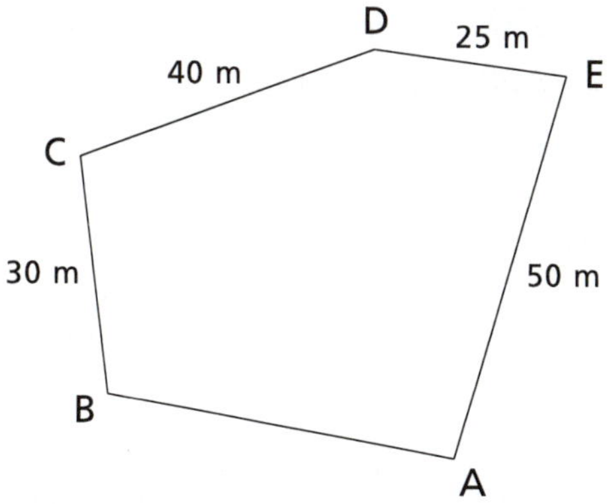

9 Un terrain carré a un périmètre de 120 m. On le divise en 3 rectangles identiques comme indiqué sur le schéma ci-dessous.

Quel est le périmètre de chaque rectangle ?

Remue-méninges

Un terrain de forme carrée est divisé en 2 rectangles égaux. L'un des rectangles est divisé en 2 carrés égaux. On établit une clôture autour du terrain et le long de toutes les séparations. Il faut 330 m de clôture.
Alice dit qu'avec ces renseignements, on peut trouver le côté du grand carré.
A-t-elle raison ?

grandeurs et mesures
27
28
36
37
38
50
51
52
95

39 Représentation de données : graphiques et tableaux

Découverte

A Ce graphique décrit un itinéraire de randonnée pédestre dans les Pyrénées.

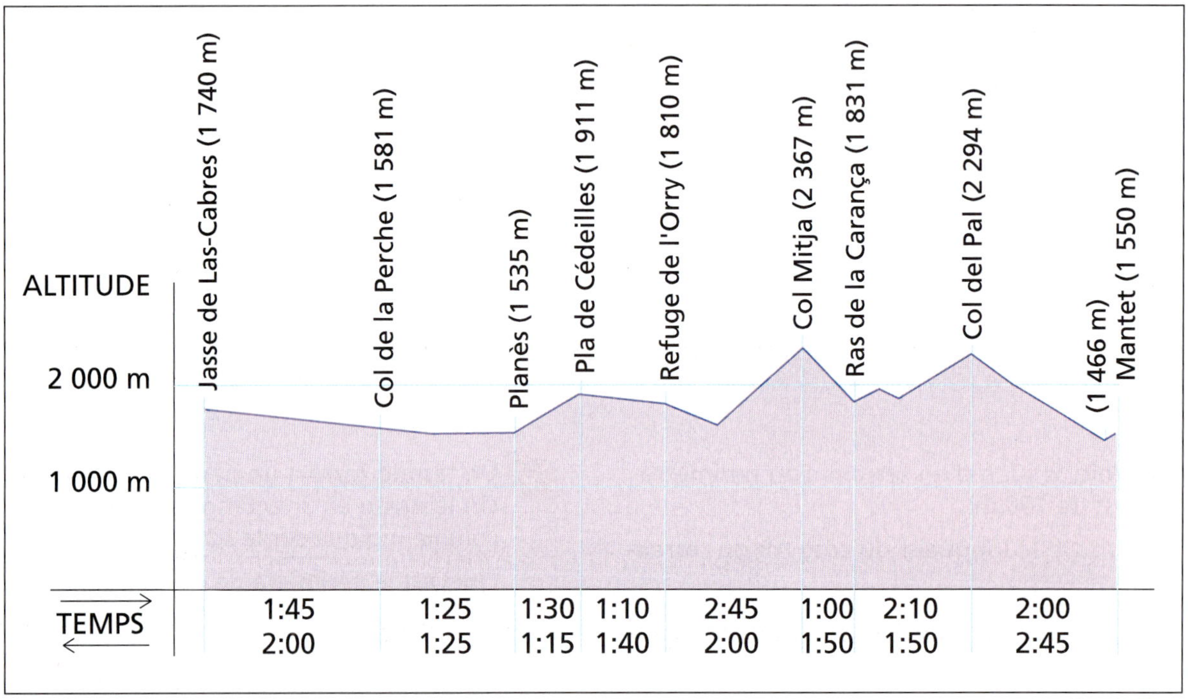

1. Quels sites de cet itinéraire sont à plus de 2000 m d'altitude ?

2. La gare de Bolquère est située au col de la Perche. C'est la gare la plus haute d'Europe. À quelle altitude se trouve-t-elle ?

3. Quel est le dénivelé (la différence d'altitude) entre le Col Mitja et le Ras de la Carança ?

4. Quelle durée faut-il prévoir pour faire l'aller et le retour entre la gare de Bolquère et le Pla de Cédeilles ?

5. Quelle est la durée de marche pour aller du col Mitja au Ras de la Carança ? Est-ce la même durée au retour ? À ton avis pourquoi ?

Objectif Lire, interpréter et construire des tableaux de nombres et des graphiques.

Calcul mental Le maître écrit au tableau 4 nombres inférieurs à 100 puis les cache. Après une dizaine de secondes, les élèves écrivent les nombres obtenus en multipliant par 10 les nombres cachés.

B Un chien de grande race atteint sa taille et son poids adulte entre 14 et 18 mois.
Voici la courbe de croissance d'un chien Berger allemand.

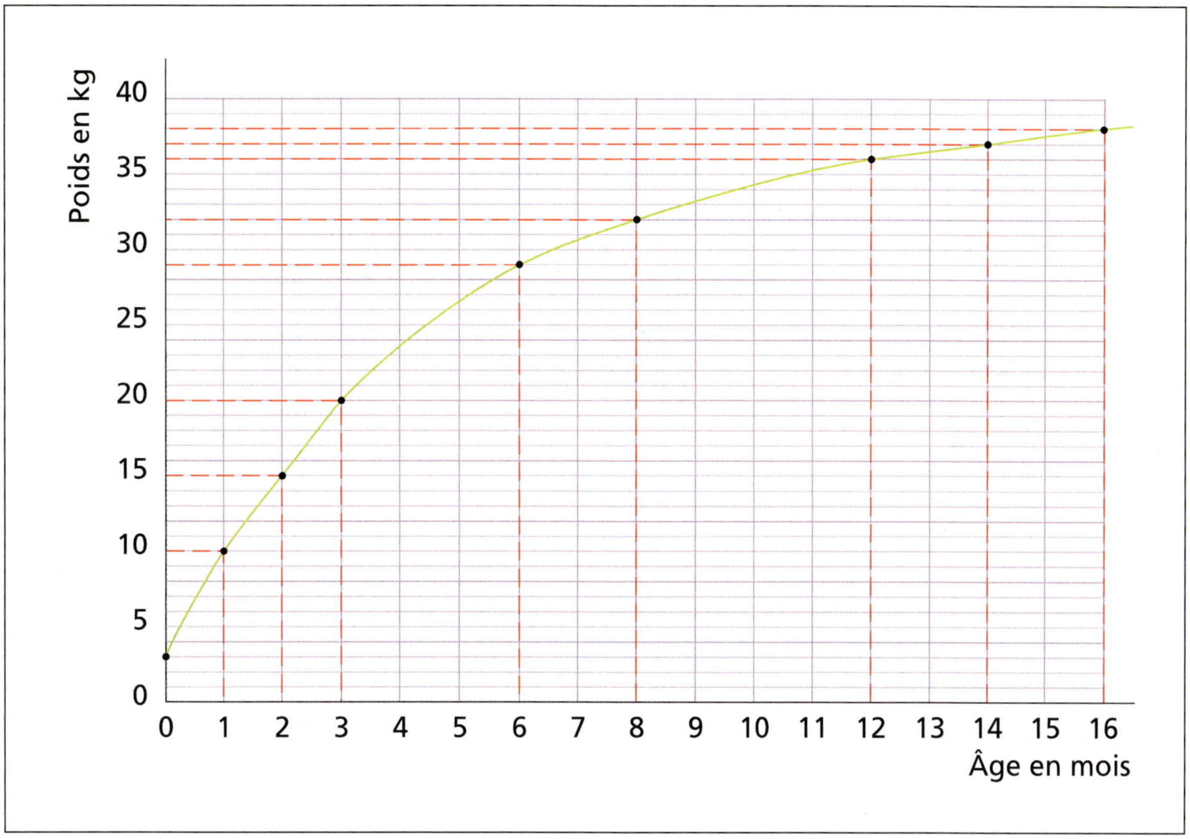

1. Quel est le poids d'un chien Berger allemand à l'âge de 6 mois ? à l'âge d'un an ?

2. Vers quel âge un Berger allemand atteint-il le poids de 20 kg ?

3. Utilise le graphique pour compléter le tableau.

Âge (en mois)	0	1		3	6			14	
Poids (enkg)			15			32	36		38

4. Parmi les affirmations suivantes, lesquelles sont vraies ?

a. *À 2 mois, le poids d'un berger allemand a triplé depuis sa naissance.*

b. *À 2 mois, le poids d'un berger allemand a été multiplié par 5 depuis sa naissance.*

c. *À 2 mois, le poids d'un berger allemand a augmenté de 12 kg depuis sa naissance.*

d. *À 2 mois, le poids d'un berger allemand a augmenté de 15 kg depuis sa naissance.*

5. De combien grossit un Berger allemand au cours de ses six premiers mois ?
et au cours des six mois suivants ?

représentation de données
20
39
40
59
78
79
85
98

40 Découvrir l'Europe

Des pointures différentes

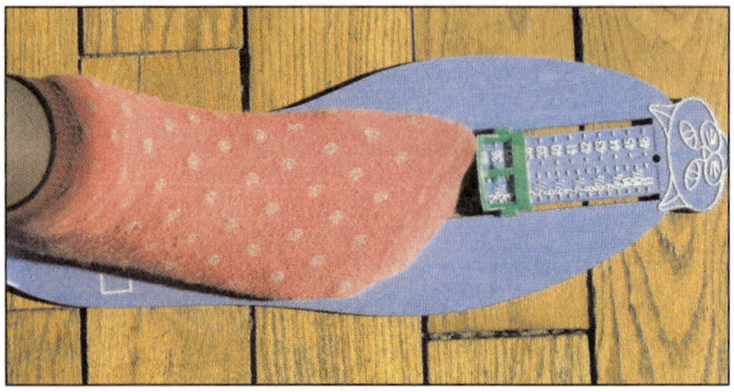

Pour déterminer une pointure de chaussure,
– on mesure le pied en centimètres, du talon jusqu'au plus grand orteil ;
– on convertit cette mesure en points (pointure) suivant une norme qui diffère selon les pays.

A En France, on utilise « le point de Paris ».
Voici deux règles graduées qui donnent la correspondance entre la longueur du pied en centimètres et la pointure. Par exemple, pour un pied de 18 cm, la pointure est 27.

Longueur du pied (en cm)

Pointure en France

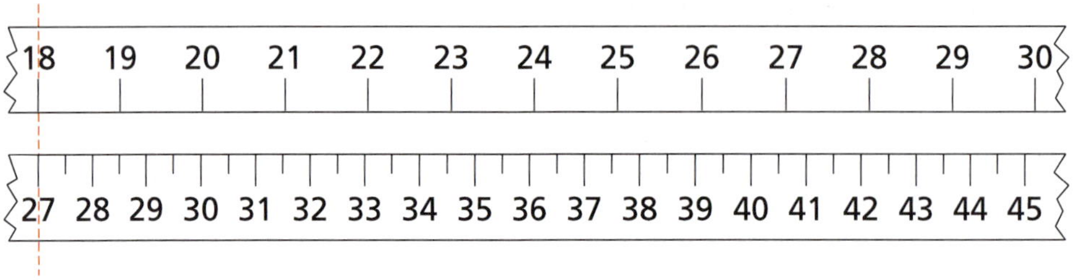

1. Le pied de Théo mesure presque 24 cm. Quelle est sa pointure ?

2. La pointure de la mère de Leïla est 39. Quelle est la longueur de son pied ?

3. Qwang affirme que la pointure d'une chaussure s'obtient en ajoutant à la longueur du pied, en cm, la moitié de cette longueur. A-t-il raison ?

B Les anglais ont un tableau de pointure pour les jeunes enfants et un autre pour les adultes. Voici un extrait de la grille de conversion de pointures pour adultes.

Royaume-Uni	1	2	3	4	5	6	7	8	9
France	34	35	36	37	38	39	40	41	42

1. La mère d'Alice a acheté des chaussures anglaises de pointure 4. Quelle est sa pointure en France ?

2. Construis un tableau qui te donne approximativement la correspondance entre la longueur du pied en cm et la pointure anglaise.

3. La pointure italienne s'obtient en ajoutant 1 à la pointure française. Une italienne porte des chaussures de pointure 41 en Italie. Quelle serait sa pointure anglaise ?

Objectif Comparer des longueurs exprimées dans des unités différentes selon les pays, dans des situations de la vie quotidienne.

Mise en route Jeu du portrait sur les polygones (cf. Activité préparatoire de découverte de l'étape 35).

Des tailles différentes

A Pour acheter un vêtement à un enfant, on mesure sa stature, c'est-à-dire sa taille de la tête aux pieds. La taille des vêtements peut être différente pour les garçons et les filles.

Voici un tableau de correspondance affiché dans un magasin.

	Garçons						Filles					
Stature (en cm)	117 à 128	129 à 140	141 à 152	153 à 164	165 à 176	177 à 186	117 à 128	129 à 140	141 à 152	153 à 158	159 à 164	165 à 170
Âge (ans)	6	8	10	12	14	16	6	8	10	12	14	16
Taille française	126	138	150	162	174	180	126	138	150	156	162	168
Taille universelle	XS	S	M	L	XL	XXL	XS	S	M	L	XL	XXL

1. Marie a 10 ans. Elle mesure 134 cm.
Quelle taille de vêtements sa maman doit-elle acheter pour elle ?

2. Farid porte des vêtements à sa taille. Sur son pantalon, on lit « XL ».
Quelle peut être la stature de Farid ?

3. Clara achète toujours des vêtements d'une taille au-dessus de la sienne. Son blouson est du 156. Quelle peut être sa stature actuelle ?

B Pour les adultes, le tableau ci-dessous donne les correspondances entre les tailles françaises, italiennes et anglaises.

France	34	36	38	40	42	44	46	48	50	52	54	56	58	60
Italie	38	40	42	44	46	48	50	52	54	56	58	60	62	64
Royaume-Uni	6	8	10	12	14	16	18	20	22	24	26	28	30	32

1. En Angleterre, Emma achète une jupe de taille 10.
Quelle taille prend-elle quand elle achète une jupe en France ?

2. Dans ces trois pays, il existe des relations simples entre les tailles. Lesquelles ?

Ce que je dois savoir faire seul(e)

1 Écris en lettres les nombres : 854 ; 1 274 ; 52 708 ; 35 061 ; 235 619.

2 Écris en chiffres les nombres suivants, puis range-les du plus petit au plus grand.

quatre cent vingt-sept mille six cent trente-huit

huit cent neuf mille

cinquante-neuf mille deux cent quatre-vingt-trois

3 Calcule :

(6 x 10 000) + (7 x 100) + (9 x 10) + 4

(5 x 100) + (4 x 1 000) + 7 + (8 x 10 000)

(7 x 10) + (8 x 1 000) + 9

4 Écris les nombres en lettres puis en chiffres :

(6 x 1 000) + 20 + 4

(30 x 1 000) + 100 + 15

(9 x 1 000) + (7 x 100) + (4 x 20) + 11

5 78 x 4 = 312 et 78 x 9 = 702.

Utilise ces résultats pour calculer les produits : 78 x 40 ; 78 x 49 ; 78 x 490 ; 78 x 900 ; 78 x 904.

6 Avec 235 €, combien de billets de 10 € peut-on avoir au maximum ?

7 Écris les multiples de 7 compris entre 30 et 60.

8 Si on multiplie un nombre par 8, on obtient 56.

Quel est ce nombre ?

9 Si on multiplie un nombre par 10, on obtient 350.

Quel est ce nombre ?

10 Alice a 26 timbres dans sa collection, c'est deux fois plus que Leïla.

Combien de timbres Leïla a-t-elle dans sa collection ?

11 Martin fait un voyage en voiture. Il parcourt 260 km. À son arrivée, le compteur affiche 21 880 km.

Qu'affichait-il au départ ?

12 Nous sommes deux nombres consécutifs. Notre somme est égale à 125.

Qui sommes-nous ?

13 Nous sommes deux nombres pairs consécutifs. Notre somme est égale à 198.

Qui sommes-nous ?

14 Voici les longueurs de 3 segments. Trace-les en utilisant une règle graduée.

AB = 5 cm 3 mm CD = 62 mm EF = 4 cm 15 mm

15 Vérifie avec tes instruments que la figure ABCD est un carré.

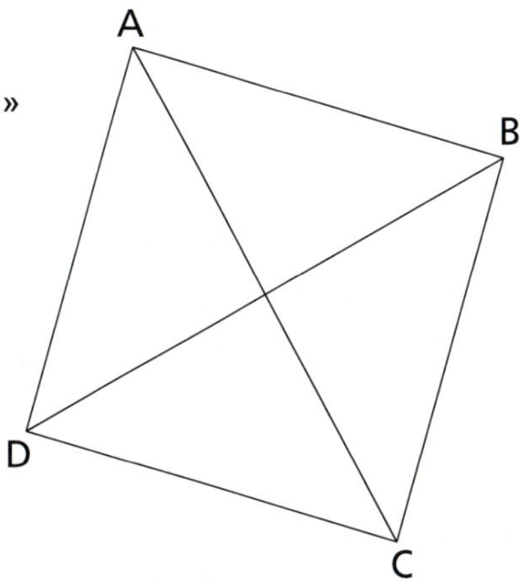

Choisis le mot qui convient : « parallèle » ou « perpendiculaire » pour compléter les phrases suivantes que tu recopieras (attention à l'orthographe).

a. Le segment [AB] est … au segment [BC].

b. Les segments [AB] et [DC] sont … entre eux.

c. Les segments [AB] et [DC] sont … au segment [BC].

e. Les segments [AC] et [BD] sont … .

Reproduis la figure sur du papier uni en construisant un carré de 6 cm de côté.
Quel est le périmètre du carré que tu as construit ?

16

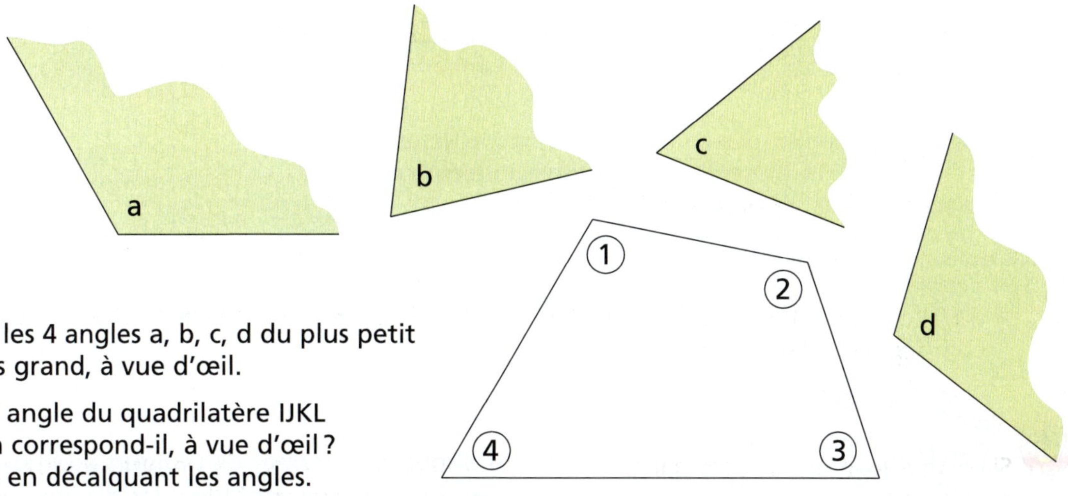

Range les 4 angles a, b, c, d du plus petit au plus grand, à vue d'œil.

À quel angle du quadrilatère IJKL chacun correspond-il, à vue d'œil ? Vérifie en décalquant les angles.

17 À vue d'œil, laquelle de ces deux lignes brisées te paraît la plus longue ? Vérifie ton estimation en mesurant leur longueur.

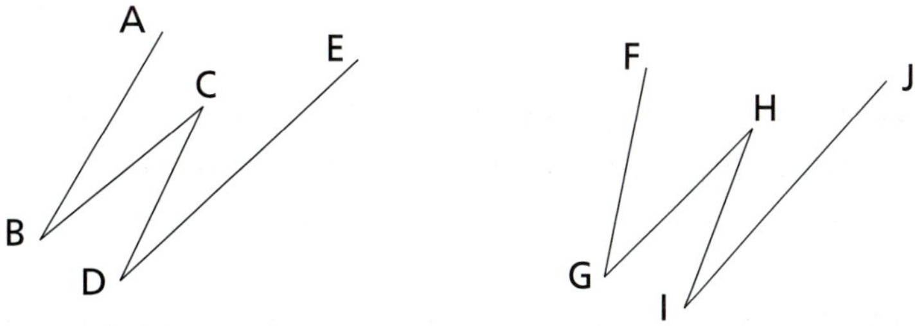

18 Écris les nombres suivants en prenant pour unité :

- le cm : 8 dm — 170 mm — 3 m
- le m : 5 km — 27 dam — 5 400 cm
- le km : 10 000 m — 24 500 dam — 58 000 hm

Neper et la multiplication des bâtonnets

Dès l'antiquité, les hommes ont cherché des mécanismes ingénieux permettant d'effectuer **automatiquement** des **calculs** de plus en plus **complexes.**

Les Arabes, avaient mis au point une méthode pour la multiplication. Voici comment ils procédaient pour calculer 374 x 26.

Reporte-toi à l'étape 32 pour bien comprendre ce procédé.

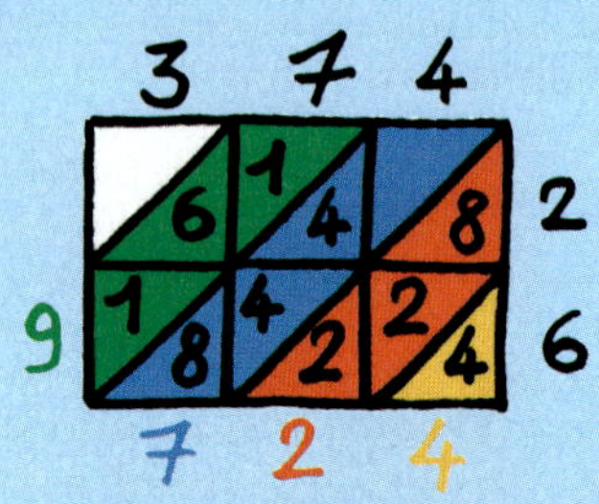

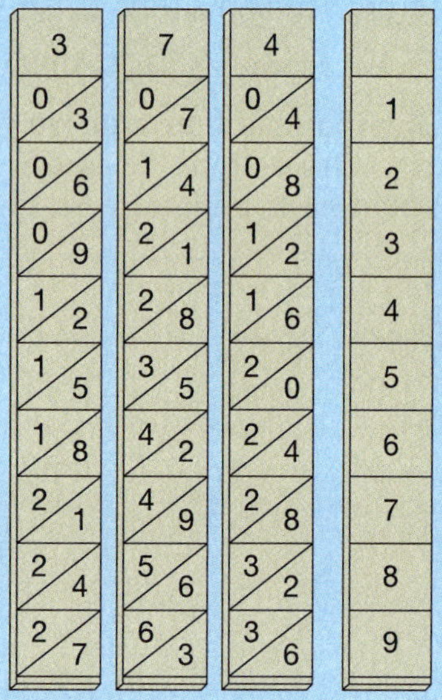

L'Écossais **John Napier**, plus connu sous le nom de **Neper**, dans un livre publié en 1614, présenta un mécanisme, inspiré directement, du procédé arabe.

Il s'agissait de onze bâtonnets (fabriqués en bois, en os ou en ivoire) : dix avec les multiples des dix premiers chiffres (ne pas oublier le 0) et un onzième qui sert de multiplicateur. Ces bâtonnets connurent un grand succès.

Comment construire les bâtonnets ?
Utilise des bandes de carton. Observe attentivement les bâtonnets 3, 7 et 4 du dessin, et construis les autres de la même façon. N'oublie pas le onzième bâtonnet (celui sur la droite du dessin).

Comment utiliser ces bâtonnets ?
Pour multiplier 374 par 26 on dispose les bâtonnets dans l'ordre, comme sur le dessin, et on lit d'abord le produit partiel de 374 par 2, puis celui de 374 par 6. Pour rapprocher ces deux produits, on les recopie en les disposant comme le faisaient les Arabes. Il reste alors à effectuer l'addition finale.

Cette disposition permet de toujours additionner les centaines avec les centaines, les dizaines avec les dizaines et les unités avec les unités.
374 x 2 = (6 x 100) + (14 x 10) + 8.

- Retrouve de la même façon comment apparaît le produit 374 par 6.
- Dispose les bâtonnets de façon à calculer 534 x 342 et finit les calculs en recopiant suivant le procédé des Arabes.

Neper inventa bien d'autres moyens d'effectuer des calculs notamment dans le domaine de l'astronomie. Il est célébré dans le monde entier.

Période 3

Figures planes

Pour décrire et reproduire des figures, tu vas trouver les éléments qui les composent et la manière dont ils sont agencés ; tu en profiteras pour enrichir ton vocabulaire géométrique.

Tu vas aussi apprendre à utiliser des programmes de construction.

Nombres entiers

Ils sont grands ou petits !
Ils sont partout !
Tu vas les rencontrer
dans de nombreux problèmes !

Problèmes numériques

Tu vas résoudre des problèmes qui ont plusieurs solutions.

Tu vas aussi étudier différentes situations de division qui te permettront de construire progressivement des techniques de calcul.

Calculs

Tu vas continuer à t'entraîner au calcul mental et réfléchi.

Tu construiras aussi la technique usuelle de la division.

Et ta calculatrice te proposera quelques problèmes à résoudre !

Mesure des durées

L'heure légale et les décalages horaires n'auront plus de secret pour toi : tu vas devenir expert en calcul de durées !

Mesure des aires

Tu vas découvrir ce que l'on appelle l'aire d'une figure plane et commencer à comparer des aires par pavage ou bien par découpage et recollement.

41 Multiplication et division : sens et calcul (quantités)

Activité préparatoire de découverte : Demander aux élèves de prévoir la répartition équitable de 175 jetons, capsules, cailloux… dans des boîtes de 12. Faire vérifier les prévisions par des manipulations effectives.

Découverte

Un fermier vend régulièrement les œufs de ses poules sur les marchés.

1. Mardi, il prépare 32 boîtes contenant chacune 6 œufs et il lui reste 4 œufs.
Combien d'œufs avait-il au départ ?

2. Jeudi, il veut présenter 352 œufs sur des plateaux pouvant contenir 24 œufs.
Prévois par le calcul le nombre de plateaux nécessaires.

3. Samedi, il a 234 œufs qu'il veut présenter dans des corbeilles. Il dispose de 13 corbeilles contenant le même nombre d'œufs.
Prévois par le calcul le nombre d'œufs pour chaque corbeille.

Exercices

1 Théo collectionne les timbres.
Il en a 156. Il va acheter un cahier sur lequel il peut coller 8 timbres par page.
Quel est le nombre minimum de pages que doit avoir le cahier ?

2 Pour le cadeau d'anniversaire de leur entraîneur, les 14 joueurs d'un club de tennis de table ont versé la même somme d'argent. Ils ont recueilli 168 €.
Quelle somme chacun a-t-il versée ?

Objectif Résoudre des problèmes de multiplication et de division (recherche de la valeur d'une part ou du nombre de parts). Vérifier les prévisions obtenues avec du matériel ou par des calculs.

Calcul mental Le maître pense à un nombre. Il dit qu'il multiplie ce nombre par 7 et donne le résultat. Les enfants disent ou écrivent le nombre pensé. Reprendre plusieurs fois en multipliant toujours par 7 le nombre pensé.

3 Avec 140 pâtes de fruits Clara a pu remplir complètement 11 boîtes identiques et il lui reste 8 pâtes de fruits.

Parmi les boîtes représentées ci-dessous, quel modèle a-t-elle choisi ?

4 La directrice d'une école primaire a commandé 204 feutres. Elle reçoit 34 pochettes identiques.

Combien de feutres y a-t-il dans chaque pochette ?

5 La directrice d'une école maternelle a besoin de 475 crayons. Les crayons sont vendus par boîte de 12.

Combien de boîtes la directrice doit-elle commander ?

6 Un rectangle est dessiné sur du papier quadrillé. Il a 1 600 cases et 80 lignes.

Combien de colonnes a-t-il ?

7 Il s'agit de prévoir le nombre de boîtes nécessaires pour ranger des chocolats. Chaque boîte peut contenir 15 chocolats.

Recopie le tableau et complète-le.

Nombre de chocolats	Nombre de boîtes pleines	Nombre de chocolats restants
46		
97		
123		
150		

8 Pour la kermesse de l'école, à laquelle participeront 250 enfants, les CM1 doivent s'occuper des jus de fruits. Avec une bouteille de jus de fruits, on peut servir 7 enfants.

a. Sans calculer précisément, penses-tu qu'il faudra à peu près 30 bouteilles, 40 bouteilles ou 300 bouteilles, pour que chaque enfant puisse boire un verre de jus de fruits ?

b. Effectue un calcul précis pour répondre à la question, puis compare avec ta prévision.

Remue-méninges

Sur une île, les rescapés d'un naufrage se partagent équitablement un trésor de 12 060 piastres. Chacun reçoit 5 pièces de 200 piastres, 4 pièces de 50 piastres et 3 pièces de 2 piastres.

Combien y a-t-il de rescapés sur l'île ?

42 Division : nombre de parts

Découverte

Pour une fête, un pâtissier a préparé 662 gâteaux. Il dispose de plateaux identiques. Sur chacun il place 24 gâteaux.

1. Trouve le nombre de plateaux que le pâtissier remplit et combien de gâteaux il lui restera.

2. Voici les procédés qu'utilisent Alice, Leïla et Qwang pour résoudre ce problème.
Termine le travail de chaque enfant en suivant son procédé. Puis compare avec ta méthode.

S'il remplit 30 plateaux   24 x 30 = 720, c'est trop
S'il remplit 20 plateaux   24 x 20 = 480, ce n'est pas assez
S'il remplit 25 plateaux   24 x 25 = …, …
…

10 fois 24 →	2 4 0
10 fois 24 →	+ 2 4 0
	4 8 0
5 fois 24 →	+ 1 2 0
	. . .
…	

	6 6 2
1 fois 24 →	− 2 4
	6 3 8
2 fois 24 →	− 4 8
	5 9 0
4 fois 24 →	− 9 6
	. . .

Chaque enfant a conclu son travail par la phrase suivante que tu complèteras :
« Le pâtissier remplit … plateaux, il reste … gâteaux.
662 = (… x 24) + … »

Objectif Étudier et comparer différentes procédures de calcul dans des situations de recherche d'un nombre de parts.

Calcul mental Le maître pense à un nombre. Il dit qu'il multiplie ce nombre par 8 et donne le résultat. Les enfants disent ou écrivent le nombre pensé. Reprendre plusieurs fois en multipliant toujours par 8 le nombre pensé, puis en le multipliant par 9.

Exercices

1 Utilise l'un des trois procédés de la découverte pour effectuer la division de 748 par 35, puis complète l'égalité :

748 = (… x 35) + …

2 Utilise l'un des trois procédés de la découverte pour faire la division de 553 par 21 puis complète l'égalité :

553 = (21 x …) + …

3 Combien de fois 10 est-il contenu dans 500 ?

Combien de fois 5 000 contient-il 200 ?

4 Calcule 10 x 35 puis 20 x 35.

En t'appuyant sur ces résultats, trouve par quel nombre il faut multiplier 35 pour s'approcher le plus possible de 740.

5 Élise et sa maman ont préparé 312 truffes en chocolat. Elles remplissent des boîtes qui contiennent chacune 16 truffes. Élise pourra manger ce qui reste.

Combien de truffes Élise pourra-t-elle manger ?

6 Un paquet contient 252 bonbons. On veut donner 15 bonbons à chaque enfant. Il y a 25 enfants. Est-ce possible ?

7 Une mairie prévoit une subvention de 1 000 € pour un voyage scolaire. Pour ce voyage, il faut 27 € par élève.

Combien d'élèves peuvent partir grâce à cette subvention ?

8 Une autre mairie prévoit une subvention de 1 200 € pour un voyage scolaire. Pour ce voyage, il faut 27 € par élève. 47 élèves doivent partir.

Cette subvention suffit-elle ?

9

Que penses-tu de ces affirmations ?

43 Division : valeur d'une part

Découverte

Pour préparer des cadeaux, on veut répartir équitablement 420 billes dans 18 sacs.

1. Combien de billes doit-on mettre par sac et combien de billes restera-t-il ?

2. Voici les procédés qu'utilisent Alice, Leïla et Qwang pour résoudre ce problème.
Termine le travail de chaque enfant en suivant son procédé. Puis compare avec ta méthode.

Si on met 10 billes par sac, cela fait 18 X 10 = 180.
Si on met 20 billes par sac, cela fait 18 X 20 = 360.
Si on met 30 billes par sac, cela fait …
…

18 fois 10	→	1 8 0
18 fois 10	→	+ 1 8 0
		3 6 0
18 fois 3	→	+ . . .
		. . .

…

En mettant 10 billes par sac on utilise 180 billes.
Il reste 240 billes.
…

4 2 0
− 1 8 0
2 4 0
− . . .
. . .

Chaque enfant a conclu son travail par la phrase suivante que tu complèteras :
« Il faut mettre … billes par sac
et il reste … billes.
420 = (… x 18) + … »

Objectif Étudier et comparer différentes procédures de calcul dans des situations de recherche de la valeur d'une part. Comprendre que rechercher le nombre de parts ou la valeur d'une part relève des mêmes procédures de calcul.

Calcul mental Compter de 10 en 10 (puis de 100 en 100) en croissant à partir de 0 puis en décroissant à partir d'un multiple de 10 (ou de 100). Demander de temps en temps de quel multiple il s'agit. Exemple : 230 = 10 x ?

Exercices

1 5 enfants se partagent équitablement 100 bonbons.

Combien chacun en aura-t-il ?

2 5 enfants se partagent équitablement 112 billes.

Combien chacun en aura-t-il ?

3 La salle de cinéma du centre culturel de la ville comporte 209 places assises. Elles se répartissent en 11 rangées ayant toutes le même nombre de fauteuils.

Combien de fauteuils y a-t-il sur une rangée ?

4 Monsieur Blanc a fait un emprunt pour payer sa nouvelle voiture. Il doit rembourser 5 400 € en 18 versements mensuels identiques.

Quel est le montant de chaque versement ?

5 Ludivine, la pâtissière, dispose de 38 boîtes. Elle met 6 cannelés par boîtes.

Combien de cannelés va-t-elle pouvoir ranger ?

6 Jordan doit répartir équitablement 230 dragées dans 17 sachets. Il pourra manger les dragées qui resteront.

Combien de dragées Jordan pourra-t-il manger ?

7 On dispose de 800 bonbons à répartir équitablement dans des sachets.
On sait que 800 = (26 x 30) + 20.
Parmi les affirmations suivantes, lesquelles sont vraies ?

a. Quand on a 26 sachets, cela fait 30 bonbons par sachet.

b. Quand on a 30 sachets, cela fait 20 bonbons par sachet.

c. Quand on a 30 sachets, cela fait 26 bonbons par sachet.

8 Dans son potager, Martin a repiqué 280 plants de salade. Il a fait 13 rangées identiques.

Combien de plants de salade y a-t-il dans chaque rangée ? Reste-t-il des plants ?

9 Dans son potager, Eloi a repiqué 250 plants de tomates, il a planté 15 plants de tomates par rangée.

Combien de rangées complètes y a-t-il ?

Remue-méninges

Kévin veut mettre 6 caramels et 3 berlingots par boîte.
Il dispose de 55 caramels et de 25 berlingots.

Combien de boîtes pourra-t-il remplir ?

44 Division : soustraire des multiples du diviseur

Découverte

1. Effectue la division de 2 901 par 12 selon la méthode de ton choix.

2. Pour effectuer la division de 2 901 par 12 , on a écrit certains multiples de 12 sur des étiquettes.

12 x 2 = 24	12 x 4 = 48	12 x 100 = 1 200	12 x 10 = 120
12 x 50 = 600	12 x 200 = 2 400	12 x 40 = 480	12 x 1 = 12

```
   2 9 0 1
 – 1 2 0 0     ← 100 fois 12
   1 7 0 1
 – 1 2 0 0     ← 100 fois 12
     5 0 1
 –   1 2 0     ← 10 fois 12
   . . . .       ...
```

- Termine le travail de Théo en suivant son procédé puis compare avec ton résultat.
- Peux-tu relever le défi d'Alice en choisissant trois étiquettes ?
- Donne l'écriture en ligne qui traduit la division.

Objectif Systématiser le procédé de calcul par des soustractions successives de multiples bien choisis du diviseur.

Calcul mental Compter de 100 en 100 (puis de 1 000 en 1 000) en croissant à partir de 0 puis en décroissant à partir d'un multiple de 100 (ou de 1 000). Demander de temps en temps de quel multiple il s'agit. Exemple : 4 700 = 100 x ?

Exercices

1 Combien de fois 17 est-il contenu dans 432 ? Pour le savoir, Alice a calculé :

17 x 10 = 170   17 x 20 = 340   17 x 3 = 51   17 x 5 = 85

Donne le quotient et le reste de la division de 432 par 17.

2 Effectue la division de 11 597 par 56 en utilisant le moins possible d'étiquettes.

56 x 1 = 56   56 x 2 = 112   56 x 3 = 168   56 x 4 = 224   56 x 5 = 280

56 x 6 = 336   56 x 7 = 392   56 x 8 = 448   56 x 9 = 504

56 x 10 = 560   56 x 20 = 1 120   56 x 200 = 11 200   56 x 300 = 16 800

3

Parmi les divisions suivantes, certaines peuvent s'effectuer en faisant aussi seulement deux soustractions. Lesquelles ?

3 232 divisé par 32   6 432 divisé par 32   1 324 divisé par 32

4 Monsieur Palmier est responsable de l'emballage et de l'expédition des ananas cueillis à la plantation « Grand Soleil ». Les ananas sont expédiés par cartons de 12. Voici le bordereau d'envoi.

Complète-le. Pour cela, construis le répertoire des multiples de 12.

Jours	Nombre d'ananas cueillis	Nombre de cartons expédiés	Nombre d'ananas restants
lundi	1 224		
mardi	2 448		
mercredi	2 455		
jeudi	3 664		
vendredi	876		

45 Décrire des figures

Découverte

Voici plusieurs figures composées
de cercles, de carrés ou de rectangles.

A

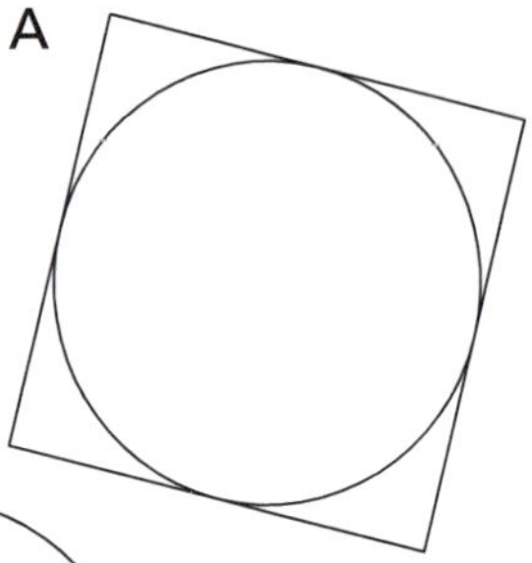

B

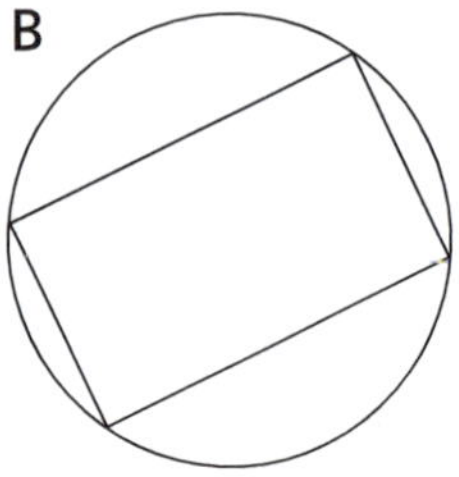

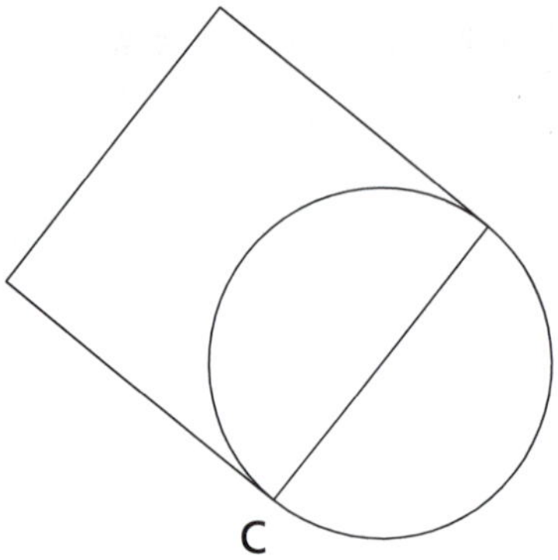

C

D

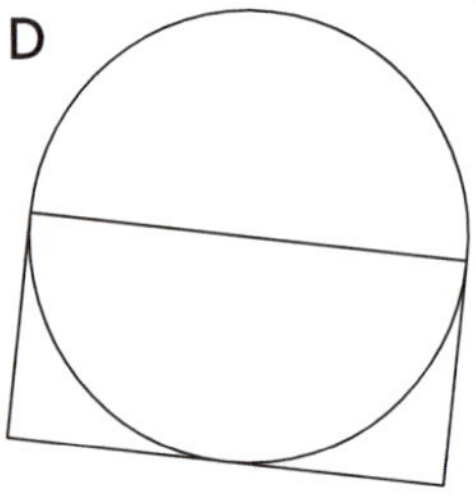

E

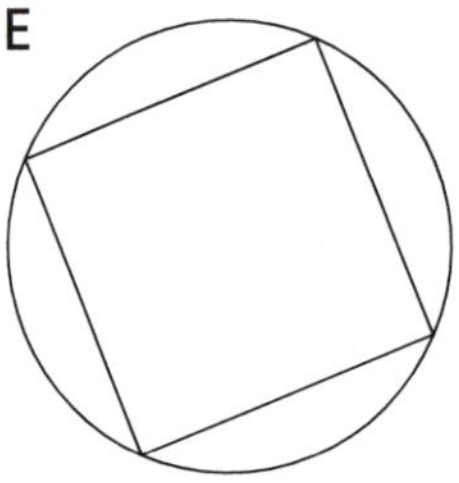

F

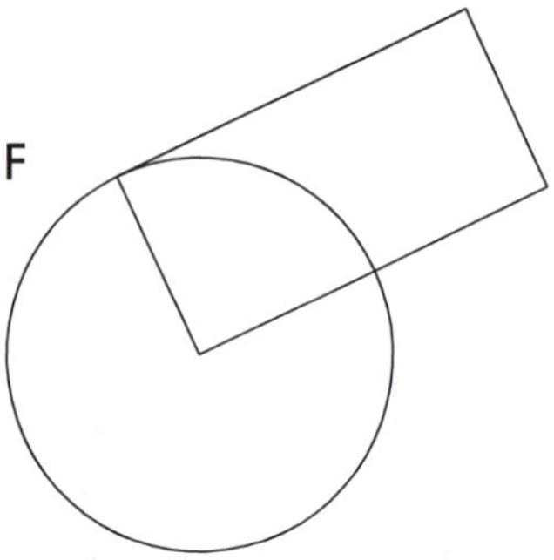

1. Trouve la figure décrite par Alice, et celle décrite par Qwang.

2. Propose une description pour la figure A, puis une description pour la figure E.

3. Reproduis la figure E en l'agrandissant. Pour cela, construis un cercle de rayon 3 cm.

Exercices

1 Trouve la figure de la découverte qui correspond à la description suivante.
La figure est composée d'un cercle et d'un rectangle. Le cercle passe par les sommets du rectangle.

Objectifs Analyser des figures pour identifier les figures simples qui les composent, et décrire leurs positions relatives en repérant des propriétés de différents éléments. Stabiliser le vocabulaire géométrique nécessaire.

Calcul mental Encadrements d'un nombre par des multiples de 10 ou de 100. Le maître écrit un nombre au tableau. Les élèves écrivent les deux multiples consécutifs de 10 (ou de 100) qui l'encadrent.

2 Propose une description pour la figure D de la découverte.

3 Parmi les trois figures proposées, quelle est celle qui correspond à la description suivante ?

La figure est composée d'un cercle et d'un carré. Le centre du cercle est un sommet du carré et son rayon est la moitié d'un côté du carré.

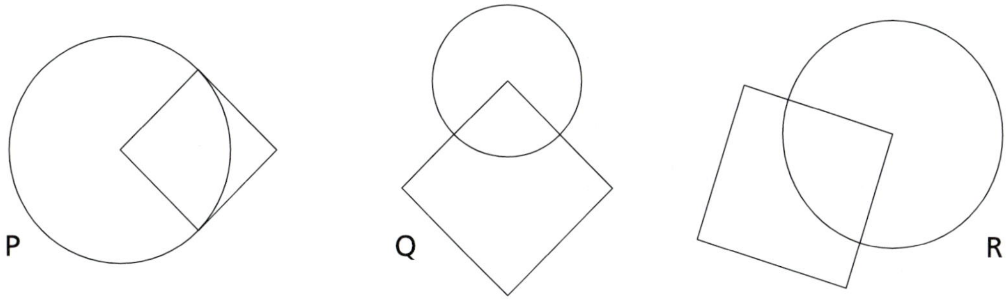

4 Parmi les trois textes proposés, lequel est une description de la figure suivante ?

a. *La figure est composée d'un rectangle et d'un losange. Les sommets du rectangle sont les milieux des côtés du losange.*

b. *La figure est composée d'un rectangle et d'un losange. Les sommets du losange sont les milieux des côtés du rectangle.*

c. *La figure est composée d'un rectangle et d'un carré. Les sommets du carré sont les milieux des côtés du rectangle.*

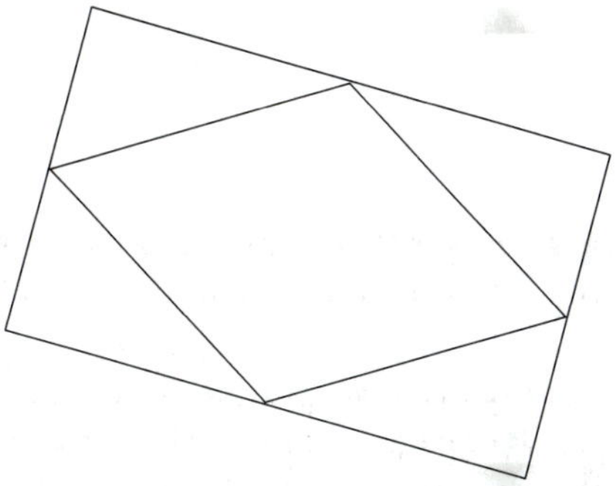

5 Voici la description d'une figure :

La figure est composée d'un carré et d'un triangle. Pour obtenir le triangle, on joint deux sommets consécutifs du carré au centre du carré.

Dessine la figure à main levée sur du papier quadrillé, puis avec tes instruments sur du papier uni.

Remue-méninges

Combien y a-t-il de rectangles dans la figure ci-contre ?

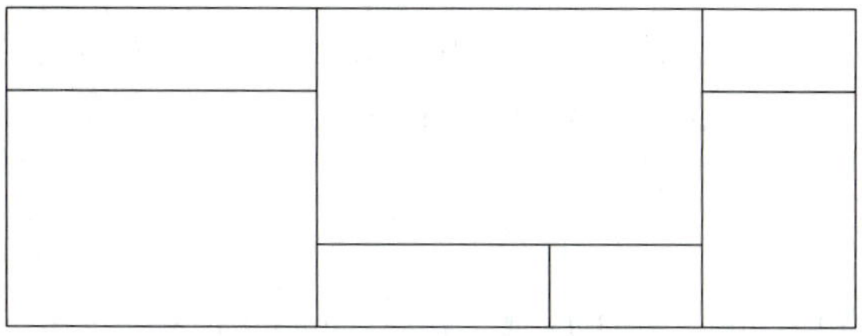

46 Reproduire des figures

Découverte

Sur la figure, on a désigné les points par des lettres.

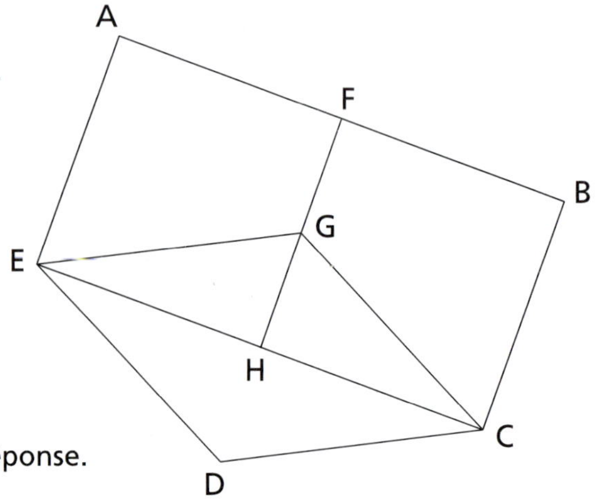

1. En observant cette figure, quel quadrilatère te semble être un rectangle ? Que fais-tu pour le vérifier ?

2. Qwang dit que F est le milieu du segment [AB]. Comment peux-tu le vérifier ?

3. Leïla dit que EGCD est un carré car ses 4 côtés ont la même longueur. A-t-elle raison ? Justifie ta réponse.

4. Alice dit que AFHE est un carré. A-t-elle raison ? Justifie ta réponse.

5. Reproduis la figure en l'agrandissant de telle sorte que le segment [AB] mesure 8 cm.

Exercices

1 Mesure la longueur et la largeur du rectangle R. Compare-les. Que constates-tu ? Parmi les trois rectangles S, T et U, lequel a cette même propriété ?

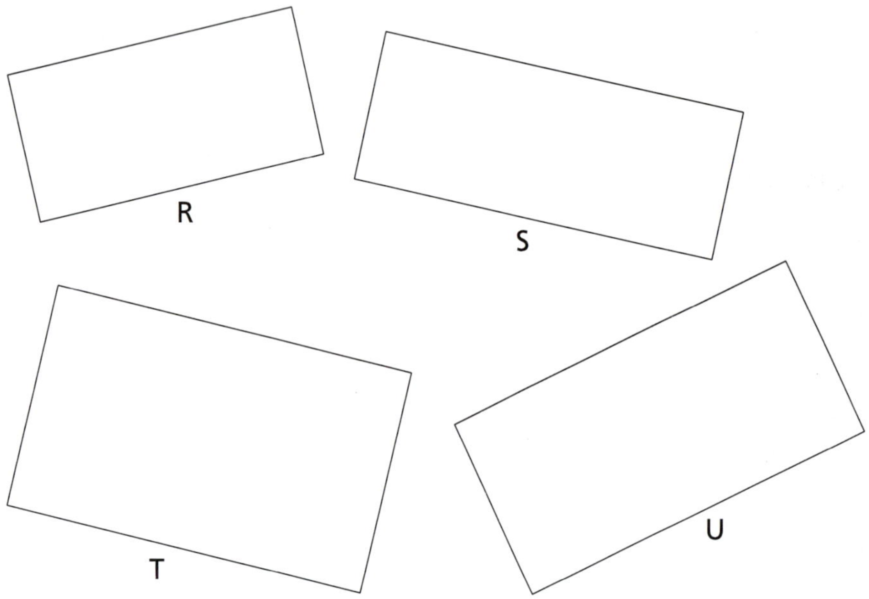

Objectifs Analyser une figure pour comprendre comment la construire. Apprendre à contrôler ses prévisions avec des instruments et à argumenter ses réponses.

Mise en route Jeux de portraits sur les figures planes. Distribuer un référentiel de figures planes (matériel photocopiable dans le livre du maître). Le maître choisit une figure dont il fait une description. Les élèves doivent dire de laquelle il s'agit.

2 Mesure la longueur et la largeur du rectangle de la figure. Compare-les. Que constates-tu ?
Reproduis cette figure sur du papier uni en l'agrandissant : le rectangle agrandi doit avoir une largeur de 5 cm.

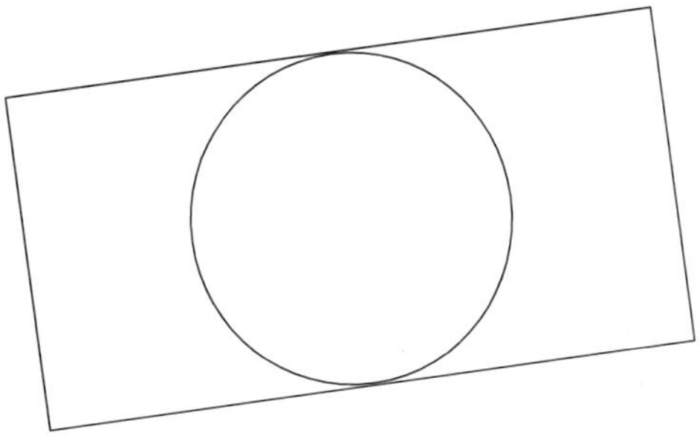

3 On a commencé la construction d'un carré EFGH. Seul le segment [EF] est tracé.

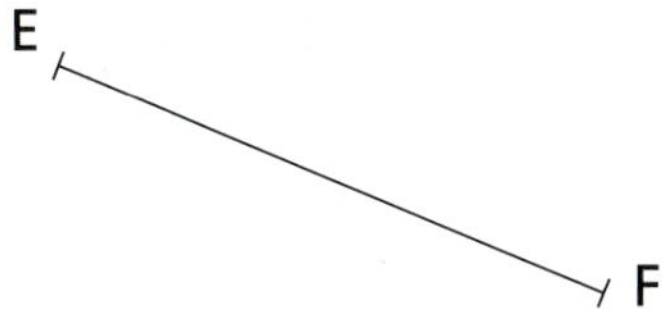

Reproduis-le sur du papier uni et termine la construction du carré, puis place le point K qui est le centre du carré.

Comment as-tu procédé ?

4 Voici une figure dessinée à main levée et des informations qui précisent le dessin.

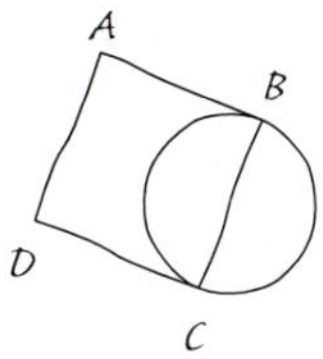

ABCD est un carré de côté 4 cm.
Le cercle a pour diamètre [BC].

Construis cette figure en respectant les informations.

5 Construis ces figures en respectant les informations.

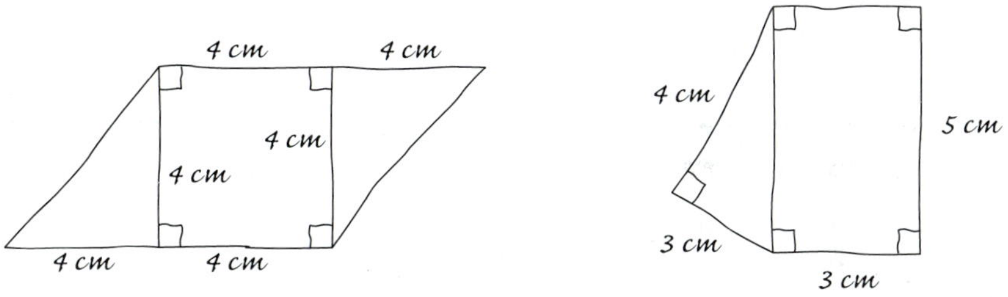

6 Sur la figure, on a désigné les points par des lettres.

a. Le quadrilatère ABCD semble être un carré.
Que fais-tu pour le vérifier ?

b. Observe bien la figure.
Recopie et complète sa description.

Le quadrilatère ABCD est un carré.
Le point I est le milieu du segment ...,
le point ... est le milieu du segment [BC],
le point K est ... du segment [CD],
le point L est ...
On a tracé le ... MJCK et le segment ...

c. Sur une feuille unie, reproduis la figure en l'agrandissant.
Pour cela, construis un carré de côté 6 cm, puis nomme ses sommets A, B, C, D.

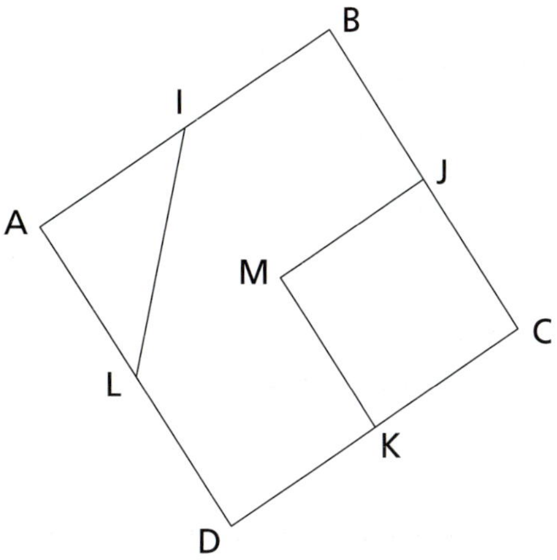

47 Multiplication et division : sens et calcul (grandeurs)

Activité préparatoire de découverte : Jeu du Rétro Saut.

Découverte

Règle du jeu du Rétro Saut

- Deux, trois ou quatre joueurs
- 50 cartes-départs (nombres entre 40 et 300)
- 30 cartes-sauts (nombres entre 2 et 15)

Chaque joueur tire une carte qui donne la position de départ et une carte qui indique la longueur des sauts.
Le but du jeu est d'arriver le plus près possible de 0 en faisant des sauts réguliers en reculant à partir de la position de départ. Le nombre de sauts effectués n'a pas d'importance.
Une partie se joue en cinq tirages.

1. Leïla et Théo font une partie de Rétro Saut : Leïla tire le nombre 51 et doit faire des sauts de 11. Théo a tiré le nombre 60 et doit faire des sauts de 9.
Prévois par le calcul celui ou celle qui va arriver le plus près de zéro.

2. Au cours d'une autre partie, Qwang a tiré le nombre 43 et il doit faire des sauts de 8. Alice a tiré le nombre 52 et elle doit faire des sauts de 8.
Prévois par le calcul celui ou celle qui va arriver le plus près de zéro.

3. Indique plusieurs positions de départ qui permettent d'arriver à 0 en faisant des rétro sauts de 7.

4. Alice est arrivée à 4 en décomptant de 10 en 10 : elle est partie d'un nombre compris entre 230 et 240. D'où a-t-elle pu partir ?

5. Hugo est arrivé à 5. Il a décompté 17 fois de 9 en 9. À partir de quel nombre a-t-il commencé à décompter ?

Exercice

1 Lorsque l'ogre s'est endormi, le Petit Poucet lui a dérobé ses bottes de 7 lieues pour revenir chez ses parents.
Avec ces bottes, on parcourt 7 lieues à chaque pas. Le Petit Poucet a 242 lieues à parcourir.

a. Combien de pas doit-il faire avec ces bottes pour revenir chez ses parents ?

b. Combien de lieues lui restera-t-il à parcourir sans les bottes ?

Objectif Résoudre des problèmes de multiplication et de division dans un contexte ordinal et/ou de grandeur.

Mise en route Jeux de portraits sur les figures planes. Distribuer un référentiel de figures planes (matériel photocopiable dans le livre du maître). Le maître choisit une figure sans dire laquelle. Les élèves posent des questions pour trouver la figure choisie.

2 Combien de morceaux de 35 cm de long peut-on découper dans une ficelle de 400 cm ?

3 Pour fabriquer des déguisements, les élèves ont découpé 27 morceaux de 43 cm de long dans un rouleau de tissu. Il reste 39 cm de tissu.

Quelle était la longueur du rouleau ?

4 Malika veut partager un ruban de 440 cm en 16 morceaux de même longueur.

Quelle est la longueur maximum de chaque morceau ?

5 On verse 530 g de poudre de curry dans des flacons identiques qui doivent en contenir 40 g.

Combien de flacons peut-on remplir ?

6 Amélie a 25 petits flacons identiques dans lesquels elle veut répartir équitablement 900 g de graines de coriandre.

Quelle masse de coriandre y aura-t-il dans chaque flacon ?

7 Avec 2 litres (200 cL) de thé, Anne remplit 15 tasses identiques.

Quelle quantité de thé contient environ chaque tasse ?

8 Une cafetière contient 80 cl de café.

Combien de tasses de café de 5 cl peut-on remplir ?

9 Un kangourou parcourt 675 m en faisant 45 sauts de même longueur.

Quelle est la longueur d'un saut de kangourou ?

10 Frédéric dispose d'une bouteille de 75 centilitres pour remplir son aquarium de 30 litres (soit 3 000 centilitres).

Combien de fois doit-il remplir sa bouteille ?

11 Durant le mois de juillet 1891, dans le village de Cherrapunji, en Inde, il est tombé 1 178 cm d'eau.

Combien de centimètres d'eau est-il tombé en moyenne par jour ?

Remue-méninges

Place les nombres qui conviennent dans les cases vides : une des flèches doit correspondre à « ajouter 3 », une autre à « diviser par 6 », une autre à « soustraire 8 », et la dernière à « multiplier par 5 ».

42	→	…
↑		↓
…	←	…

31 32 41 42 43 44 47 48 53 54 61 62 91

48 Division : l'écriture en ligne

Découverte

1. Qui a raison ?
Pour vérifier ta réponse, donne le quotient et le reste de la division de 1 218 par 32, puis le quotient et le reste de la division de 1 218 par 37.

2. À quelle division correspond l'égalité :
2 103 = (49 x 42) + 45 ?

3. Vérifie que 317 est compris entre 25 x 12 et 25 x 13.
Sers-toi de cet encadrement pour donner le quotient et le reste de la division de 317 par 25.

Utilise ces résultats pour prévoir le nombre de rouleaux de 25 pièces de 1 euro que l'on peut faire avec 317 pièces de 1 euro.

Combien manque-t-il de pièces pour pouvoir faire un rouleau supplémentaire ?

Exercices

1 Vérifie que 375 = (45 x 8) + 15
Utilise cette égalité pour résoudre rapidement les deux problèmes suivants :

a. 375 skieurs attendent pour prendre un téléphérique de 45 places.
En combien de voyages tous les skieurs seront-ils montés ?

b. Combien de boîtes de 8 chocolats peut-on remplir avec 375 chocolats ?

2 Vérifie que (6 x 12) + 5 = 77
Utilise cette égalité pour résoudre rapidement les deux problèmes suivants :

a. On répartit équitablement 77 billes entre 6 enfants.
Combien chacun en reçoit-il ?

b. Un maraîcher range 77 melons dans des cageots contenant chacun 12 melons.
Combien de cageots lui faut-il pour ranger tous les melons ?

Objectifs Maîtriser le vocabulaire et l'écriture de la division euclidienne. Résoudre des problèmes de recherche de quotient par excès et par défaut.

Mise en route Jeux de portraits sur les figures planes. Distribuer un référentiel de figures planes (matériel photocopiable dans le livre du maître). Le maître choisit une figure sans dire laquelle. Les élèves posent des questions pour trouver la figure choisie.

3 Parmi ces égalités, certaines correspondent à une division. Lesquelles ?
Précise alors le dividende, le diviseur, le quotient et le reste.

367 = (9 x 40) + 7

437 = (4 x 100) + 37

68 = (8 x 7) + 12

875 = 35 x 25

4 À l'aide des encadrements, complète les égalités :

- 24 x 14 < 358 < 24 x 15
358 = (24 x …) + …
- 40 x 13 < 536 < 40 x 14
536 = (40 x …) + …
- 18 x 23 < 428 < 18 x 24
428 = (18 x …) + …

5 Trouve un multiple de 100 qui soit plus petit que 783 et le plus proche possible de 783.
Trouve un multiple de 100 qui soit plus grand que 783 et le plus proche possible de 783.
Complète : … x 100 < 783 < … x 100

Donne le quotient et le reste de la division de 783 par 100, puis l'écriture en ligne de cette division.

6 Vérifie que 24 x 15 < 375 < 24 x 16
Utilise cet encadrement pour résoudre rapidement le problème suivant :
Un présentoir de livres de poche peut contenir 24 volumes.

Combien de présentoirs sont nécessaires pour placer 375 livres de poche ?

7 Trouve un multiple de 40 plus petit que 2 500 et qui soit le plus proche possible de 2 500.

Trouve un multiple de 40 plus grand que 2 500 et qui soit le plus proche possible de 2 500.
Complète alors : 40 x … < 2 500 < 40 x …

Utilise ce résultat pour résoudre rapidement le problème suivant :
2 500 carreaux doivent être emballés par paquets de 40.
Combien de paquets complets de 40 carreaux peut-on préparer ?

8 Avec les bonbons de son paquet, Alice fait des tas de 8 et il lui reste 5 bonbons.
On sait que dans le paquet, il y a entre 50 et 60 bonbons.

Combien de bonbons contient le paquet d'Alice ?

Remue-méninges

Qui a raison ?

multiplication et division : sens et calcul

31
32
41
42
43
44
47
48
53
54
61
62
91

49 Utiliser la calculatrice (1)

Découverte

1. Calcule 279 + 1 058 avec ta calculatrice.
Note les touches sur lesquelles tu appuies puis ce qui s'affiche successivement à l'écran.

J'appuie sur	ON	2	7	9	+
Je vois	0	2	27	279	

Fais de même pour 326 x 546 et pour 12 083 – 1 267.
Trouve comment faire pour compléter avec la calculatrice l'égalité : 645 + … = 7 323.

2. Toutes les calculatrices ont une touche ÷. Certaines calculatrices ont aussi une touche ⊢.
Tape 2 083 ÷ 54, note ce que tu obtiens. Fais de même avec 2 083 ⊢ 54.
Compare les deux résultats.

3. Donne l'écriture en ligne de la division de 24 par 7.
Tape 24 ÷ 7 sur ta calculatrice. Note ce que tu obtiens.

Tape plusieurs divisions et vérifie que le nombre affiché avant le point correspond au quotient.

4. En tapant 309 ÷ 23 sur une calculatrice, on obtient 13.434783.
Le quotient de la division de 309 par 23 est 13.
Comment peux-tu faire pour trouver le reste de la division de 309 par 23 avec ta calculatrice ?

Exercices

Pour chaque exercice, écris le calcul qui te semble convenir, puis effectue-le avec la calculatrice et note ce que tu obtiens.

1 Donne l'écriture en ligne de la division de 35 par 6.
Tape 35 ÷ 6 sur ta calculatrice. Note ce que tu obtiens.
Quel lien fais-tu entre le résultat donné par ta calculatrice et le quotient de la division de 35 par 6 ?

Objectifs S'entraîner aux différentes fonctions de la calculatrice. Les utiliser pour réaliser les différentes opérations arithmétiques.

Calcul mental Le maître donne le dividende et le diviseur d'une division. Les enfants doivent trouver mentalement le quotient. Exemple : Le dividende est 46, le diviseur 7. Quel est le quotient ?

2

3

4 Affiche le nombre 2 547 sur ta calculatrice. Sans revenir à 0, que dois-tu faire pour afficher 2 847 ?

Même question pour les nombres suivants.

Nombre affiché	Nombre ciblé
13 642	14 652
17 328	10 328
4 825	2 425
8 746	10 749

Nombre affiché	Nombre ciblé
25 430	15 530
12 096	8 100
8 642	10 750
65 738	165 748

5 Trouve le quotient et le reste de la division de 1 704 par 35 en utilisant ta calculatrice.

Fais de même pour les divisions suivantes.

Dividende	Diviseur	Quotient	Reste
2 322	27		
200	7		
586	48		
6 784	96		
12 809	320		

6 Complète ce bon de commande à un magasin de matériel audiovisuel.

Désignation	Prix unitaire	Quantité	Prix total
CD	16 €	28	
Graveur de CD		6	474 €
DVD	19 €		
Lecteur de DVD		21	1 092 €
Logiciels de jeux	34 €		782 €
		TOTAL	3 081 €

7 Complète chaque ligne du tableau.

Dividende	Diviseur	Quotient	Reste
…	36	19	4
3 117	…	67	35
2 950	27	109	…

Remue-méninges

Remplace les signes par les chiffres qui conviennent.

34 ♥ x ◆ 96 = 31♣ 912

Tu peux utiliser ta calculatrice.

50 Calculs de durées

Découverte

Les pigeons voyageurs

Les pigeons voyageurs sont capables de voler pendant une journée pour regagner leur pigeonnier.
Les colombophiles, leurs maîtres, organisent souvent des concours de lâcher. Chaque pigeon porte alors une bague numérotée, puis est convoyé par un transporteur sur le lieu du lâcher, le « colombodrome ». On note l'heure du lâcher.
À son retour au pigeonnier, son maître introduit la bague dans un appareil, le « constateur », qui imprime l'heure du retour.

Le 12 juillet 2004, des pigeons voyageurs ont été lâchés de Perpignan à 7 h 30, à 759 km de leur pigeonnier.
Dans le tableau, tu peux lire le numéro de chaque pigeon et l'heure de son retour au pigeonnier.

Numéro du pigeon	Heure de retour
607 445	12 h 49
607 409	13 h 10
666 170	15 h 29
607 414	15 h 31

a. Calcule la durée de vol du premier pigeon.

b. Voici comment Théo a commencé à calculer la durée de vol du premier pigeon.

30 min → 4 h → 49 min

7 h 30 → 8 h → 12 h → 12 h 49

Termine son calcul puis compare ta méthode avec celle de Théo.

c. Utilise la méthode de ton choix pour calculer la durée de vol des trois autres pigeons voyageurs.

d. Calcule le temps qui s'est écoulé entre le retour du premier pigeon et celui du dernier pigeon.

Exercices

1 Deux pigeons sont lâchés à 400 km de leur pigeonnier. Le premier pigeon vole pendant 4 heures et 6 minutes et arrive au pigeonnier à 11 h 26. Le deuxième pigeon arrive à 11 h 56.

a. Trouve l'heure du lâcher des pigeons.

b. Calcule le temps mis par le deuxième pigeon pour revenir au pigeonnier.

Objectif Apprendre à calculer des durées et des instants.

Calcul mental Le maître donne le dividende et le diviseur d'une division. Les enfants doivent trouver mentalement le reste. Exemple : Le dividende est 68, le diviseur est 9. Quel est le reste ?

2 Vérifie si les inégalités suivantes sont vraies.

a. 64 min > 1 h 40 min
b. 52 h > 2 jours
c. 5 h 30 min > 330 min
d. 165 min < 3 h
e. 2 h 2 min < 150 min
f. 4 jours > 120 h

3 Réponds aux questions suivantes.

a. Leïla dort 10 h. Elle se couche à 21 h.
À quelle heure se réveille-t-elle ?

b. Chaque nuit, la petite sœur de Leïla dort 12 h. Elle se réveille à 7 h du matin.
À quelle heure s'endort-elle ?

c. Leur maman se couche à 23 h et se lève à 6 h 30.
Combien de temps dure son sommeil ?

4 La montre du père de Qwang avance de cinq minutes : à 10 h, elle indique 10 h 05. Celle de Qwang retarde de trois minutes.

a. Quand la montre du père de Qwang affiche 7 h 30, quelle heure affiche celle de Qwang ?

b. Le père de Qwang doit être à son travail à 9 heures. Il met 40 min pour s'y rendre.
Quelle heure affiche sa montre quand il part de chez lui ?

5 Voici les dates de naissance et de décès de certains artistes peintres français :

Eugène Delacroix (1798-1863)
Eugène Boudin (1824-1898)
Paul Cézanne (1839-1906)
Paul Gauguin (1848-1903)
Berthe Morisot (1841-1895)
Camille Pissarro (1830-1903)
Edgar De Gas dit Degas (1834-1917)

a. Calcule leur durée de vie.

b. En quelles années étaient-ils tous vivants ?

Gauguin, *Autoportrait à l'idole*, 1891, Mc Nay Art Museum, San Antonio (Texas).

Remue-méninges

Une seule de ces horloges donne l'heure exacte.

Retrouve cette horloge sachant qu'une horloge retarde de quinze minutes, qu'une autre avance de cinq minutes et qu'une troisième avance de dix minutes.

51 Formes et aires

Activité préparatoire de découverte : Partage de feuilles de format A4 en deux parties exactement superposables.
Analyse de la production des élèves

Découverte

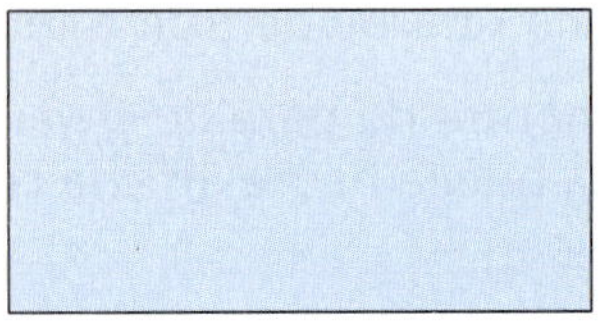

1. Théo, Leïla et Alice disposent de plusieurs rectangles identiques au rectangle bleu.
Ils doivent partager chaque rectangle en deux parties exactement superposables.
Voici les partages qu'ils proposent :

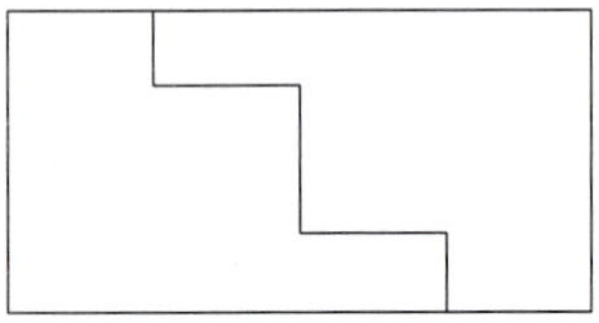

Théo

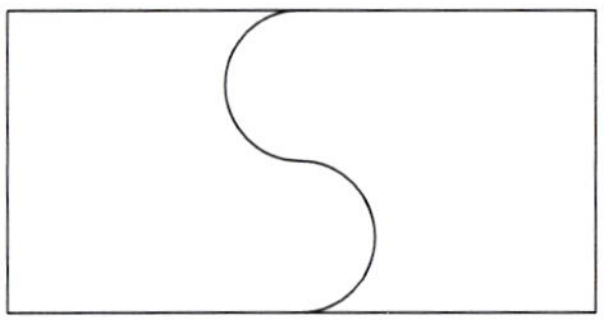

Leïla

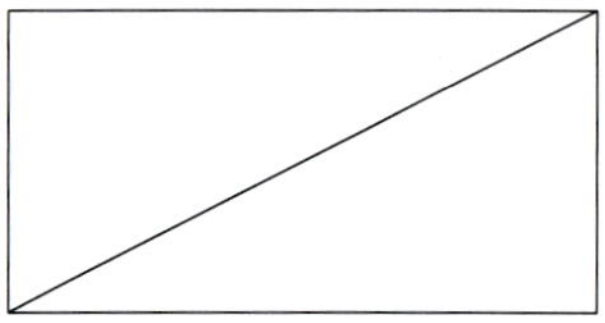

Alice

Pour chacun d'eux, dis s'il te paraît répondre à la consigne.
Puis décalque-le et découpe-le pour vérifier.

2. À ton tour, cherche d'autres surfaces dont l'aire est la moitié de celle du rectangle bleu en trouvant d'autres partages de ce rectangle en deux parties superposables.

3. Utilise les parties qui te semblent convenir pour obtenir, en les assemblant, une surface ayant la même aire que le rectangle bleu mais de forme différente.
Cherche différentes solutions et colle-les dans ton cahier.

Exercices

1 Trace sur une feuille quatre carrés superposables de 8 cm de côté puis découpe-les.
Utilise ce matériel pour construire un rectangle de même aire que le carré, un triangle de même aire que le carré, un losange de même aire que le carré.

Objectifs Se familiariser avec la notion d'aire d'une surface plane. Comprendre que des surfaces de formes différentes peuvent avoir la même aire.

Calcul mental Le maître donne le diviseur, le quotient et le reste d'une division, soit oralement, soit en « posant » la division incomplète au tableau. Les enfants doivent trouver mentalement le dividende. Exemple : Le diviseur est 6, le quotient 4, le reste 2. Quel est le dividende ?

2 Compare les aires des quatre surfaces A, B, C, D. Pour vérifier, tu peux les reproduire sur des papiers de couleurs différentes.

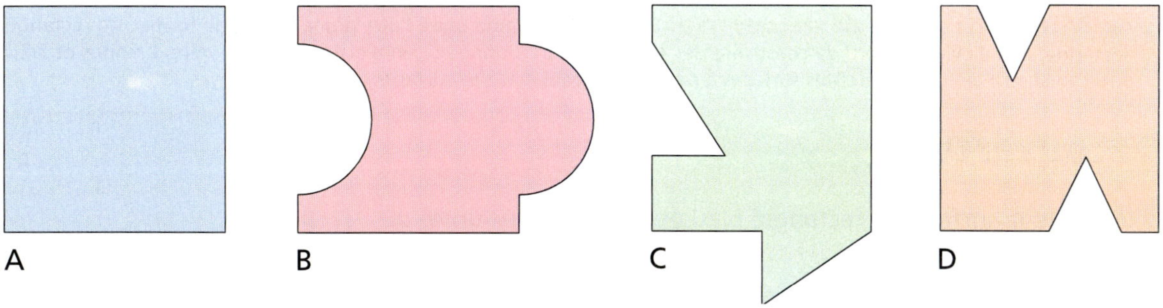

3 Compare les aires des cinq surfaces A, B, C, D, E. Pour vérifier, tu peux les reproduire sur des papiers de couleurs différentes.

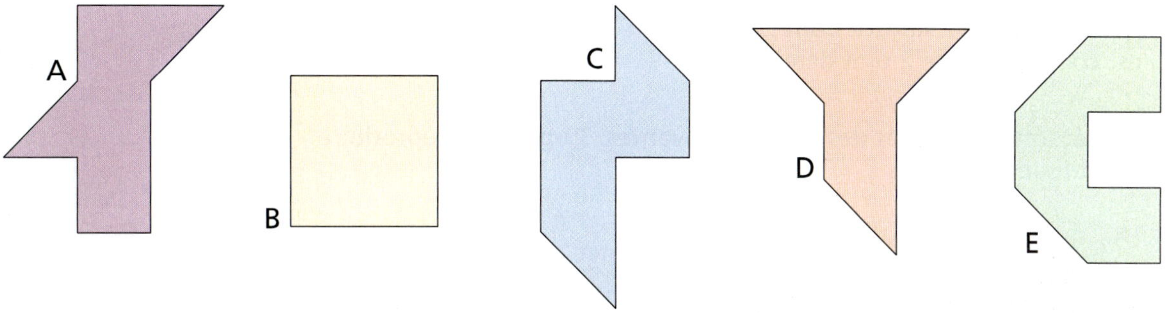

4 Reproduis le carré A sur une feuille quadrillée.

En partant du centre, partage le carré A en quatre parties superposables.

Trouve plusieurs solutions. Tu as un exemple en B.

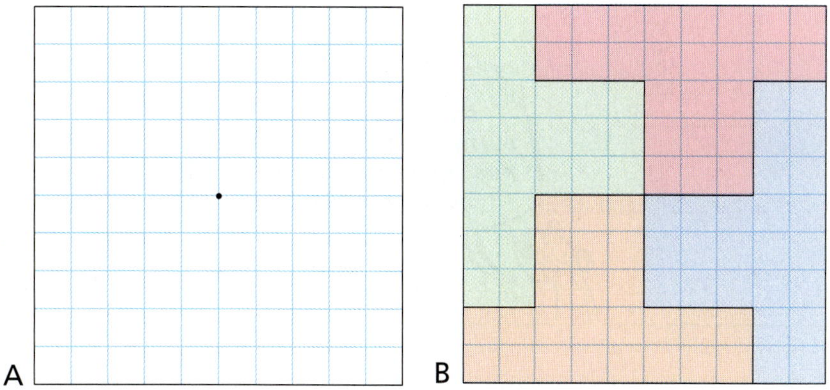

Remue-méninges

Décalque le puzzle ci-contre et découpe les morceaux. Avec les pièces obtenues, reconstitue un carré de même aire que la croix.

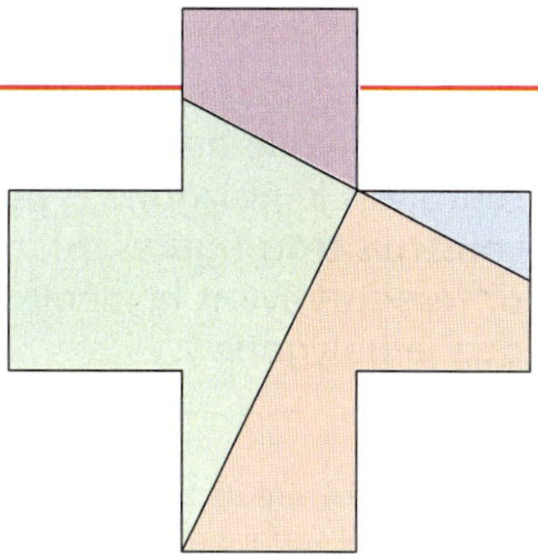

52 Mesure des aires

Activité préparatoire de découverte : En prenant comme unité l'aire d'une feuille de format A4 rectangulaire, demander aux élèves, d'abord de construire des surfaces d'aire donnée (2 unités, 3 unités, 1/2 unité, 2 unités et 1/2…), puis d'évaluer l'aire de différentes surfaces à partir d'assemblages des surfaces du matériel.

Découverte

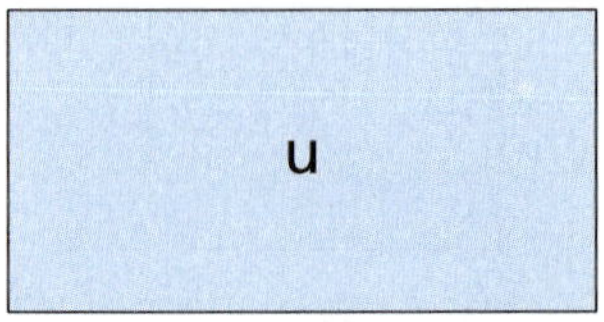

L'aire de la surface du rectangle bleu est choisie pour unité u.

1. Construis une surface de même aire que la surface u mais de forme différente.

2. Construis des surfaces d'aire 2 u, 4 u, 5 u.

3. Construis une surface d'aire $\frac{1}{2}$ de u.

4. Construis une surface dont l'aire est comprise entre 2 u et demie et 3 u.

5. Détermine les aires des surfaces suivantes. Tu peux les reproduire en utilisant l'unité u.

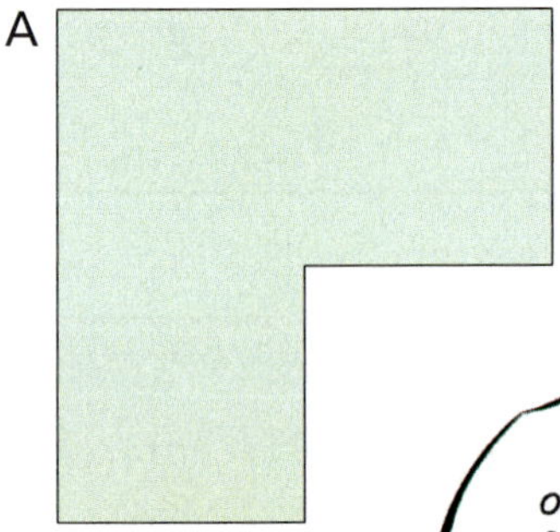

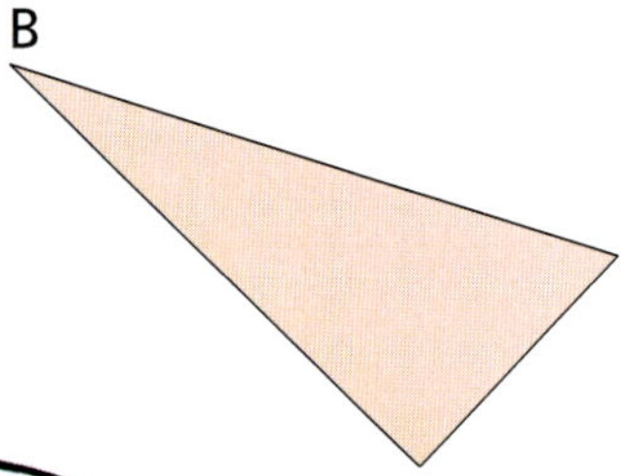

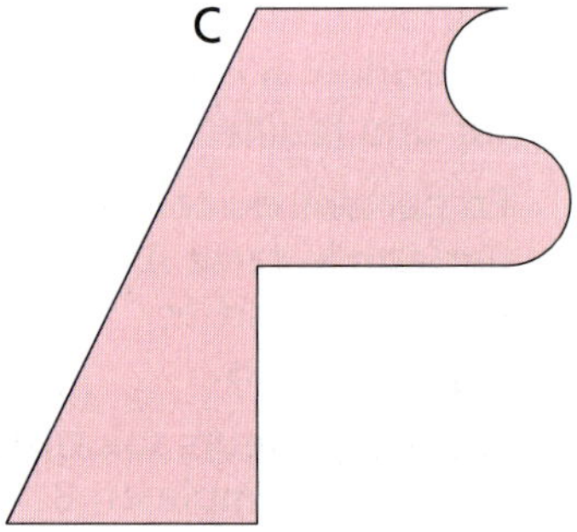

Exercices

1 Sur une feuille quadrillée, reproduis le polygone P, puis construis trois figures de formes différentes ayant la même aire que le polygone P.

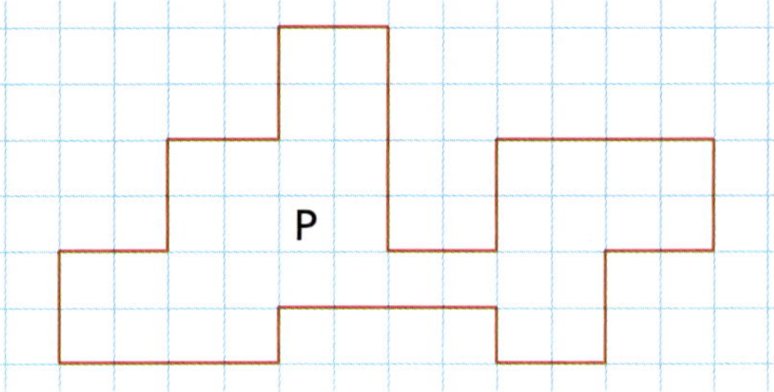

Objectif Mesurer l'aire de différentes surfaces par report ou partage d'une surface dont l'aire est choisie pour unité.

Calcul mental Calcul de durées. Exemple : Quel temps s'écoule-t-il entre 9 h 1/4 et 10 h, entre 16 h 28 et 17 h, entre 10 h 30 et 11 h 10 ?

2 En prenant l'aire d'un carreau du quadrillage comme unité, trouve l'aire des surfaces.

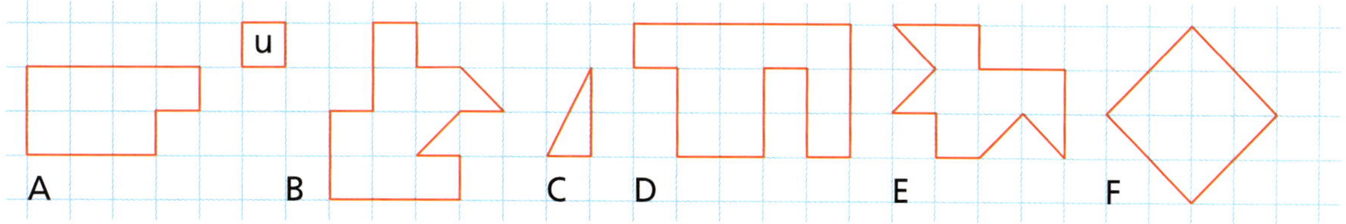

3 Sur une feuille de papier quadrillé, en prenant l'aire d'un carreau comme unité, trace deux rectangles d'aire 20 unités et de formes différentes.

4 Décalque le losange A, le triangle équilatéral B, l'hexagone régulier C, le trapèze isocèle D, et la figure E.

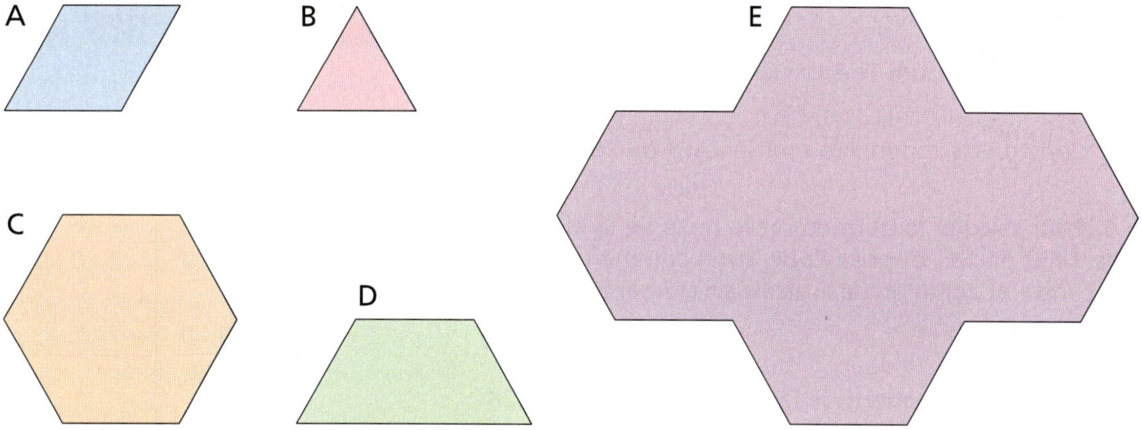

a. Est-il possible de paver la surface C en la recouvrant exactement, sans trou ni chevauchement, avec la surface A ? Fais un dessin pour expliquer.
Compare l'aire de la surface C et celle de la surface A.

b. Peut-on paver la surface E avec la surface C ? Fais un dessin pour expliquer.
Compare l'aire de la surface C et celle de la surface E.

c. En prenant l'aire de la surface B comme unité, trouve l'aire des surfaces A, C, D, E.

d. En prenant l'aire de la surface A comme unité, trouve l'aire des surfaces B, C, D, E.

5 Pour cet exercice, on utilise les surfaces A, B, C, D de l'exercice 4.

Pour réaliser une mosaïque, Alice utilise 78 triangles équilatéraux B, 18 trapèzes isocèles D, 14 hexagones réguliers C.
Pour en faire une autre, Théo utilise 5 hexagones réguliers C, 99 triangles équilatéraux B, 21 losanges A.

Quelle mosaïque a la plus grande aire ?

Remue-méninges

Partage cette surface en deux parties superposables.

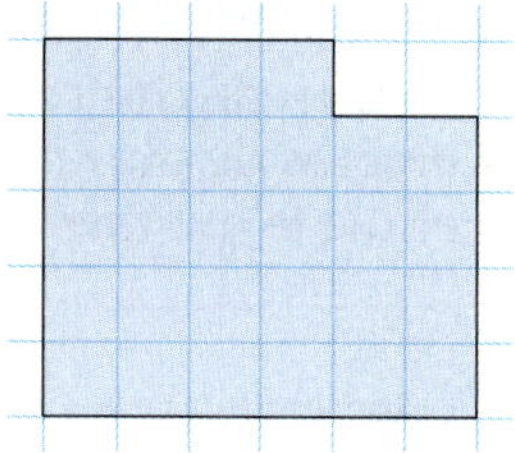

grandeurs et mesures
27
28
36
37
38
50
51
52
95

53 Division : combien de chiffres au quotient ?

Découverte

1. Trouve pourquoi Théo et Qwang ont raison.

2. Construis le répertoire multiplicatif de 28.

3. Pour calculer le quotient et le reste de la division de 7 432 par 28, dispose l'opération comme ci-contre et complète les calculs en utilisant le répertoire de 28.

7 4 3 2	2 8
– 5 6 0 0	2 0 0
. . .	+ . . .
– 1 6 8 0	+ . . .
. . .	. . .
– . . .	
1 2	

4. Quel est le quotient de la division de 7 432 par 28 ?
Quel est le reste ?
Donne l'écriture en ligne de cette division.

5. Pour chacune des divisions suivantes, trouve le nombre de chiffres du quotient, puis effectue la division en la disposant comme dans la question 3.
Donne l'écriture en ligne de chaque division.

940 divisé par 28 — 2 915 divisé par 28 — 952 divisé par 28

Exercices

1 Complète cet encadrement de 6 499 en multipliant 32 par 10, ou par 100 ou par 1 000 :

32 x … < 6 499 < 32 x …

Combien de chiffres le quotient de la division de 6 499 par 32 a-t-il ?
Combien de soustractions suffisent pour effectuer cette division ?
Calcule le quotient et le reste de la division de 6 499 par 32.

Objectif Apprendre à prévoir le nombre de chiffres du quotient et à minimiser le nombre de soustractions à effectuer, en utilisant le répertoire du diviseur.

Calcul mental Encadrements d'un nombre par des multiples de 10 ou de 100 (cf. p. 96).

2 Pour chacune des divisions suivantes, prévois le nombre de chiffres du quotient puis pose l'opération comme dans la découverte.
Donne ensuite le quotient et le reste, puis l'écriture en ligne de la division.

648 divisé par 7	96 divisé par 6	2075 divisé par 9
543 divisé par 8	807 divisé par 3	391 divisé par 5

3 Complète le répertoire de 55.

Répertoire de 55		
	x 10 →	x 10 →
55 x 1 = 55	550	5500
55 x 2 = 110	1100	11000
55 x 3 = 165	1650	...
55 x 4 = ...	...	...
55 x 5 = ...	...	...
55 x 6 = ...	...	...
55 x 7 = ...	...	...
55 x 8 = ...	...	...
55 x 9 = ...	...	...

Utilise ce répertoire pour effectuer les divisions suivantes. Donne l'écriture en ligne de chaque division.

a. 434 divisé par 55 ; 7312 divisé par 55

b. 1617 divisé par 55 ; 80925 divisé par 55

4 Complète le répertoire de 92.

Répertoire de 92		
	x 10 →	x 10 →
92 x 1 = 92	920	9200
92 x 2 = 184	1840	18400
92 x 3 = 276	2760	27600
...	...	...
...	...	...
...	...	...
...	...	...
...	...	...
...	...	...

Utilise ce répertoire pour effectuer les divisions suivantes. Donne l'écriture en ligne de chaque division.

a. 738 divisé par 92 ; 7642 divisé par 92

b. 12408 divisé par 92 ; 8728 divisé par 92

5 Les 356 élèves de l'école partent en voyage de fin d'année avec 18 accompagnateurs.
La mairie peut louer des cars de 55 places chacun.

Combien faut-il prévoir de cars ? Tu peux utiliser le répertoire de 55 de l'exercice 3.

6 À l'occasion de l'arbre de Noël, le comité d'entreprise dispose de 1050 € pour acheter des cadeaux aux enfants du personnel. Il décide d'acheter le même cadeau pour chaque enfant.
Il y a 92 enfants.

Quel peut être le prix maximum de ce cadeau ? Tu peux utiliser le répertoire de 92 de l'exercice 4.

7 Pour chacune des divisions suivantes, prévois le nombre de chiffres du quotient.
Construis le répertoire multiplicatif du diviseur (tu peux utiliser ta calculatrice).
Pose l'opération comme dans la découverte. Donne l'écriture en ligne de la division.

523 divisé par 17	8604 divisé par 82	2205 divisé par 35

54 Division : technique usuelle

Découverte

1. Calcule le quotient et le reste de la division de 7 053 par 34.

2. Voici comment Qwang a disposé les calculs pour effectuer cette division. Compare sa méthode avec la tienne.

a. *Je cherche le nombre de chiffres au quotient.*

34 × 10 = 340
34 × 100 = 3 400
34 × 1 000 = 34 000

→ 34 × 100 < 7 053 < 34 × 1 000

Le quotient est entre 100 et 1000, il a donc 3 chiffres.

b. *Je construis le répertoire de 34*

34 × 2 = 68
34 × 3 = 102
34 × 4 = 136
34 × 5 = 170
34 × 6 = 204
34 × 7 = 238
34 × 8 = 272
34 × 9 = 306

c. *Je pose la division, je mets trois points au quotient et je calcule.*

```
   7 0 5 3 | 3 4
 - 6 8 0 0 |------
 ---------   • • •
     2 5 3 |
 -   2 3 8 |
 ---------
       1 5 |
```

3. Effectue la division de 3 078 par 34 en utilisant la méthode de Qwang.
Tu peux utiliser ta calculatrice pour construire le répertoire de 34 et vérifier le calcul.

Exercices

1 Pour chaque division, trouve le quotient correct. Justifie ta réponse.

436 divisé par 25 : 17 / 170 / 1 700

12 345 divisé par 23 : 53 / 536 / 5 361

1 738 divisé par 5 : 34 / 347 / 3 476

Objectifs S'approprier la présentation définitive d'une technique de division. Comprendre qu'il est important de maintenir dans la présentation la prévision du nombre de chiffres du quotient et les soustractions successives.

Calcul mental Le maître écrit au tableau trois nombres inférieurs à 20 puis les cache. Après une dizaine de secondes, les élèves écrivent les doubles (ou les moitiés).

2 Indique le nombre de chiffres du quotient des divisions suivantes.

Dividende	Diviseur
2 4 5	9
2 5 7 4	1 3
7 8 5 4	2 7
4 5 4 5	4 5

Effectue ensuite ces divisions. Vérifie avec ta calculatrice.

3 Effectue les divisions suivantes en précisant à chaque fois quels sont le quotient et le reste.

578 divisé par 18 — 570 divisé par 57 — 905 divisé par 46 — 606 divisé par 101

4 Un film « Panavision », aussi appelé film « 70 mm », est formé d'images juxtaposées de 23 mm sur 53 mm.
La bande du film *Spiderman* mesure 4 km.

a. Quel est approximativement le nombre d'images du film ?

b. On sait qu'une projection affiche 24 images par seconde.
Quelle est la durée de ce film ?

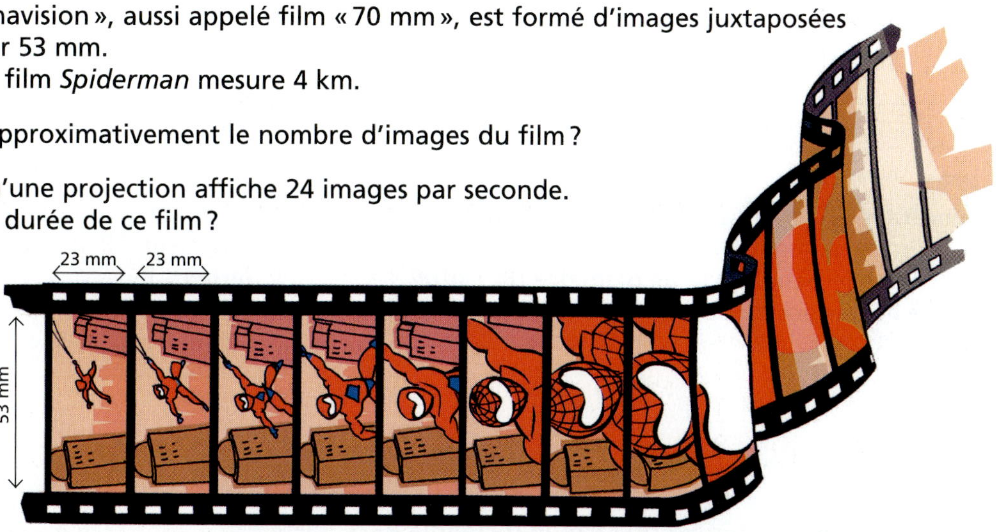

5 Complète les égalités :

397 = (… x 7) + …

585 = (13 x …) + …

564 = (80 x …) + …

2 037 = (… x 40) + …

Vérifie avec ta calculatrice.

Remue-méninges

Théo a effacé certains chiffres de ces opérations. Il dit qu'on peut les retrouver. A-t-il raison ?

2 • 2 •	4 5
− 2 2 5 0	• •
7 2	
− • •	
2 7	

6 1 4 4	• •
− • • 0 0	
1 3 4 •	2 5 6
− • • • 0	
1 4 4	
− • • •	
0	

8 • 8 •	7 4
− • • 0 0	
1 1 8 •	1 • 6
− • • 0	
• 4 4	
− • • 4	
0	

55 Figures : programmes de construction

Découverte

Voici 3 figures et 3 messages permettant de les construire. Mais tout a été mélangé et les lettres sur les figures ont été effacées. Associe à chaque figure son message.
Tu peux faire un schéma à main levée.
Pour vérifier, construis avec tes instruments chaque figure en suivant le message.

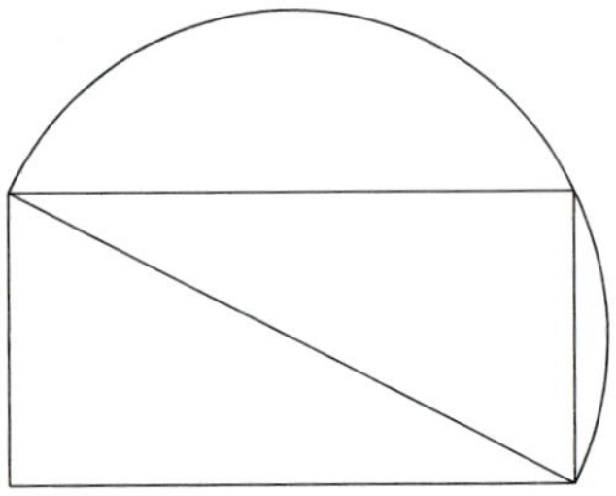

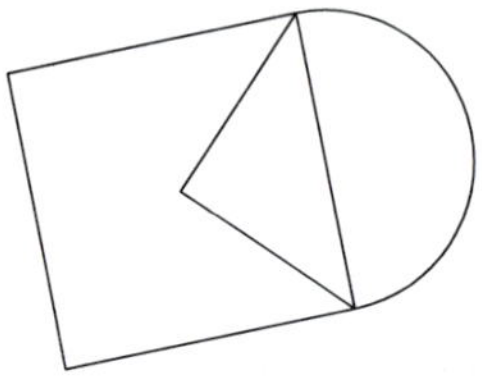

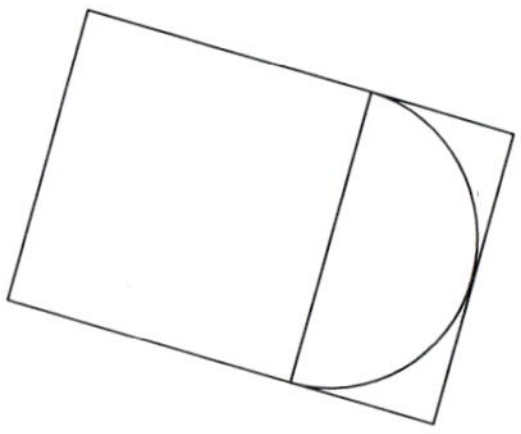

1 Trace un carré ABCD. Place son centre I.
Trace les segments [IB] et [IC].
Trace le demi-cercle de diamètre [BC] situé à l'extérieur du carré.

2 Trace un rectangle ABCD tel que la longueur AB soit le double de la largeur BC.
Trace le segment [AC]. Trace le demi-cercle de diamètre [AC].

3 Trace un carré ABCD. Trace le demi-cercle de diamètre [BC] situé à l'extérieur du carré.
Trace à l'extérieur du carré le rectangle BEFC dont la largeur est égale au rayon du demi-cercle.

Exercices

1 Voici un programme de construction et deux figures.
Trouve celle qui correspond à ce programme de construction.
Pour cela, tu peux t'aider en faisant un dessin à main levée à partir du programme.
Puis, tu vérifieras en construisant la figure avec tes instruments.

> Trace un carré ABCD. Trace [AC] et [BD].
> Ces segments se coupent en I.
> Place le point J pour que IAJB soit un carré.

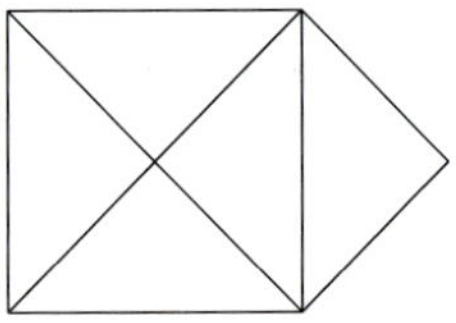

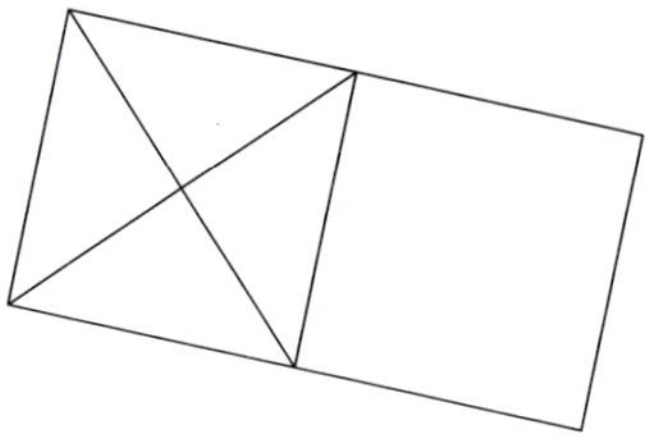

Objectifs Apprendre à identifier une figure à partir d'un programme de construction. Comprendre qu'un programme de construction est un ensemble ordonné d'instructions permettant de construire pas à pas une figure.

Calcul mental Le maître écrit au tableau deux produits déjà effectués. Les élèves doivent trouver des produits que l'on peut obtenir à partir de ceux-là. Exemple : produits donnés : 3 x 12 = 36 ; 5 x 12 = 60 ; produits à trouver : 30 x 12 ; 50 x 12 ; 8 x 12 ; 53 x 12 ; 35 x 12…

2 Voici une figure et deux programmes de construction.
Trouve celui qui permet de construire la figure.

Pour vérifier, construis la figure en suivant ce programme.

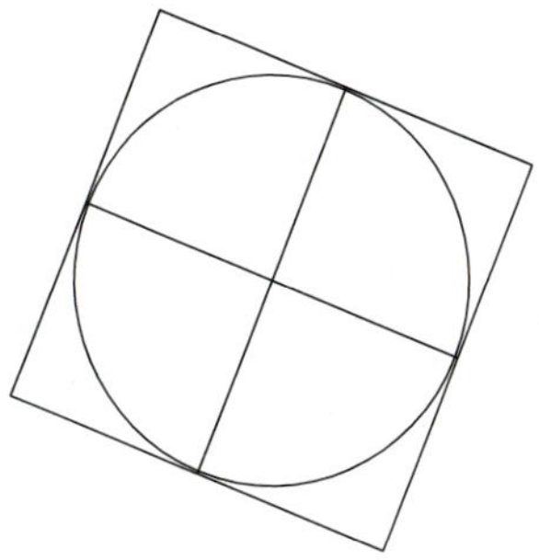

1
Trace un carré ABCD de 3 cm de côté.
Trace [AC] et [BD]. Ces segments se coupent en I.
Trace le cercle de centre I et de rayon [IA].

2
Trace un carré ABCD de 3 cm de côté.
Place le milieu M de [AB], N de [BC], P de [CD], Q de [DA].
Trace [MP] et [NQ]. Ces segments se coupent en I.
Trace le cercle de centre I et de rayon [IM].

3 Théo a commencé à rédiger le programme de construction de la figure suivante. Aide-le à le terminer.

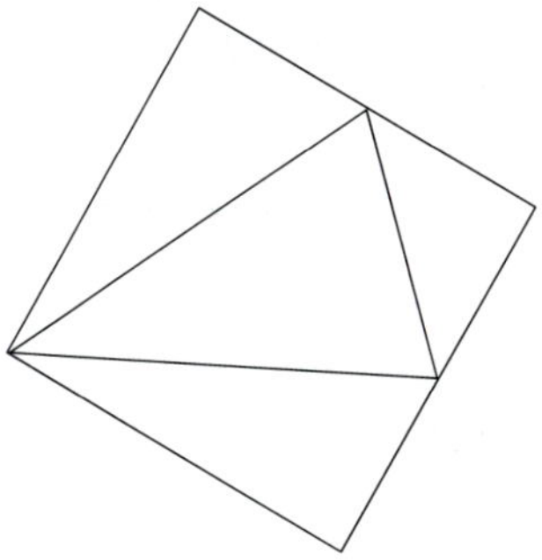

Trace un carré ABCD.
Place le milieu I *de* [AB]...

4 Voici la description d'une figure et un schéma à main levée qui la complète. Construis la figure avec tes instruments.

Il y a un cercle et un carré. Le centre du cercle est aligné avec deux sommets consécutifs du carré. Le diamètre du cercle est égal au côté du carré.

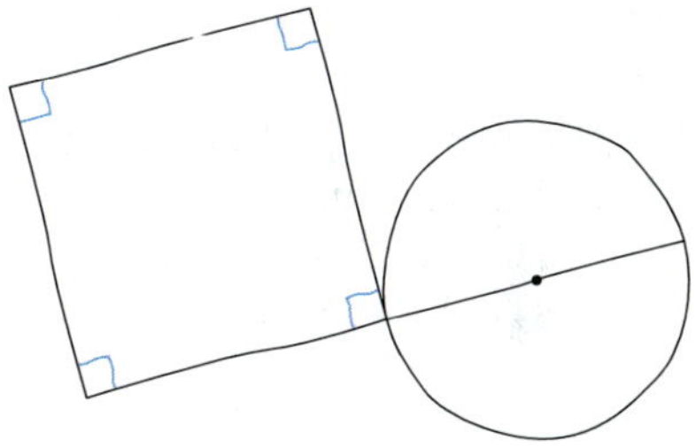

5 Construis la figure qui correspond au programme de construction suivant.

Trace un rectangle ABCD dont le côté [BC] mesure le double du côté [AB].
Trace le cercle de diamètre [AB] et le cercle de diamètre [DC].

Remue-méninges

Observe attentivement la figure et reproduis-la sur du papier uni.

Laisse en pointillé les éléments qui t'ont permis de réaliser la reproduction mais qui ne sont pas apparents sur le modèle.

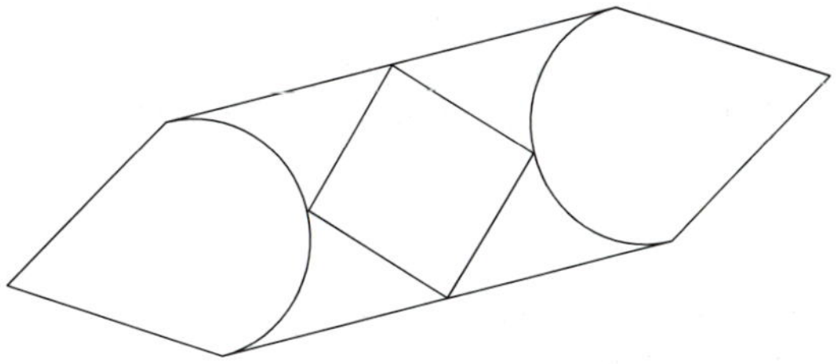

56 Figures : analyse et reproduction

Découverte

Ce dessin est composé de quatre carrés identiques, décorés de motifs différents.
Choisis de reproduire un des carrés sur du papier quadrillé. Tu peux aussi le reproduire sur du papier uni. Retrouve les traits qui ont servi à construire le motif mais qui ont été effacés.

Exercices

1 Reproduis les figures F et G en les agrandissant. Pour cela, construis deux rectangles de dimensions 8 cm sur 6 cm.

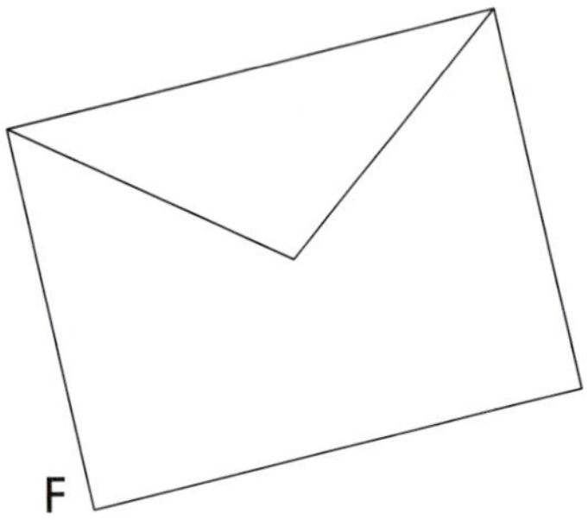

F

G

2 Reproduis les figures L et M en les agrandissant. Pour cela, construis deux carrés de 6 cm de côté.

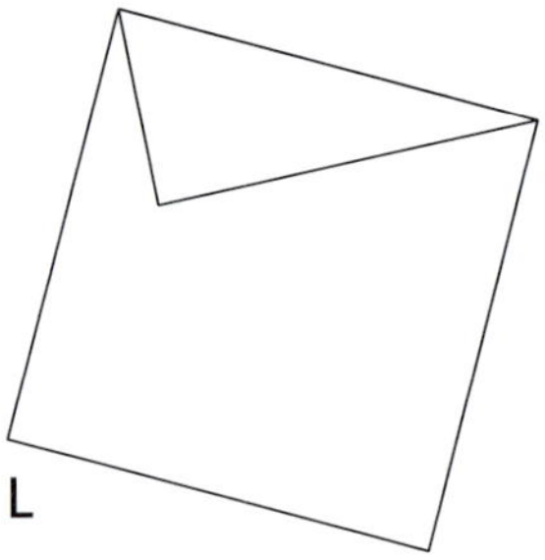

L

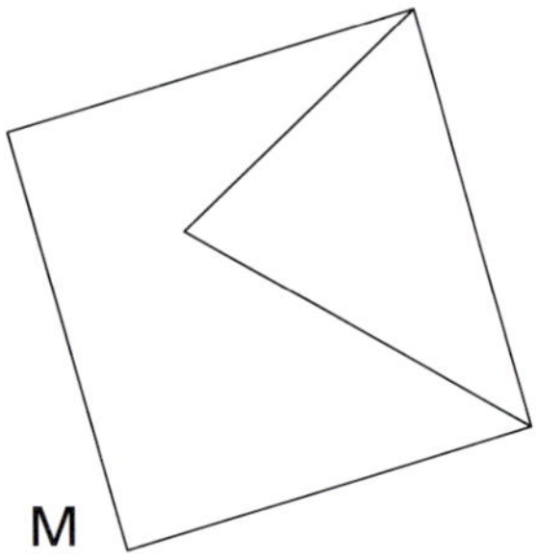

M

Objectif Analyser une figure pour comprendre comment la reproduire.

Calcul mental Le maître écrit au tableau deux produits déjà effectués. Les élèves doivent trouver des produits que l'on peut obtenir à partir de ceux-là. Exemple : produits donnés : 4 x 13 = 52 ; 7 x 13 = 91 ; produits à trouver : 11 x 13 ; 40 x 13 ; 70 x 13 ; 47 x 13 ; 74 x 13...

3 Reproduis la mosaïque en l'agrandissant. Pour cela, construis deux rectangles juxtaposés de 12 cm sur 6 cm.

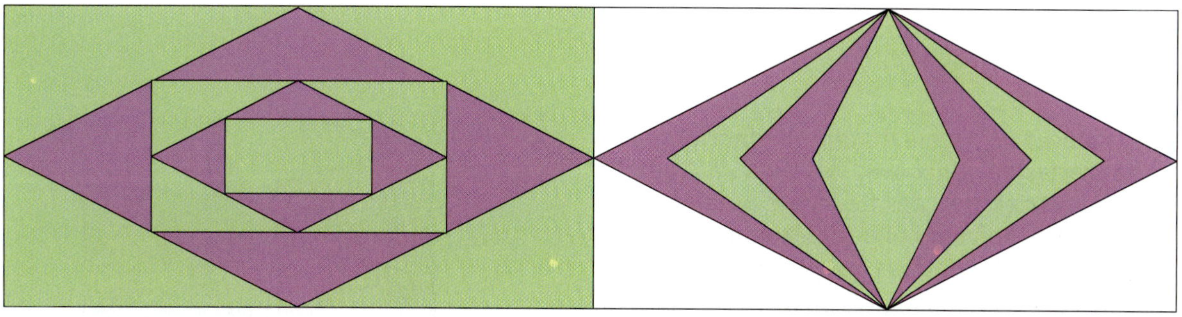

4 Chacune des figures ci-dessous a été construite à partir d'un même carré.
Dans chaque cas, retrouve ce carré qui a été effacé ; pour cela utilise un calque.
Reproduis la figure sur du papier quadrillé ou du papier uni.

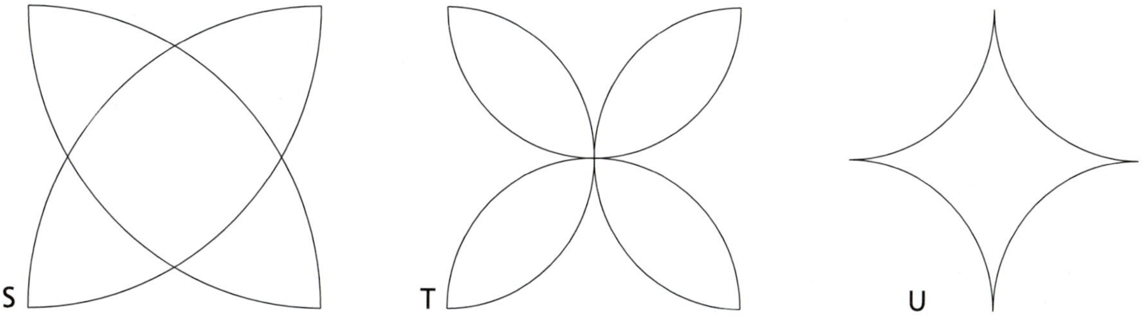

5 Reproduis les figures V et W en les agrandissant. Pour cela, construis deux carrés de 6 cm de côté.

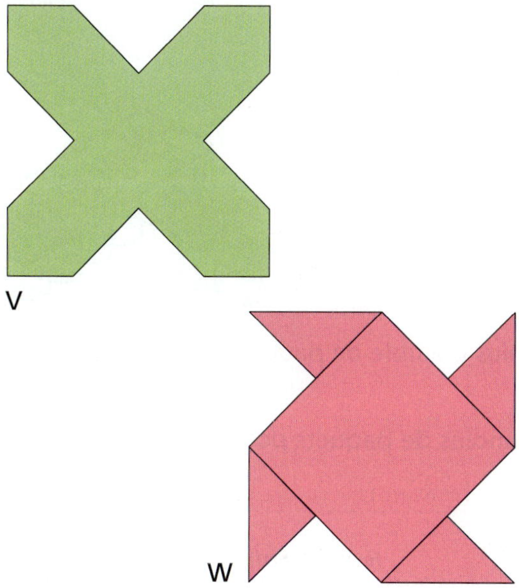

Remue-méninges

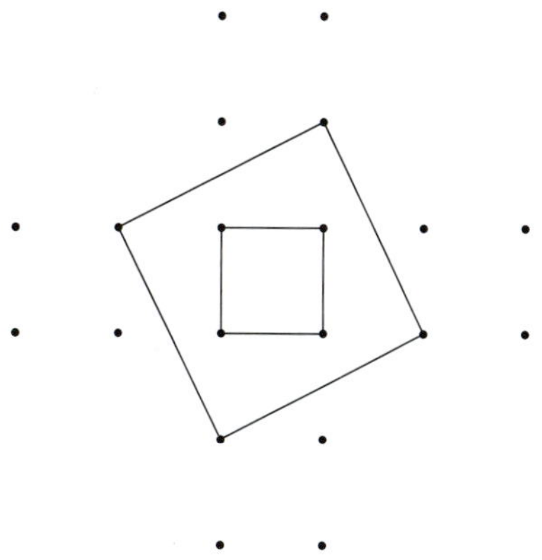

Deux carrés sont dessinés.
Cherche d'autres carrés ayant pour sommets 4 de ces 20 points.

Combien en trouves-tu ?

57 Problèmes pour apprendre à chercher (1)

Découverte

Les élèves de l'école maternelle fabriquent des cartes de vœux avec des fleurs à 4 pétales et des cartes avec des fleurs à 7 pétales.
Les élèves doivent coller des gommettes en forme de pétales dans les espaces réservés.

Dans un atelier, la maîtresse distribue 3 cartes à chacun des 5 élèves. Elle a calculé qu'il fallait 78 gommettes pour l'atelier.

Combien y a-t-il de cartes à 4 pétales et combien y a-t-il de cartes à 7 pétales ?

Exercices

Pour chaque question, pense à rédiger la réponse.

1 À La Poste, tu peux utiliser un « distributeur de monnaie ».

Les pièces disponibles dans le distributeur sont des pièces de 2 €, 1 € et 50 c.

Quelles pièces peux-tu obtenir en échange d'un billet de 10 € ?

Trouve au moins quatre possibilités.

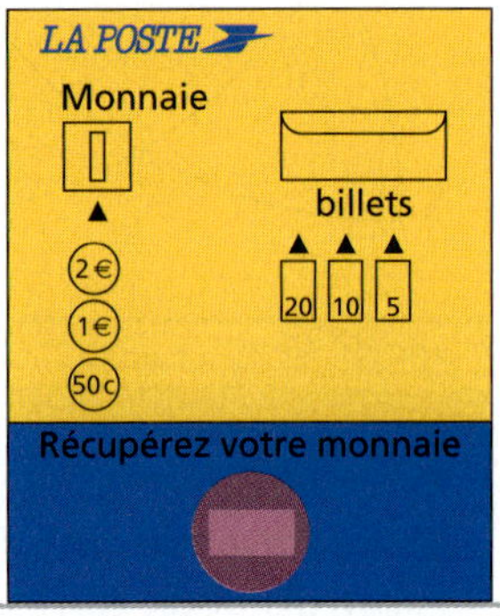

2 Les yaourts sont vendus en paquets de 6, de 10 et de 12.

a. Pauline veut acheter 50 yaourts.
Indique les paquets qu'elle peut choisir.
Trouve au moins trois solutions.

b. Cyrille veut acheter 90 yaourts.
Indique les paquets qu'il peut choisir.
Trouve au moins quatre solutions.

c. Lucie veut acheter 100 yaourts en prenant le plus possible de paquets de 12 yaourts.
Indique les paquets qu'elle doit choisir.

d. Hervé veut acheter 180 yaourts en prenant le moins de paquets possible.
Indique les paquets qu'il doit choisir.

Objectif S'entraîner à résoudre des problèmes nécessitant de mettre en œuvre des procédures nouvelles : émettre des hypothèses, faire des essais, vérifier que la solution produite tient compte de toutes les contraintes.

Calcul mental Jeux de portraits sur les nombres. Le maître choisit un nombre qu'il écrit sur un carton et dont il fait le portrait. Les élèves doivent trouver le nombre.

problèmes relevant des quatre opérations
24
33
57
77
93
96

58 Calcul réfléchi : récréation (1)

Exercices

1 **a.** Voici une « pyramide ».
Dans chaque case le nombre écrit est égal à la somme des deux nombres qui se trouvent dans les deux briques situées au-dessous de lui.
Vérifie cette règle.

	1000	
350	650	
150	200	450

b. En utilisant cette règle, complète les trois pyramides suivantes.

Pyramide 1 :

23	61	12	48

Pyramide 2 :

1 400			
510	115	110	

Pyramide 3 :

622			
132	210		520

2 Reconstitue les additions. Dans chaque cas une même lettre correspond à un même chiffre.

```
    a 8 7          c d c        4 g 5 e       h h 6
  + a b 7      +   c d c      + 1 3 f 7     −   4 h
  -------      ---------      + 5 3 e       -------
    9 8 4        1 3 9 2      ---------       2 9 h
                                6 1 7 9
```

3 Dans chaque cas, quel nombre représente chacun des signes ?

a.
250 – ▲ = ●
● – 70 = 20

b.
▲ – ■ = ●
■ + 13 = 27
■ – ● = 3

c.
▲ x 6 = ■
■ : 3 = ●
● x 7 = 98

d.
▲ + 150 = ■
■ x 4 = ●
1000 – ● = 200

4 Dans chaque égalité, on a oublié d'écrire le même chiffre. Trouve-le.

a. 3★ + 5★ + 7★ = 168

b. ♣3 + ♣4 + ♣5 = 282

c. 1♥ x 4♥ x 2♥ = 12 857

d. ✿4 x ✿1 x ✿1 = 10 584

Objectif S'entraîner à traiter simultanément plusieurs informations dans un contexte numérique.

Calcul mental Jeux de portraits sur les nombres. Le maître choisit un nombre qu'il écrit sur un carton. À tour de rôle les enfants posent des questions pour trouver le nombre choisi.

59 Découvrir l'Europe

L'heure légale en Europe

L'heure légale n'est pas la même dans tous les pays de l'Union européenne.
Sur cette carte, les pays coloriés de la même couleur ont la même heure légale.

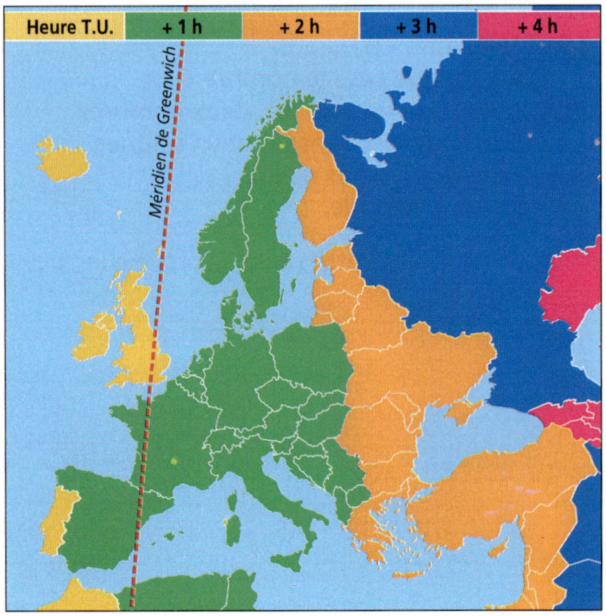

Dans le tableau ci-dessous sont indiquées les heures à ajouter ou soustraire à l'heure de Greeenwich pour trouver l'heure légale des capitales de l'Union européenne.

Heure légale	Capitales de l'Union européenne
Heure T.U.*	Dublin, Lisbonne, Londres
+ 1 h	Amsterdam, Berlin, Bratislava, Bruxelles, Budapest, Copenhague, La Valette, Ljubljana, Luxembourg, Madrid, Paris, Prague, Rome, Stockholm, Varsovie, Vienne
+ 2 h	Athènes, Helsinki, Nicosie, Riga, Tallin, Vilnius

* T.U. : Temps Universel défini par le méridien 0 qui passe par Greenwich (faubourg de Londres).

1. Quand il est 7 heures à Londres, quelle heure est-il à Paris ? à Lisbonne ? à Nicosie ?

2. Quand il est 12 heures à Paris, quelle heure est-il à Londres ? à Budapest ? à Helsinki ?

3. Alice, Théo et Qwang sont allés à Londres.
Le train Eurostar est parti de Paris à 7 h 16. À la gare de Waterloo, à Londres, l'horloge affichait 7 h 55.

Qui a raison ? Justifie ta réponse.

Objectifs Découvrir la notion de décalage horaire.
Résoudre des problèmes additifs et soustractifs dans le contexte des heures.

Mise en route Mémoire auditive. Le maître dit quatre nombres de un ou deux chiffres. Il demande aux élèves de les écrire en les ordonnant du plus petit au plus grand.

L'heure légale dans les DOM TOM

Voici les heures à ajouter ou soustraire à l'heure T.U. pour trouver l'heure légale des principales villes de la France d'Outre-mer.

Heure légale	Villes
– 10 heures	Papeete (Tahiti)
– 4 heures	Basse-Terre (Guadeloupe) Fort de France (Martinique)
– 3 heures	Cayenne (Guyane française) St-Pierre (Saint-Pierre-et-Miquelon)
+ 3 heures	Mamoudzou (Mayotte)
+ 4 heures	St-Denis (La Réunion)
+ 11 heures	Nouméa (Nouvelle Calédonie)
+ 12 heures	Mata-Utu (Wallis-et-Futuna)

1. Un pilote d'avion Airbus est à Paris un 31 décembre, à 15 h. Il appelle ses amis qui sont en escale à Riga, Nouméa, Basse-Terre et Lisbonne pour leur présenter ses vœux.

Trouve l'heure locale et la date dans chacune de ces villes.

Paris	Riga	Nouméa	Basse-Terre	Lisbonne
15 h 00				
31 décembre 2004				

2. Une hôtesse de l'air a pris le vol Londres-Papeete.
Elle est partie de Londres le 8 novembre à 11 h 30 (heure locale). Son vol a duré 22 heures et 15 minutes.

Est-elle arrivée à Papeete le matin, le midi ou le soir ?
À quelle date et à quelle heure ?

3. Un touriste revient de Papeete à Paris. Au décollage à Papeete, les écrans de l'aéroport affichaient : « 28 novembre 2004, 23 h 15 ». Le vol dure 21 heures et 10 minutes.

Quel repas prendra-t-il à son arrivée à Paris ? Précise la date et son heure d'arrivée (heure locale) à Paris.

4. Les 3 horloges ci-dessous affichent les heures à Londres, Mamoudzou et Mata-Utu au même moment.

Trouve à quelle ville correspond chaque horloge.

Mamoudzou (Mayotte)

représentation de données
20
39
40
59
78
79
85
98

Ce que je dois savoir faire seul(e)

1 Grégoire charge dans sa camionnette 75 sacs de 20 kg de pommes.

Combien pèse son chargement ?

2 Mickaël doit rembourser 540 € en 10 remboursements égaux.

Quel sera le montant d'un versement ?

3 Le directeur d'un club de basket a dépensé 448 € pour acheter des ballons. Chaque ballon coûte 32 €.

Combien de ballons a-t-il achetés ?

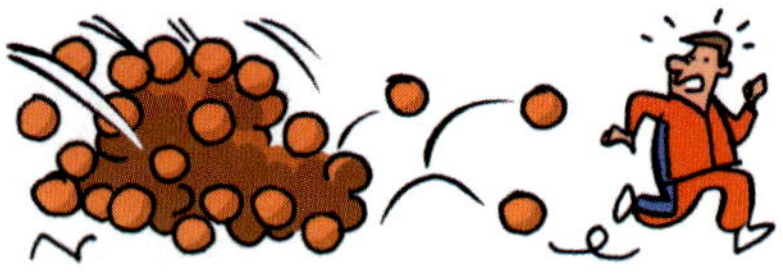

4 Le directeur d'une école a besoin de 340 cahiers. Les cahiers sont vendus par paquets de 25.

Combien de paquets le directeur doit-il commander ?

5 Sonia doit répartir équitablement 250 caramels dans 12 sachets. Elle pourra manger les caramels qui resteront.

Combien de caramels Sonia pourra-t-elle manger ?

6 Avec 3 litres (300 cL) de jus de fruit, Marion remplit 15 verres identiques.

Quelle quantité de jus de fruit met-elle dans chaque verre ?

7 Un phare émet un signal lumineux toutes les 20 secondes.

Combien de signaux émet-il en 1 minute ? en 1 heure ?

8 Une émission télévisée se termine à 15 h 40 et dure 1 h 35.

À quelle heure commence-t-elle ?

9 Une émission télévisée commence à 20 h 45 et se termine à 22 h 30.

Combien de temps dure-t-elle ?

10 Effectue les divisions suivantes et écris les égalités qui les traduisent.

73 | 5	87 | 13	368 | 8	382 | 18

11 On sait que : 26 x 18 < 472 < 26 x 19.

Utilise cet encadrement pour compléter l'égalité : 472 = (26 x …) + …
Donne le quotient et le reste de la division de 472 par 18.

12 Théo a choisi un nombre. Il divise ce nombre par 5.
Il trouve 7 comme quotient et 4 comme reste.

Quel est ce nombre ?

13 Parmi les trois figures, laquelle correspond à la description ci-contre ?

La figure est composée d'un carré et d'un triangle équilatéral qui ont un côté commun, le troisième sommet du triangle est à l'extérieur du carré.

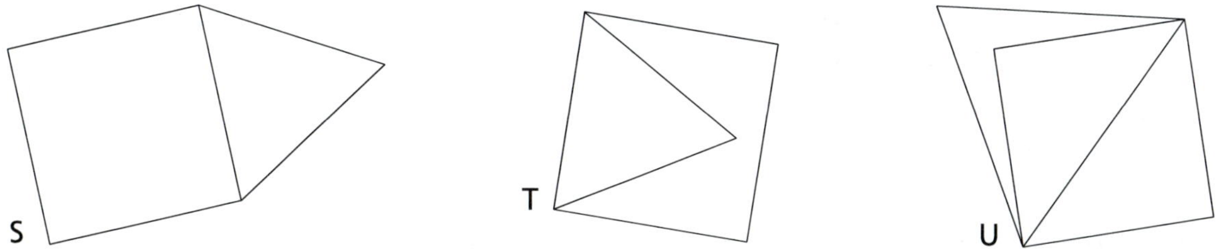

14 Voici une figure dessinée à main levée et des informations qui précisent le dessin. Construis cette figure en observant le dessin et en respectant les informations suivantes :

ABCD est un rectangle.
AB = 2BC
I est le milieu de [CD].
Le demi-cercle a pour diamètre [AB].

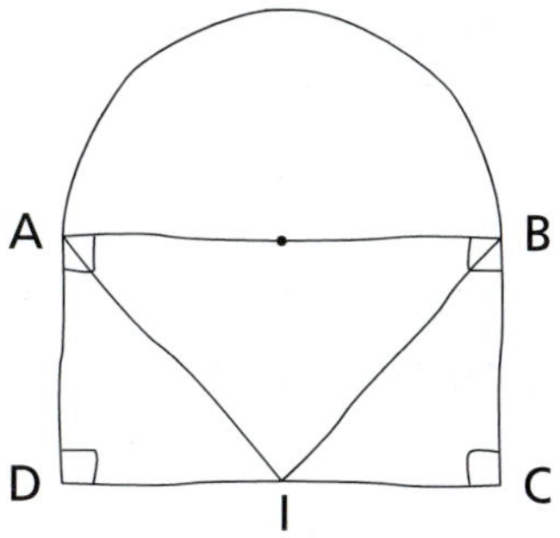

15 Leïla a commencé à rédiger le programme de construction de la figure suivante.
Aide-la à le terminer :

Trace un rectangle ABCD.
Place le milieu I *de*…

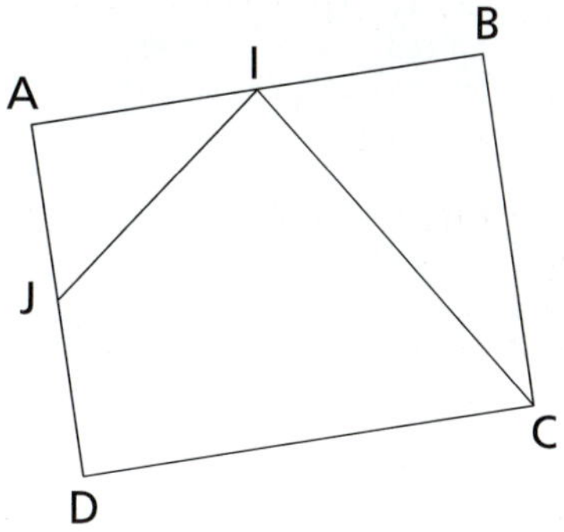

16 Sur une feuille de papier quadrillé, reproduis le polygone P, puis construis en vert deux polygones de formes différentes et ayant la même aire que le polygone P.

Construis en bleu deux autres polygones de formes différentes ayant le même périmètre que le polygone P.

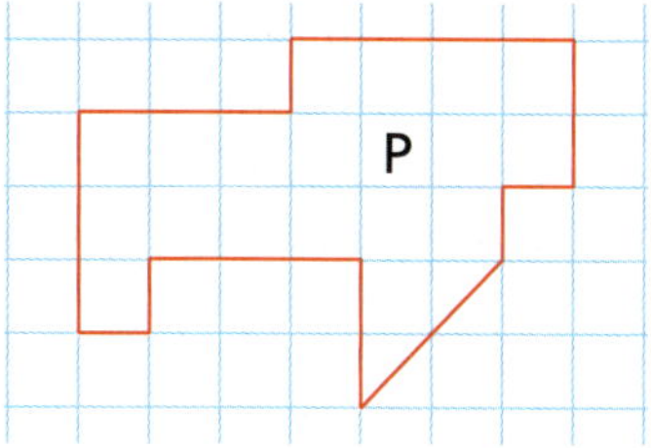

Le pendule et la mesure du temps

Au Moyen Âge, on tient compte de la durée du jour pour réaliser 12 heures. Les heures n'ont donc pas la même durée en été et en hiver. Ce n'est qu'au XVIe siècle que **l'heure est définie** comme la 24e partie du temps séparant deux passages du soleil au zénith (au plus haut dans le ciel, c'est-à-dire à midi).

Mathématicien, physicien et astronome hollandais, Christian Huygens (1629-1695) étudie le **pendule simple** pour avoir un mouvement régulier qui permette de **mesurer précisément le temps**.

Un pendule simple est composé d'un objet assez lourd qui est suspendu à un fil. En faisant balancer l'objet on obtient un mouvement régulier.

■ Fabrique un pendule avec un objet de ton choix et vérifie avec une montre combien de balancements ton pendule effectue en une minute.

■ À ton avis, le pendule va effectuer des balancements plus rapides, plus lents ou bien des balancements identiques

a. si tu remplaces l'objet choisi par un objet plus lourd ?
b. si tu balances le pendule plus fort ?
c. si tu remplaces le fil par un fil plus long ?

Pour chaque proposition, vérifie en faisant l'expérience sur une minute.

■ Trouve la longueur du fil pour que le pendule « batte » la seconde.

Période 4

Nombres entiers

Tu vas rencontrer des nombres étonnants, appelés « palindromes », qui te permettront de revoir le rôle de la place des chiffres dans l'écriture des nombres.

Nouveaux nombres

En partageant des longueurs et des aires, tu vas découvrir qu'entre deux nombres entiers qui se suivent, il y a plein d'autres nombres : les fractions.

Tu vas aussi voir que certaines fractions sont plus faciles à comparer : ce sont les fractions décimales.

Relations et propriétés géométriques

Tu vas compléter des figures par rapport à un axe de symétrie, en transformer d'autres et chercher les axes de symétrie éventuels des figures usuelles.

Calculs

Tu vas apprendre la technique usuelle de la division.

Tu vas continuer à t'entraîner au calcul mental et au calcul réfléchi

Mesure des aires

Tu vas utiliser les nombres entiers et les fractions pour donner la mesure de l'aire de figures planes.

Problèmes numériques

Tu vas rencontrer la proportionnalité dans des situations numériques et géométriques.

Tu vas encore t'entraîner à résoudre des problèmes analogues dans lesquels seules les données numériques sont changées.

60 Numération : entretien

Découverte

Théo et Leïla ont découvert que certains nombres ne changent pas quand on les lit de gauche à droite ou de droite à gauche.
Ce sont des nombres « palindromes ».
Par exemple :
- 878 et 3 223 sont des nombres palindromes ;
- 1 212 n'est pas un nombre palindrome.

1. Écris 5 nombres palindromes de 4 chiffres.

2. Cherche tous les nombres palindromes de 4 chiffres qui commencent par 1.
Combien en as-tu trouvés ?

3. Cherche tous les nombres palindromes de 4 chiffres qui commencent par 2.
Combien en as-tu trouvés ?

4. Combien y a-t-il de nombres palindromes de 4 chiffres ?

5. Quelles ont été les deux dernières années dont le numéro était un nombre palindrome ?
Quelle sera la prochaine année dont le numéro sera un nombre palindrome ?

Exercices

1 Théo et Leïla ont construit ce tableau pour organiser leur recherche des nombres palindromes de 4 chiffres.

Vérifie que les nombres trouvés par les deux enfants sont tous des nombres palindromes.

Continue le tableau en complétant les six lignes suivantes.

Somme des chiffres	Nombres palindromes	Quantité de nombres trouvés
1		0
2	1 001	1
3		0
4	1 111 ; 2 002	2
5		0
6	1 221 ; 2 112 ; 3 003	3

2 Qwang et Alice ont-ils raison ?
Explique ta réponse.

Objectif Revoir la manière de dire et d'écrire les nombres en chiffres et en lettres.

Calcul mental Le compte est bon. Avec un seul tirage (exemple : 6, 8, 2, 3) et différents nombres-cibles : 19, 53, 99, 44 , 36, 13 qui seront donnés progressivement. Pour chaque nombre cible le maître fera écrire les calculs avec les parenthèses. Exemple : (6 x 8 x 2) + 3 = 99.

3 Trouve des nombres palindromes de 4 chiffres dont la somme est 16.
Range les nombres trouvés du plus petit au plus grand.

4 Pour t'aider à lire les nombres, on les a placés dans un tableau de numération.

a. Écris-les en lettres. Souligne ceux qui sont des nombres palindromes.

b. Range les nombres du tableau dans l'ordre décroissant.

classe des mille					
c	d	u	c	d	u
	8	3	0	3	8
5	0	4	9	7	6
4	6	9	9	6	4
		8	8	0	3
	8	7	7	7	8

5 Voici des nombres écrits en lettres. Écris-les en chiffres et range-les du plus petit au plus grand. Souligne ceux qui sont palindromes. Tu peux t'aider d'un tableau de numération.

trois cent un mille cent trois

soixante-dix-huit mille huit cent soixante-quatorze

six cent quatre-vingt-sept mille six cent quatre-vingt-sept

quarante mille cinquante-quatre

6 Écris la décomposition canonique des nombres comme dans l'exemple.

786 564 = (7 x 100 000) + (8 x 10 000) + (6 x 1 000) + (5 x 100) + (6 x 10) + 4

365 863 90 096 8 678 509 905 67 086

7 Recopie et complète le tableau suivant.

Nombre	Chiffre des dizaines de mille	Nombre de dizaines de mille
657 358		
98 589		
163 806		
67 086		

Remue-méninges

Alice a découvert que certains nombres palindromes sont aussi des palindromes quand on les écrit en lettres.
Par exemple « 2 002 » se lit « deux mille deux » de gauche à droite ou de droite à gauche.
Trouve d'autres nombres ayant cette particularité.

61 Multiplication et division : la proportionnalité au quotidien

Découverte

1. Réponds aux questions de Théo, Alice et Leïla.

Nombre de personnes	3	15	9	24	30
Quantité d'œufs	2	10			

2. Pour la mousse au chocolat, il faut aussi 50 g de chocolat par personne.

Combien faut-il de grammes de chocolat pour 3 personnes ? pour 9 personnes ? pour 15 personnes ? pour 24 personnes ? pour 30 personnes ?

Quantité de chocolat (en g)	50					
Nombre de personnes	1	3	9	15	24	30

Exercices

1 Le gaspacho est un potage qui se consomme froid, l'été, en Espagne. Écris les ingrédients nécessaires à la confection de ce plat pour 8 personnes, 12 personnes et 20 personnes.

Objectifs S'entraîner à trouver des procédures personnelles pour résoudre des problèmes. Reconnaître ceux pour lesquels on ne peut pas prévoir les réponses.

Calcul mental Le compte est bon. Avec un seul tirage (exemple : 7, 9, 5, 4) et différents nombres-cibles : 36, 56, 73, 38, 149, qui seront donnés successivement.

2 La société Pizza Express livre des pizzas à 9 € l'une et demande 2 € de frais de déplacement quel que soit le nombre de pizzas livrées.
Le patron a commencé à préparer un tableau afin d'établir rapidement les factures.
Termine son tableau.

Nombre de pizzas	1	2	3	4	5	6	7	8	9
Prix à payer (en €)	11								

3 Calcule le prix des baguettes. Chaque baguette coûte 80 c (80 centimes d'euro).

Nombre de baguettes	1	2	3	5	7
Prix à payer en centimes d'euro	80				
Prix à payer en €	0.80				

4 Calcule le prix des croissants.
Ils sont vendus par paquet de 3 croissants.
Chaque paquet coûte 2 €.

Nombre de croissants	3	6	9	12	15	21
Prix à payer en €	2					

5 Un athlète court le 100 m en 10 s, le 200 m en 20 s et le 400 m en 43 s.
Peux-tu prévoir en combien de temps il courra le 800 m ?

6 Voici la distance que parcourt une automobile sur route sèche pour s'immobiliser après freinage.

Vitesse (en km/h)	40	60	80	100	120	140
Distance de freinage (en mètres)	10	23	41	64	93	

Les renseignements donnés te permettent-ils de trouver la distance de freinage pour une automobile roulant à 140 km/h ?

7 Voici un ticket de caisse du magasin « Aupré ».
Qwang doit aller faire des courses dans le même magasin. Il a préparé une liste.

AUPRÉ

4 boîtes de mini-cakes	12€
6 paquets de tuiles aux amandes	12 €
1 pot de confiture d'orange	2€50
3 paquets de 8 yaourts nature	6 €

Prévois combien cela lui coûtera.

62 Multiplication et division : le sens de la proportionnalité

Découverte

À partir du rectangle ABCD, on construit deux familles de rectangles de la façon suivante :

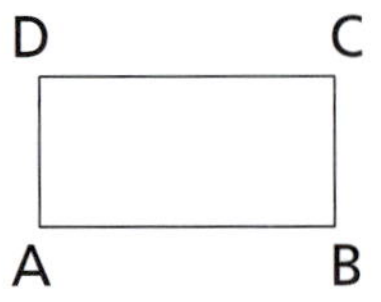

1re famille

- on multiplie la mesure de [AD] par 2 ;
- on ajoute 2 cm à la mesure de [AB].

Puis on recommence de la même façon avec chaque nouveau rectangle obtenu.

2e famille

- on multiplie la mesure de [AD] par 2 ;
- on multiplie la mesure de [AB] par 2.

Puis on recommence de la même façon avec chaque nouveau rectangle obtenu.

1. Pour chaque famille, lorsque [AD] mesure 4 cm, quelle est la mesure de [AB] ?
Que se passe-t-il lorsque [AD] mesure 8 cm ?

2. Complète les tableaux qui donnent les dimensions des rectangles pour chaque famille.

1re famille (AD : x 2, x 2 ; AB : + 2, + 2)

AD	AB
1 cm	2 cm
2 cm	4 cm

2e famille (AD : x 2, x 2 ; AB : x 2, x 2)

AD	AB
1 cm	2 cm
2 cm	4 cm

3. On a commencé à représenter les deux premiers rectangles de chaque famille.
Recopie les deux graphiques, puis dessine les rectangles suivants.

1re famille

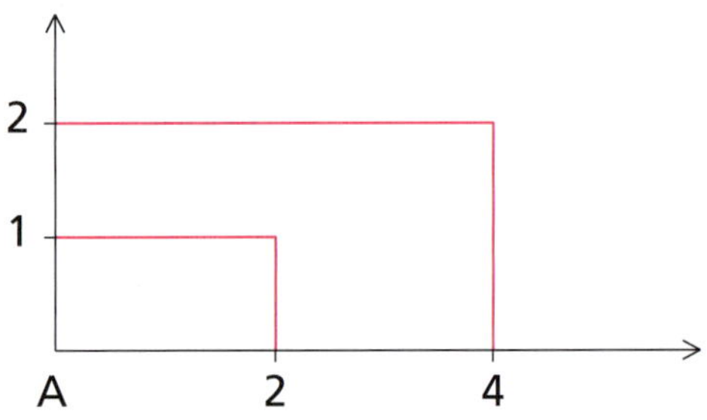

2e famille

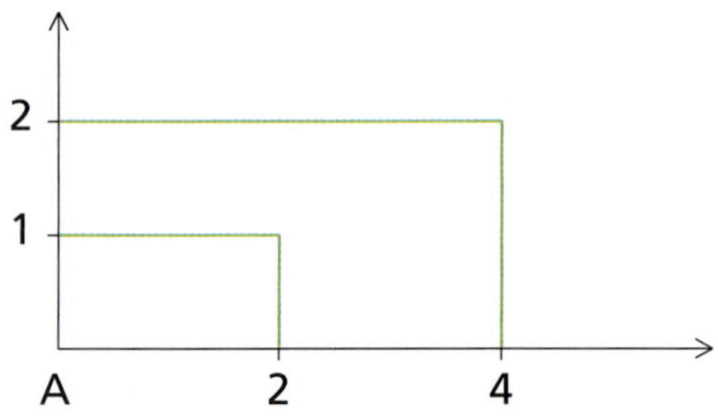

4. Dans quelle famille les rectangles sont-ils tous des agrandissements les uns des autres ?

Objectifs S'entraîner à trouver des procédures personnelles pour résoudre des problèmes. Représenter les données sous la forme d'un tableau ou d'un graphique.

Calcul mental Le compte est bon. Avec un seul tirage (exemple : 5, 75, 20, 100) et différents nombres-cibles : 7 400, 65 ; 2 070 ; 475 ; 10 000, qui seront donnés successivement.

Exercices

1 Sur cette droite on a placé les nombres 0 (point Z) et 4 (point E).

Quels nombres correspondent aux points A, B, C et D ? Tu peux utiliser une bande de papier ou un compas.

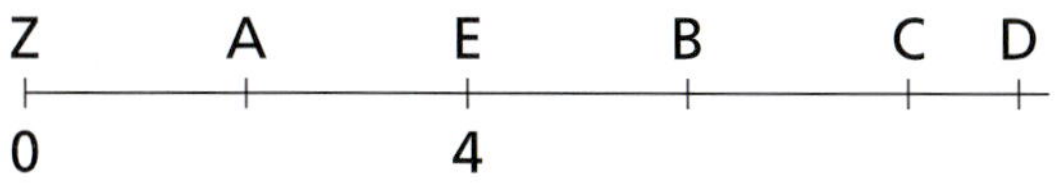

2 Sur cette droite on a placé les nombres 6 (point F) et 10 (point H).

Reproduis-la et place les nombres 2, 8, 0, 4 et 1. Tu peux utiliser une bande de papier ou un compas.

3 Sur la carte, 1 cm représente 26 km.

Quelle est la distance à vol d'oiseau :

a. entre Saint-Nazaire et Nantes ?

b. entre Angers et Saint-Nazaire ?

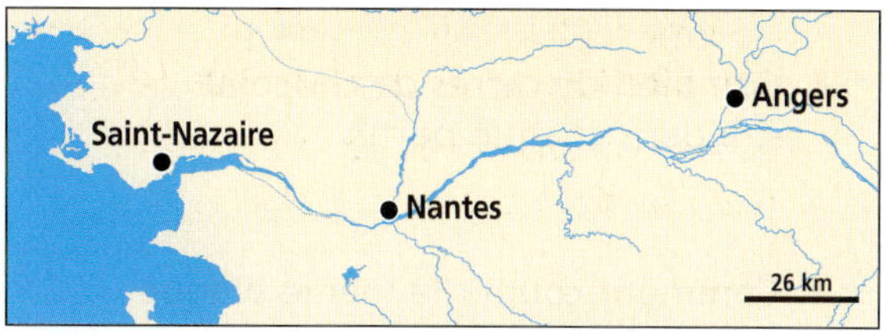

4 Une voiture consomme environ 6 litres d'essence pour parcourir 100 km sur autoroute. Peux-tu prévoir la quantité d'essence qu'elle consommera environ pour faire 800 km ?

5

Combien paiera-t-on pour louer une luge pendant 18 jours ?

Remue-méninges

Au carrefour de la Croix Rousse,
le feu reste 30 s au rouge,
15 s au vert, 5 s à l'orange.

Si le feu passe au vert à 9 h, de quelle couleur sera-t-il à 9 h 08 précises ?

63 Fractions au quotidien

Découverte

Leïla, Théo, Qwang et Alice veulent se partager équitablement cette plaque de chocolat.

1. Propose plusieurs manières de couper cette plaque pour donner une part égale à chaque enfant.
Représente ces partages.

2. Combien de carrés de chocolat y a-t-il dans chaque part ?

3. Comment couper la même plaque de chocolat pour la partager équitablement entre trois enfants ?
Dessine plusieurs manières de la couper.
Vérifie en comptant le nombre de carrés de chaque part.

Exercices

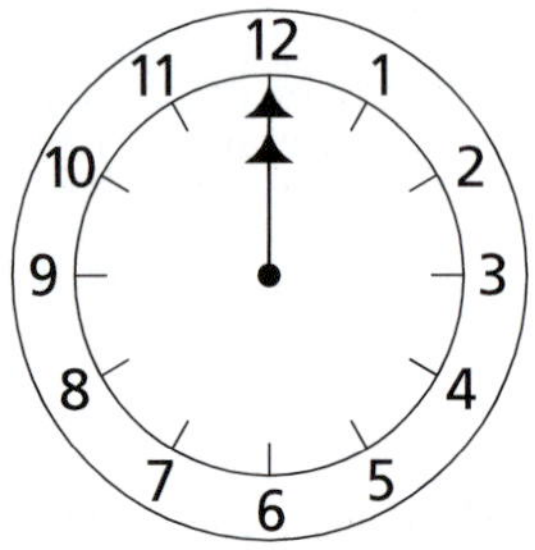

1 Une heure c'est 60 minutes.
Combien de minutes y a-t-il dans un quart d'heure ?
Dessine l'horloge, puis représente $\frac{1}{4}$ d'heure sur le cadran.

2 Combien de minutes y a-t-il dans une demi-heure ? Dessine l'horloge, puis représente $\frac{1}{2}$ heure sur le cadran.

3 Combien de minutes y a-t-il dans trois quarts d'heure ? Dessine l'horloge, puis représente $\frac{3}{4}$ d'heure sur le cadran.

Objectifs Évoquer des situations quotidiennes dans lesquelles des fractions sont utilisées. Recenser le vocabulaire connu : quart, tiers, moitié.

Calcul mental Le maître écrit au tableau deux produits déjà effectués. Exemple : 3 x 14 = 42 ; 8 x 14 = 112.
À partir de ces égalités, il demande aux enfants de trouver : 11 x 14 ; 16 x 14 ; 83 x 14 ; 33 x 14 ; 38 x 14 ; etc.

4 Quelle phrase correspond à chaque partage ?

1. La part jaune, c'est le quart de la tarte.
2. La part jaune, c'est le tiers de la tarte.
3. La part jaune, c'est trois quarts de la tarte.

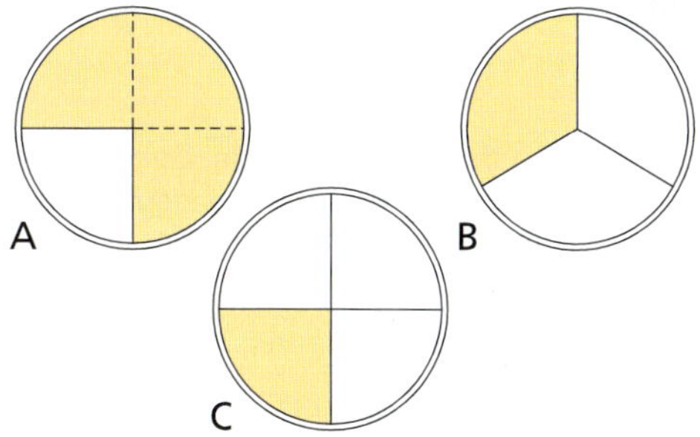

5 Leïla a 36 timbres. Qwang en a la moitié.
Combien de timbres Qwang a-t-il ?

6 Alice a 44 timbres. Théo en a le quart.
Combien de timbres Théo a-t-il ?

7

Ont-ils raison ?

8 Quel est le quart de 28 ?
Quels sont les trois quarts de 28 ?

9 Quelle est la moitié de 80 ?
Quels sont les deux quarts de 80 ?
Que remarques-tu ?

10 Alice veut découper ce ruban en 6 morceaux de même longueur.
Aide-la à faire ce partage, dessine le ruban et chaque morceau.
Quelle fraction du ruban chaque morceau représente-t-il ?

Remue-méninges

Quelle fraction de tout le dessin représente la partie orange ?

64 Fractions et partages de longueurs

Activité préparatoire de découverte : Faire tracer aux élèves un segment [AB] sur une feuille, puis donner une bande unité. Demander à chaque élève d'écrire un message afin de permettre à un autre élève de construire un segment de même longueur sans le mesurer avec une règle graduée. Échanger les messages.

Découverte

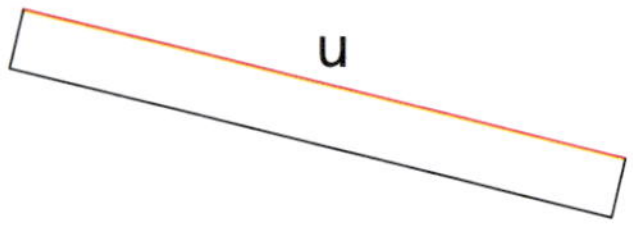

Pour mesurer la longueur d'un segment,
Leïla s'est servi du segment u qu'elle a pris pour unité.

Elle a reporté une fois l'unité u, puis la moitié de u, et enfin le quart de u.

Elle a écrit : $u + \frac{1}{2} u + \frac{1}{4} u$

1. Reproduis la bande de l'unité u. En te servant de cette bande, trouve quel segment Leïla a mesuré.

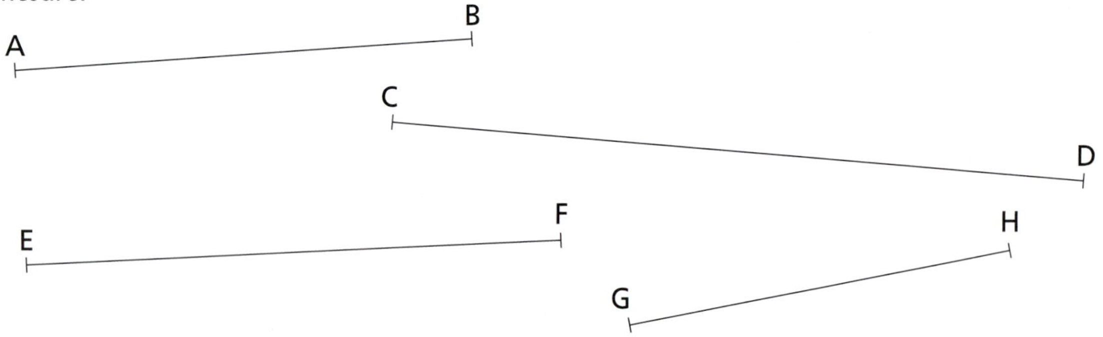

2. Trouve la mesure de la longueur des autres segments en te servant de l'unité u.

3. Leïla affirme que le segment [GH] mesure $\frac{5}{4}$ u. A-t-elle raison ?

Exercices

1 Combien de fois faut-il reporter une longueur qui mesure $\frac{1}{2}$ u pour obtenir 1 u ?

Complète : $\frac{1}{2} u + \frac{1}{2} u = \ldots$ $\qquad 2 \times \frac{1}{2} u = \frac{1}{2} u \times 2 = \ldots$

Objectifs S'approprier le codage fractionnaire lors du partage d'une unité de longueur par pliage. Utiliser ce codage pour résoudre un problème de mesurage.

Calcul mental Jeu des dominos oraux : calculs additifs, soustractifs et multiplicatifs.

2

a. Trace le même segment que Théo.

b. Combien de fois faut-il reporter une longueur qui mesure $\frac{1}{3}$ u pour obtenir 1 u ?

c. Complète : $\frac{1}{3}$ u + $\frac{1}{3}$ u + $\frac{1}{3}$ u = …

3 x $\frac{1}{3}$ u = $\frac{1}{3}$ u x 3 = …

3 Utilise la bande unité u de la découverte pour tracer les segments suivants.

[MN] : 2 u + $\frac{1}{2}$ u [OP] : $\frac{7}{2}$ u [QR] : $\frac{3}{2}$ u [ST] : $\frac{4}{3}$ u [UV] : $\frac{9}{2}$ u

4 Utilise la bande unité u de la découverte pour mesurer les segments suivants.

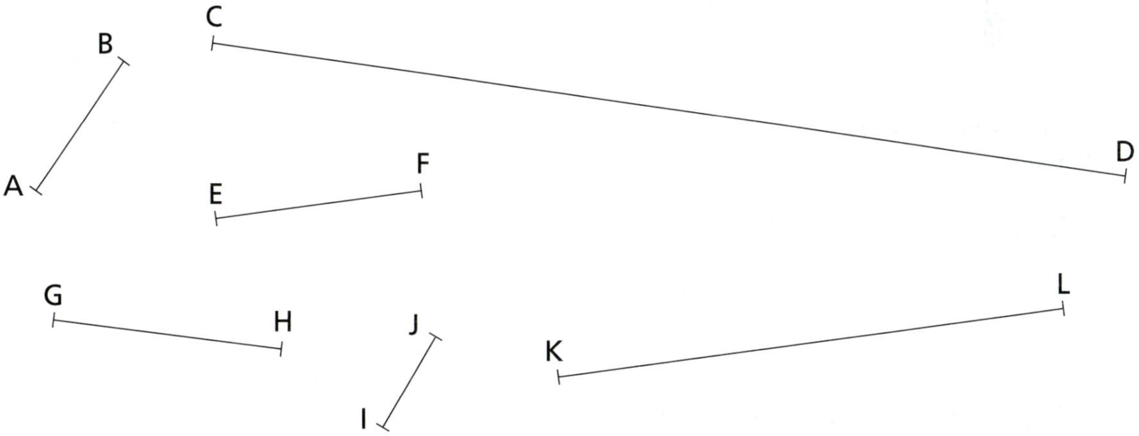

Range les segments du plus court au plus long.
Range les mesures de longueur correspondantes dans l'ordre croissant.

5 Trace les segments dont les mesures de longueur sont données dans le tableau, puis trouve une écriture fractionnaire pour exprimer chaque mesure.

Segment	Longueur en unité u	Écritures fractionnaires
[AB]	$1 + \frac{1}{3}$	$\frac{4}{3}$
[CD]	$1 + \frac{1}{3} + \frac{2}{3}$	
[EF]	$1 + \frac{3}{4}$	
[GH]	$2 + \frac{1}{4}$	

65 Fractions : la machine à partager les segments

Découverte

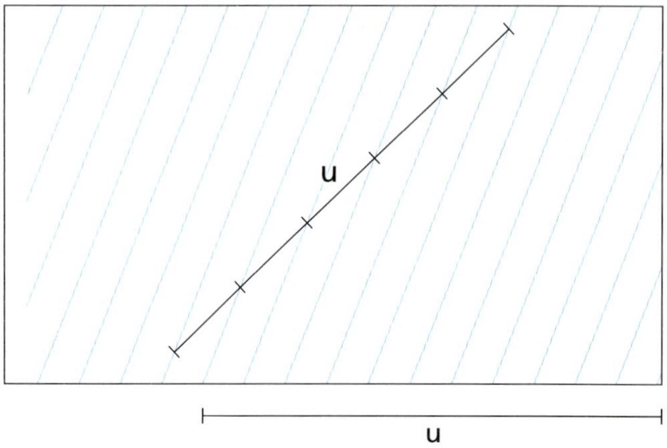

1. Construis une bande de même longueur que le segment u. À l'aide de la machine à partager, partage le segment u en 5 segments de même longueur.

2. Trace un segment [AB] de longueur $\frac{1}{5}$ u et un segment [CD] de longueur $\frac{3}{5}$ u.

3. Construis maintenant un segment [EF] de longueur $\frac{8}{5}$ u. Explique comment tu fais.

4. Vérifie que les partages du segment u en 2, en 4, ou en 3 avec une machine à partager donnent les mêmes résultats que ces mêmes partages par pliages.

Exercices

1 Construis une bande de même longueur que le segment u de la découverte.
À l'aide de la machine, partage le segment u en 10 segments de même longueur.
Trace les segments suivants :

[GH] : $\frac{1}{10}$ u [IJ] : $\frac{5}{10}$ u [KL] : $\frac{6}{10}$ u [MN] : $\frac{16}{10}$ u

Objectifs Découvrir et utiliser un dispositif simple permettant le partage équitable d'un segment.
Se familiariser avec les dixièmes.

Calcul mental Le maître donne des nombres sous différentes formes, par exemple : 51 centaines, 8 dizaines et 4 unités ou 37 milliers et 42 dizaines ou encore 6 unités 98 dizaines et 2 centaines. Les élèves affichent les nombres sur leur calculatrice ou l'écrivent sur leur cahier.

2 Dans la découverte, les segments [CD] ($\frac{3}{5}$ u) et [EF] ($\frac{8}{5}$ u) ont la même longueur que deux des segments que tu as tracés dans l'exercice 1. Lesquels ?
Pouvais-tu le prévoir en examinant les mesures de leur longueur ?

Complète : $\frac{3}{5} = \frac{\dots}{10}$ $\frac{8}{5} = \frac{\dots}{10}$

3 En utilisant la bande unité u que tu as partagée en 10, donne la mesure de la longueur des segments suivants.

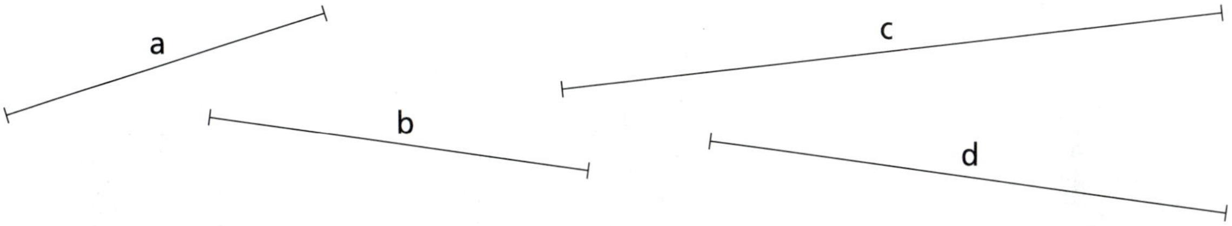

4 Pour partager le segment u en 10 segments de même longueur, utilise cette nouvelle machine.
Vérifie que tu obtiens bien le même résultat qu'avec la machine de la découverte.

5 Associe les étiquettes qui désignent le même nombre.

$\frac{15}{10}$ $\frac{7}{4}$ $\frac{2}{3}$ $\frac{11}{4}$ $\frac{8}{10}$ $\frac{3}{5}$

huit dixièmes | deux tiers | sept quarts

trois cinquièmes | onze quarts | quinze dixièmes

66 Fractions et graduations (1)

Découverte

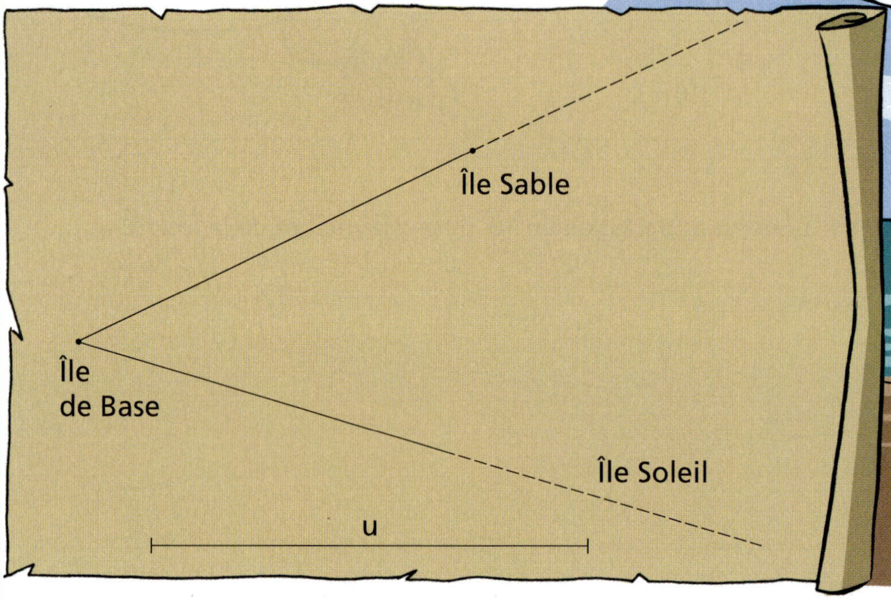

Décalque la carte. Utilise une machine à partager et le compas pour placer les îles sur la carte et retrouver l'île au trésor.

- *L'île de Base, l'île Pluie, l'île Tempête et l'île Sable sont alignées.*
- *L'île Pluie est entre l'île de Base et l'île Sable à $\frac{2}{3}$ u de l'île de Base.*
- *L'île Tempête, la plus éloignée de l'île de Base, est à $\frac{1}{2}$ u de l'île Sable.*
- *L'île Soleil est à $\frac{7}{6}$ u de l'île de Base.*
- *Le trésor est sur l'île dont la distance à l'île de Base est $\frac{6}{4}$ u.*

Exercices

1 Sur la droite graduée ci-contre, [ZV] mesure 1 u.

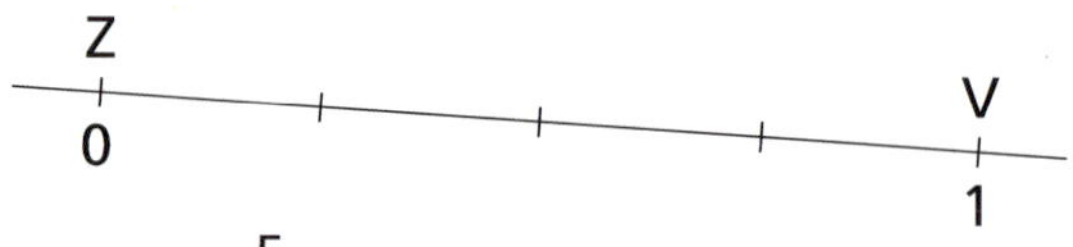

a. Reproduis cette droite graduée.

b. Place sur cette droite le point A à $\frac{3}{4}$ u de Z, et le point B à $\frac{5}{4}$ u de Z.

c. Donne en unités u la mesure des longueurs de [ZA] et [ZB].

Objectifs Faire le lien entre la position d'un point sur une droite graduée et sa distance à l'origine. Utiliser les fractions pour coder des longueurs et des positions de points.

Calcul mental Le maître dit oralement une fraction. Les élèves l'écrivent en chiffres. Le maître écrit une fraction sur le tableau les élèves la lisent.

2 Sur la droite graduée ci-contre, [ZV] mesure 1 u.

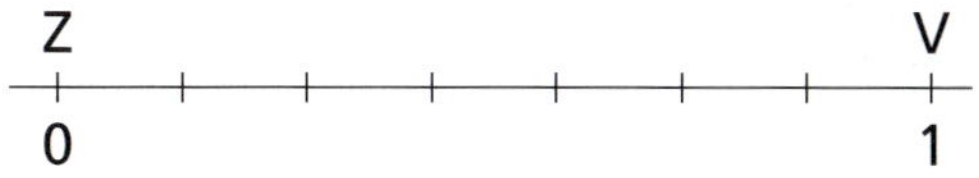

a. Reproduis cette droite graduée.

b. Place sur cette droite le point C à $\frac{3}{7}$ u de Z, et le point D à $\frac{5}{7}$ u de Z.

c. Donne en unités u la mesure des longueurs de [ZC] et [ZD].

3

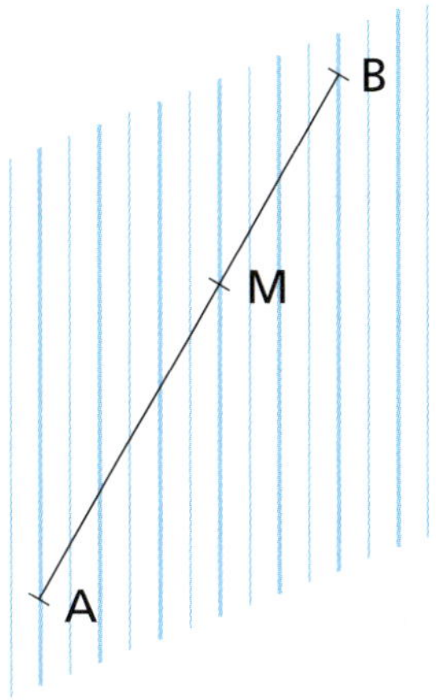

Leïla a-t-elle raison ?

4 On a partagé équitablement de différentes manières chacun de ces segments unité u.

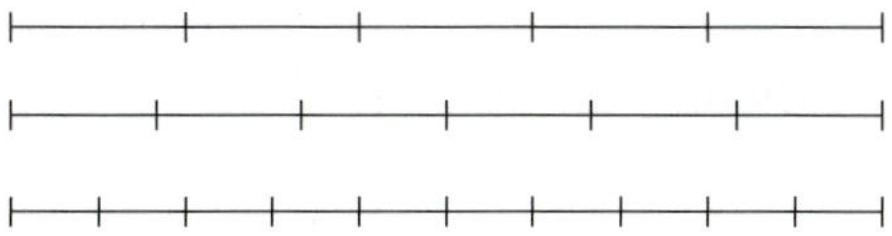

a. Utilise ces partages pour placer sur la droite graduée d'origine Z les points :

A à $\frac{1}{5}$ u de Z   B à $\frac{4}{5}$ u de Z   C à $\frac{2}{10}$ u de Z   D à $\frac{3}{6}$ u de Z   E à $\frac{5}{10}$ u de Z   F à $\frac{8}{10}$ u de Z

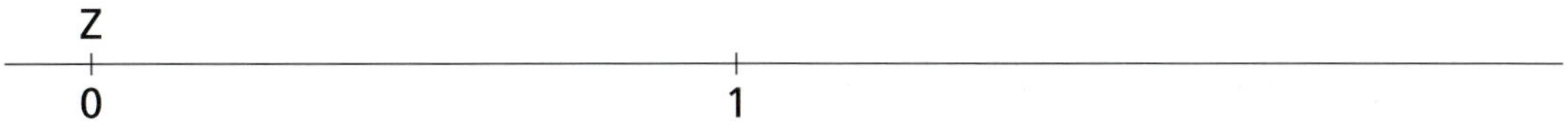

b. Quels points sont confondus ? Quelles sont les fractions égales ?

5 Donne la position des points G, H, I et J sur la droite.

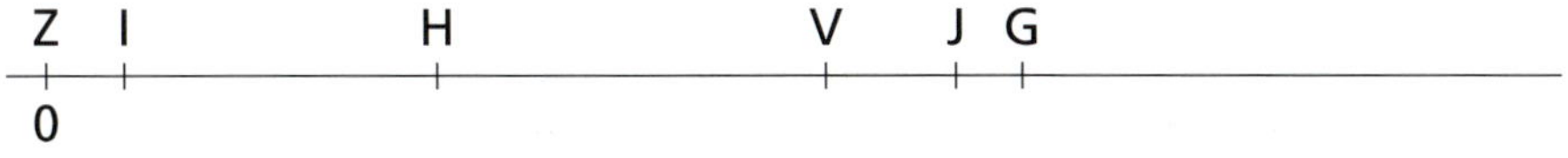

Fractions et graduations (2)

Découverte

Leïla, Théo, Alice et Qwang sautent à pieds joints sur une ligne droite en partant du même endroit.
Ils utilisent un morceau de ficelle comme unité u pour mesurer leurs sauts.
Ils représentent leurs sauts sur une droite graduée comme celle-ci.

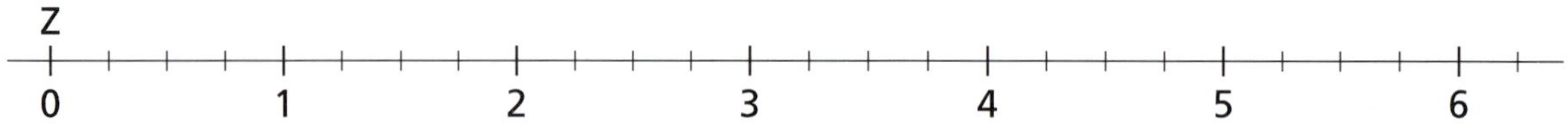

1. Reproduis la droite et place le point V ; [ZV] représente l'unité u.

2. Leïla fait un saut de $\frac{7}{2}$ u, puis un saut de $\frac{3}{2}$ u. Théo fait un saut de $\frac{13}{4}$ u, puis de $\frac{5}{4}$ u.
Place la position d'arrivée de chaque enfant sur la droite. Lequel des deux enfants est allé le plus loin ?

3. Alice fait un premier saut de $\frac{13}{4}$ u. Combien doit-elle sauter la deuxième fois pour arriver au même point que Leïla.

4. Qwang est arrivé à $\frac{11}{4}$ u du point Z. Place sa position sur la droite.

Exercice

a. Reproduis cette droite et continue à la graduer en dixièmes.

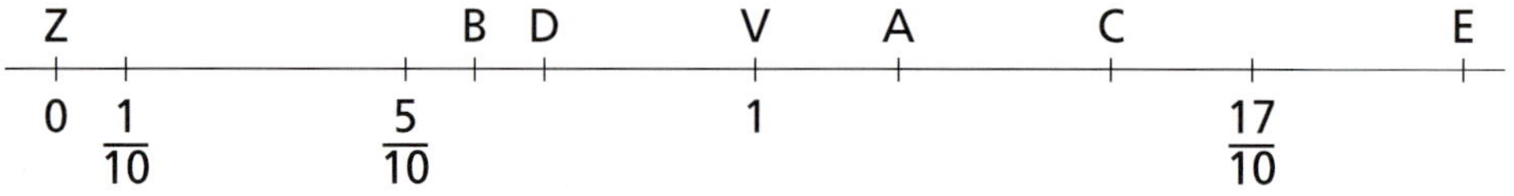

b. Indique la position des points A, B, C, D, E.

c. Place le point F à $\frac{9}{10}$ u de Z, le point G à $\frac{21}{10}$ u de Z, et le point H à $\frac{16}{10}$ u de Z.

Objectifs Utiliser les fractions pour coder des longueurs et des positions de points. Donner du sens à l'addition de fractions.

Calcul mental Recherche du double ou de la moitié, recherche du triple ou du tiers de certains nombres.
Exemple : Quel est le double de 24 ? Quelle est la moitié de 36 ?

fractions et décimaux
63
64
65
66
67
71
72
75
76
80
81
82
83
84
86

68 Calcul automatisé, calcul réfléchi : les quatre opérations

Exercices

1 Défi

+	9	8	7	6
9				
8				
7				

x	9	8	7	6
9				
8				
7				

+	4	9	5	7
8				
3				
6				

x	4	9	5	7
8				
3				
6				

2 Sans poser les opérations, effectue les calculs suivants.

12 + 13	26 + 25	18 + 17	53 + 54	23 + 26
316 + 19	1 452 + 39	59 + 628	29 + 999	9 + 9 999
237 – 29	178 – 16	1 234 – 21	2 356 – 210	128 – 19
1 000 – 250	100 – 75	2 000 – 750	100 – 25	1 000 – 750

3 Sans poser les opérations, effectue les calculs suivants.

85 + … = 100	… + 72 = 100	15 + … = 100	25 + … = 100	… + 75 = 100
120 + … = 200	… + 210 = 300	350 + … = 400	… + 460 = 500	530 + … = 600
250 + … = 750	250 + … = 1 000	1 250 + … = 1 500	… + 1 250 = 2 000	1 125 + … = 1 250

4 Quels sont les doubles de : 15 ; 25 ; 30 ; 75 ; 125 ; 500 ; 2 500 ?
Quels sont les triples de : 12 ; 15 ; 25 ; 50 ; 80 ; 125 ; 150 ?
Quels sont les quadruples de : 15 ; 20 ; 25 ; 50 ; 80 ; 125 ; 150 ?

5 Quelles sont les moitiés de : 24 ; 30 ; 38 ; 66 ; 84 ; 90 ; 100 ?
Quels sont les tiers de : 30 ; 33 ; 60 ; 75 ; 90 ; 150 ; 1 200 ?
Quels sont les quarts de : 24 ; 44 ; 60 ; 80 ; 100 ; 1 200 ; 2 000 ?

Objectif S'entraîner à choisir une méthode de calcul en fonction des nombres en jeu et à automatiser certains calculs.

Mise en route Jeux de portraits sur les figures planes. Distribuer un référentiel de figures planes (cf. matériel photocopiable dans le livre du maître). Le maître fait la description d'une figure. Les élèves doivent trouver la figure décrite.

69 Symétrie par rapport à un axe

Activité préparatoire de découverte : Revoir différentes manières de faire des pliages en deux, en quatre, en huit (pliage rosace, pliage accordéon). Proposer aux élèves de faire des découpages de leur choix dans du papier plié et faire commenter les réalisations en rappelant ce qu'est un axe de symétrie.

Découverte

1. Dans des carrés de papier pliés en quatre, Théo a effectué des découpes pour réaliser des « napperons ». Les côtés des carrés sont bordés de rouge, le centre du carré est marqué par le point vert (sauf quand il a été découpé).

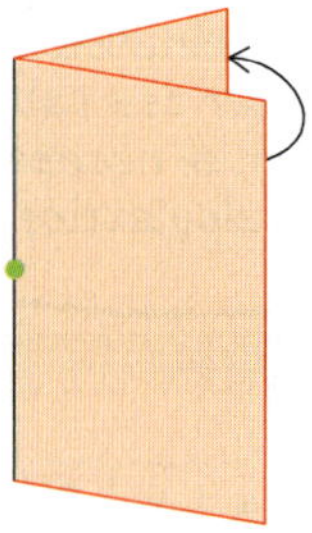

Pliage en deux

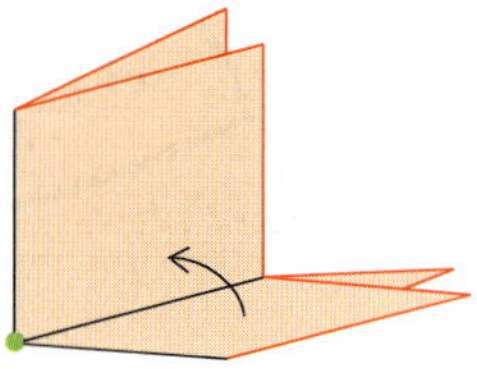

Pliage en quatre (rosace)

Modèle

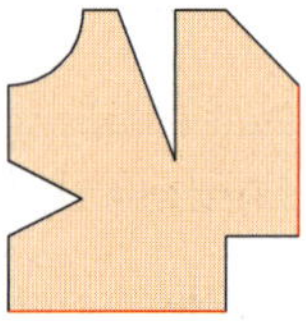

A

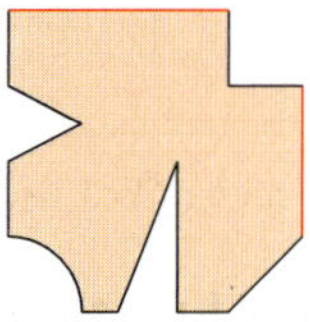

B

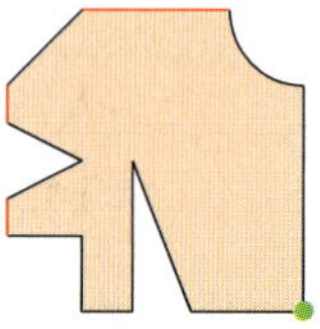

C

Parmi les napperons pliés A, B et C, quels sont ceux qui, une fois ouverts, ressembleront au modèle ? Note tes prévisions puis vérifie en réalisant les pliages et les découpes.

2. Voici un nouveau napperon.
Prends un carré de papier de 15 cm de côté.
Par pliage et découpage, construis le napperon E.
Pour vérifier, regarde le nombre de découpes, leurs formes et leurs positions respectives.
Tu peux recommencer plusieurs fois.

E

3. Trace les axes de symétrie de tous les napperons que tu as réalisés.

Objectifs Anticiper l'effet d'un découpage sur du papier plié. Identifier les axes de symétrie de figures planes.

Mise en route Jeux de portraits sur les figures planes. Distribuer un référentiel de figures planes (cf. matériel photocopiable du livre du maître). Le maître choisit une figure. Les élèves posent des questions pour trouver la figure choisie.

Exercices

1 Dans un carré de papier plié en deux dont les côtés sont bordés de rouge, Qwang a effectué les découpes que tu vois sur la figure F.

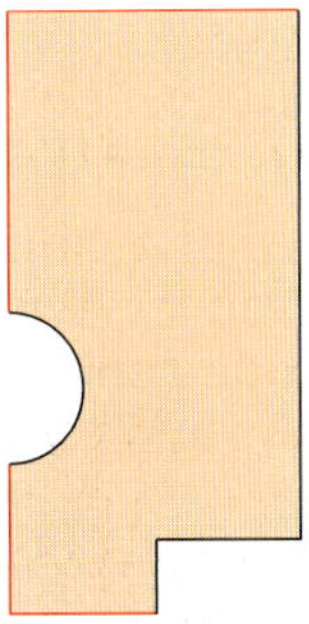
F

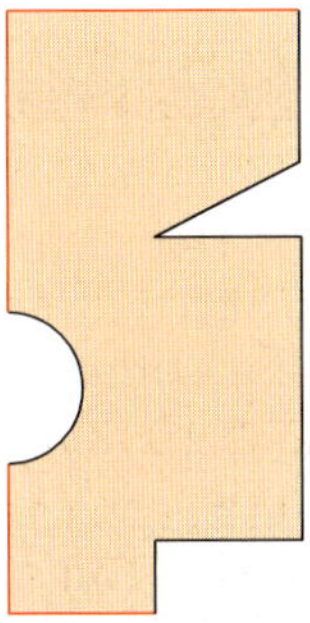
G

a. Prévois le napperon qu'il obtiendra lorsque le papier sera déplié.
Pour cela, fais un croquis à main levée puis vérifie en décalquant la figure F sur un carré de papier plié en deux.

b. Fais de même pour la figure G.

2 Voici 3 carrés de papier pliés en quatre. Les côtés du carré sont bordés de rouge, le centre est marqué par le point vert.
Dans chaque carré plié, on a effectué un découpage et on a enlevé la partie hachurée.

Pour chaque carré plié, trouve parmi les quatre propositions la figure que l'on obtiendra en dépliant.
Vérifie ta prévision en effectuant le découpage sur un carré de papier plié en quatre.

Carré plié n° 1

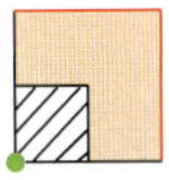 →

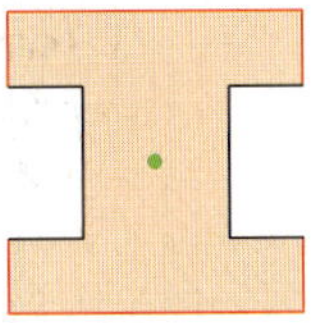
A

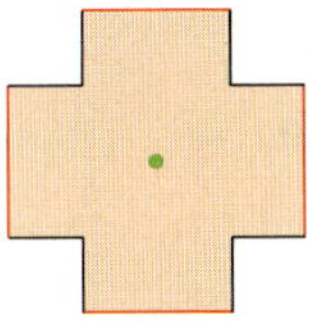
B

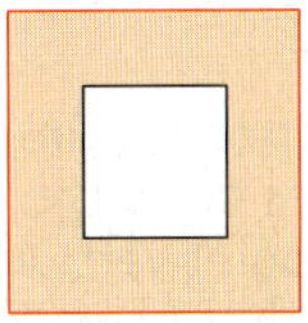
C

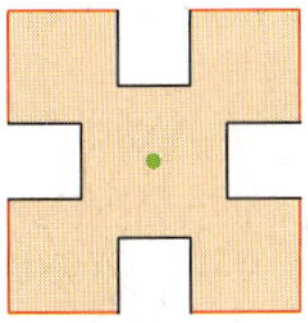
D

Carré plié n° 2

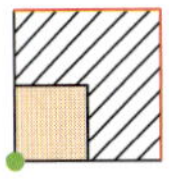 →

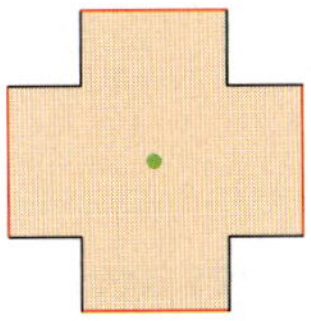
E

F

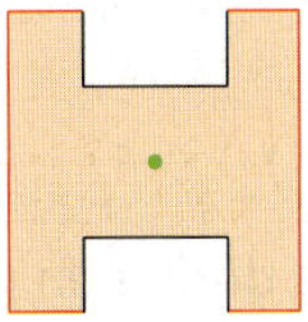
G

H

Carré plié n° 3

 →

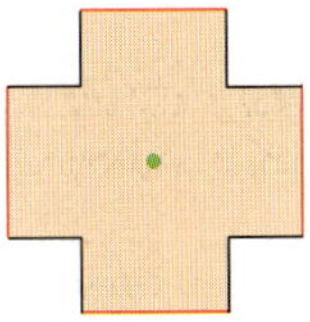
I

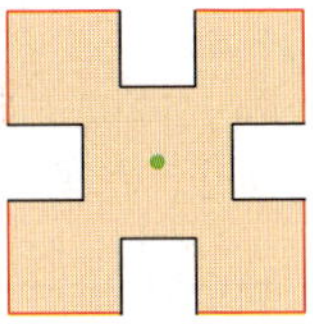
J

K

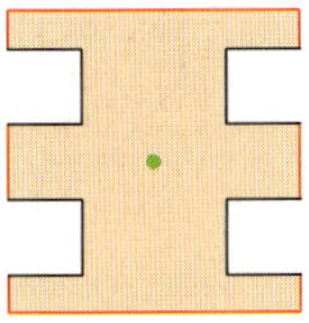
L

70 Axes de symétrie des figures usuelles

Découverte

1. Dans une feuille de papier quadrillé pliée en deux (les côtés sont bordés de rouge), Théo a effectué les découpages A, B, C, D, E, F, G, que tu vois sur la figure.
Il a obtenu des morceaux de papier qu'il a dépliés et qu'il a numérotés de 1 à 7.

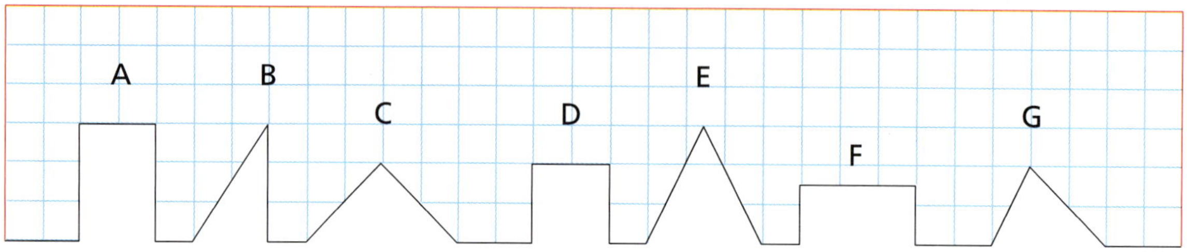

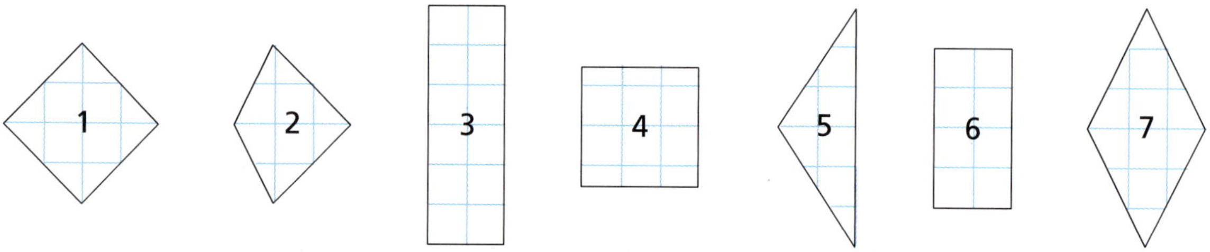

Associe chaque découpage à la forme du morceau de papier déplié obtenu. Vérifie en effectuant les mêmes découpages que Théo.

2. Voici 4 carrés de papier pliés en quatre. Les côtés sont bordés de rouge, le centre est marqué par un point vert. Alice a prévu un découpage différent pour chacun d'eux.

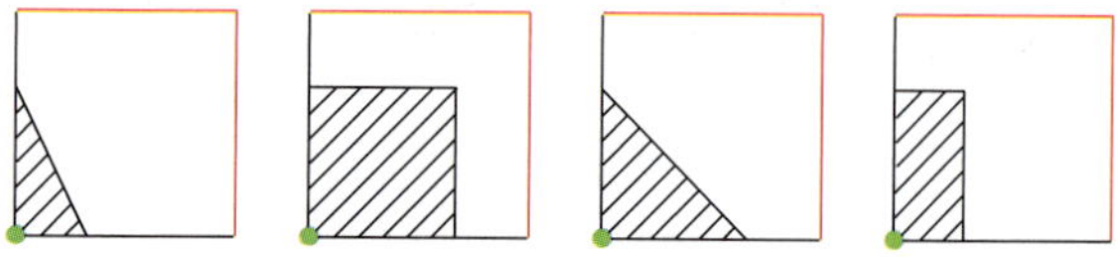

Dans chaque cas, prévois la forme du morceau de papier obtenu une fois déplié. Fais des dessins à main levée, puis vérifie en effectuant les mêmes découpages qu'Alice.

Exercices

1 Dans quels cas les droites en pointillés te semblent-elles être des axes de symétrie ? Décalque les figures et vérifie tes prévisions par pliage.

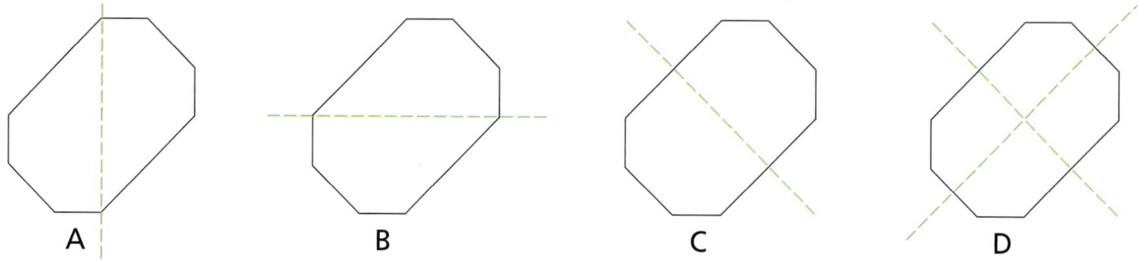

Objectif Identifier les éventuels axes de symétrie d'une figure plane.

Calcul mental Jeu des dominos oraux : calculs additifs, soustractifs et multiplicatifs.

2 Voici plusieurs figures planes.

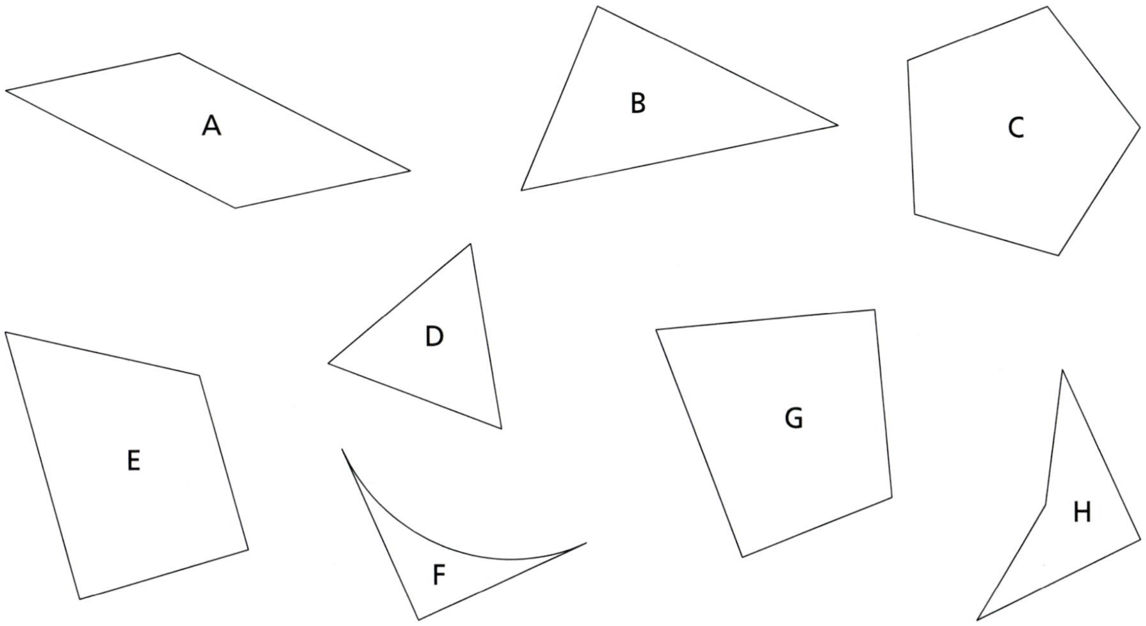

a. À vue d'œil, quelles figures ont des axes de symétrie et combien en ont-elles ?

b. Décalque les figures, trace les axes de symétrie que tu as prévus, puis vérifie par pliage.

3 Alice dit que les traits verts sont des axes de symétrie pour les figures I, J et K.
A-t-elle raison ? Pour vérifier, reproduis les figures sur du papier calque.

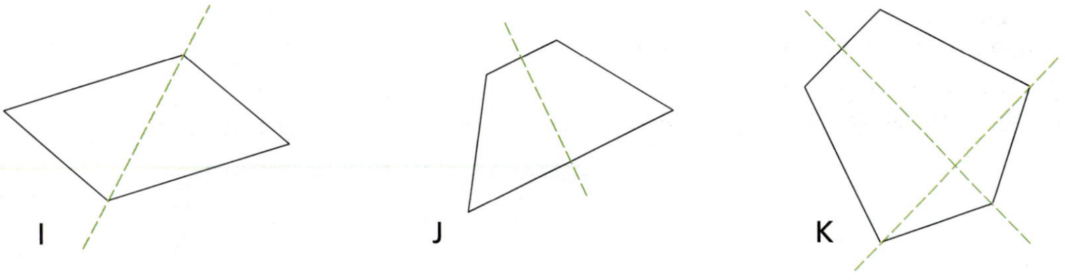

4 À vue d'œil, trouve le nombre d'axes de symétrie de chacune des figures.
Décalque les figures et vérifie tes prévisions par pliage.

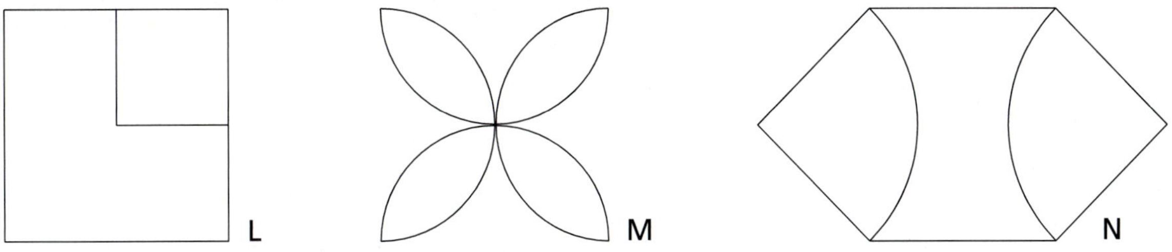

Fractions et partage d'aires (1)

Découverte

L'aire de la surface du rectangle bleu est choisie pour unité

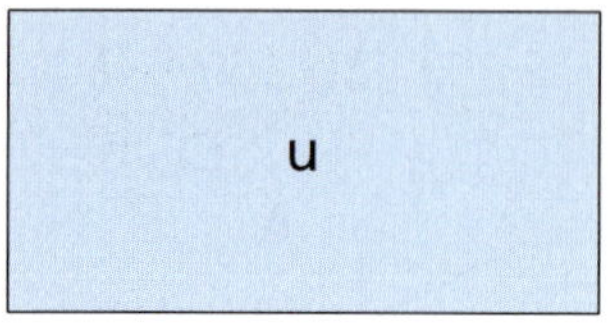

1. Tous les rectangles ci-dessous sont superposables et représentent l'unité d'aire.
Dans chaque cas, écris la fraction correspondant à l'aire de la partie colorée.

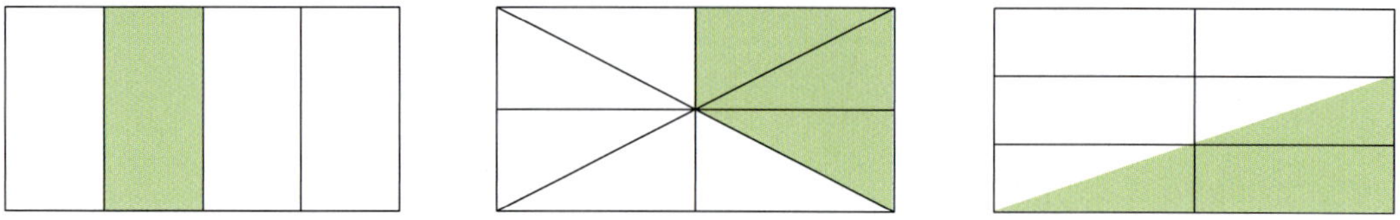

2. Voici des surfaces construites à partir du rectangle unité.

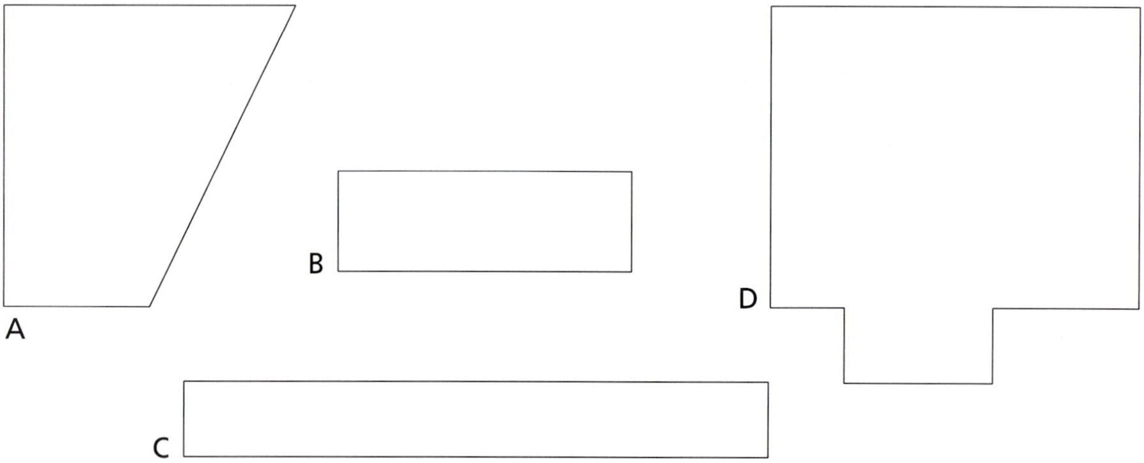

Les mesures en unités u des aires de ces 4 surfaces sont parmi les nombres suivants :

$1 + \frac{1}{2}$ $\frac{2}{3}$ $2 + \frac{1}{2} + \frac{1}{4}$

$1 + \frac{1}{3}$ 1 $1 + \frac{1}{2} + \frac{1}{4}$

Associe chaque surface à son aire.
Attention, il y a deux intrus.

3. Construis une surface E dont l'aire est $\frac{4}{3}$ u, puis une surface F dont l'aire est $\frac{1}{6}$ u.

Dans une fraction, le nombre qui est au-dessous de la barre indique en combien de parts on a partagé l'unité ; c'est le dénominateur.
Le nombre qui est au-dessus de la barre indique le nombre de parts que l'on prend ; c'est le numérateur.

Objectif Mesurer l'aire de différentes surfaces à l'aide de fractions, par report ou partage d'une surface dont l'aire est choisie pour unité.

Calcul mental Le maître donne des nombres sous différentes formes par exemple : 43 dizaines 12 milliers et 6 unités ou 23 mille et 36 centaines ou encore 18 unités et 58 centaines. Les élèves affichent les nombres sur leur calculatrice ou l'écrivent directement sur leur cahier.

Exercices

1 Dans les rectangles unités suivants, chaque pièce est désignée par une lettre.
Donne l'aire de chaque pièce.

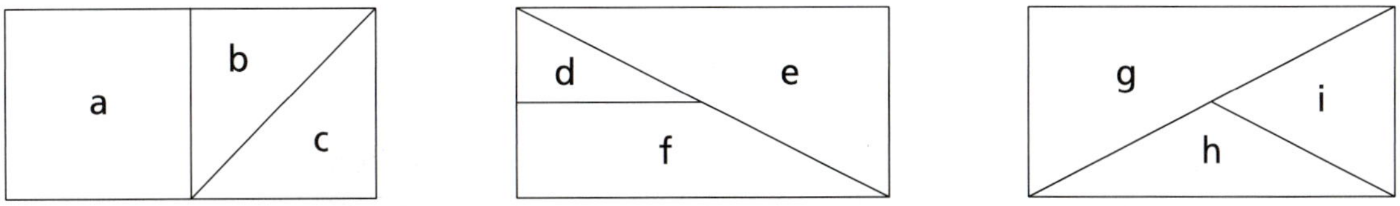

2 L'aire de la surface du triangle ABC est choisie pour unité.

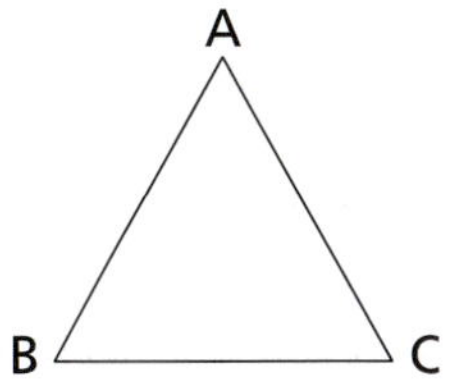

a. Parmi les affirmations suivantes, lesquelles sont vraies ?

- La partie rouge représente $\frac{1}{3}$ de la figure unité.
- La partie rouge représente $\frac{3}{9}$ de la figure unité.
- La partie rouge représente $\frac{9}{3}$ de la partie unité.

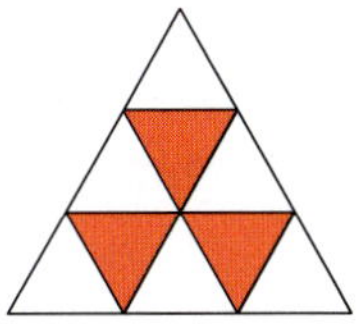

b. Écris l'aire de la partie colorée de chaque triangle.

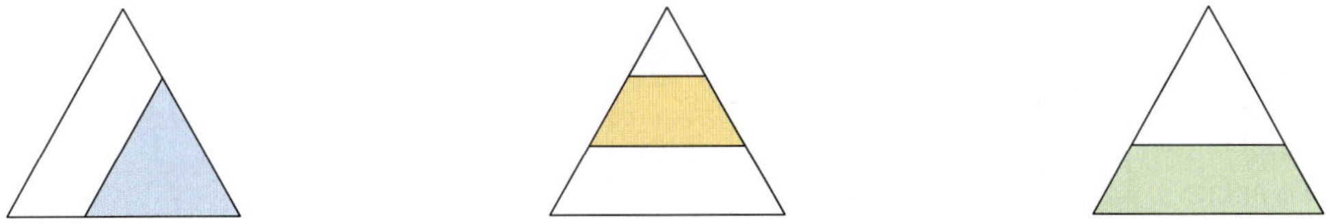

3 L'aire du disque est choisie pour unité.

a. Dans les disques unités ci-dessous, donne l'aire de la partie colorée.

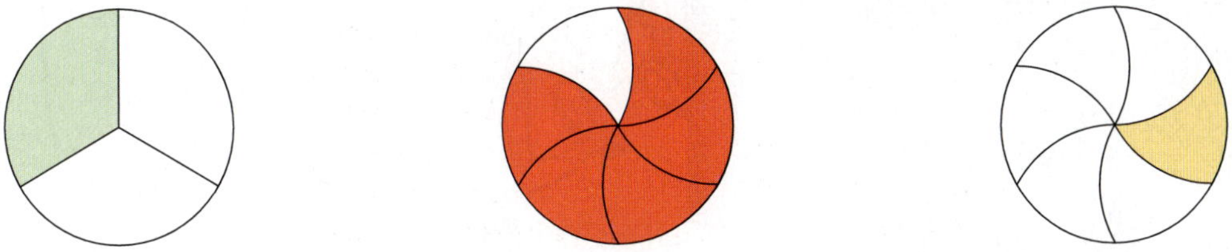

b. Donne l'aire de chaque surface construite à l'aide du disque unité.

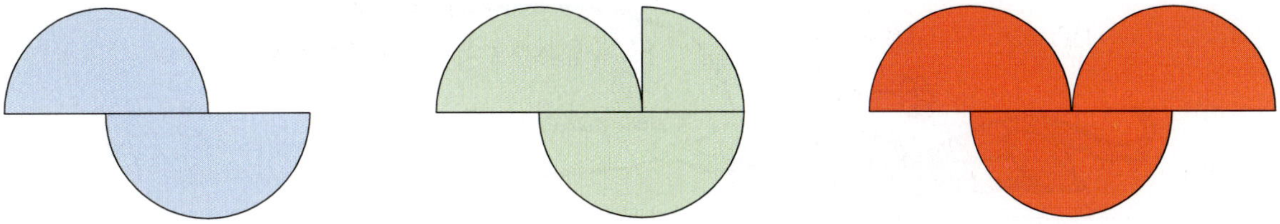

c. À l'aide du disque unité, construis une surface d'aire $\frac{3}{4}$, puis une surface d'aire $\frac{5}{2}$.

72 Fractions et partage d'aires (2)

Découverte

Voici quatre tartes sorties du même moule.
Qwang, Leïla et Théo veulent se partager ces tartes de façon équitable.

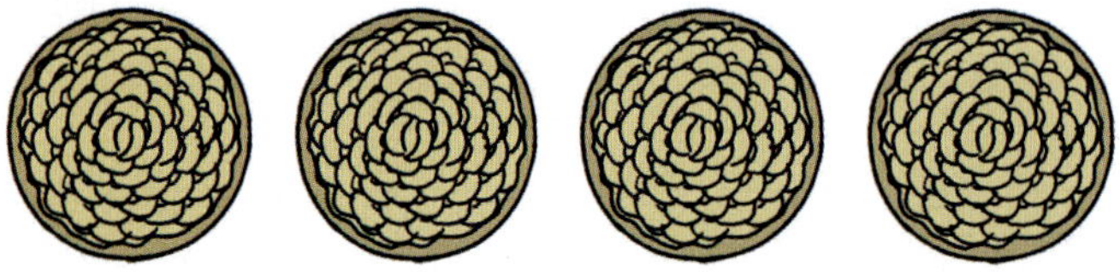

1. Qwang propose de partager équitablement chaque tarte en 3 puis de distribuer les parts. Trouve une autre méthode qui ferait moins de miettes !

2. Trouve deux écritures mathématiques qui montrent bien la façon dont Qwang et toi avez procédé.

Exercices

1

Qui a raison ?

Objectif Envisager, dans des situations quotidiennes, la décomposition d'une fraction comme somme d'un entier et d'une fraction inférieur à 1.

Calcul mental À la recherche du dividende. Le maître propose la valeur du diviseur, du quotient et du reste d'une division, oralement ou en utilisant « la potence ». Les enfants trouvent le dividende. Exemple : le diviseur est 11, le quotient 7, le reste 8, quel est le dividende ?

2 L'aire de la surface du carré ABCD est choisie pour unité.

- La surface verte représente $\frac{25}{100}$ de la surface totale.

Vrai ou faux ?

- La surface verte représente $\frac{1}{4}$ la surface totale.

Vrai ou faux ?

- La surface rouge représente $\frac{40}{100}$ la surface totale.

Vrai ou faux ?

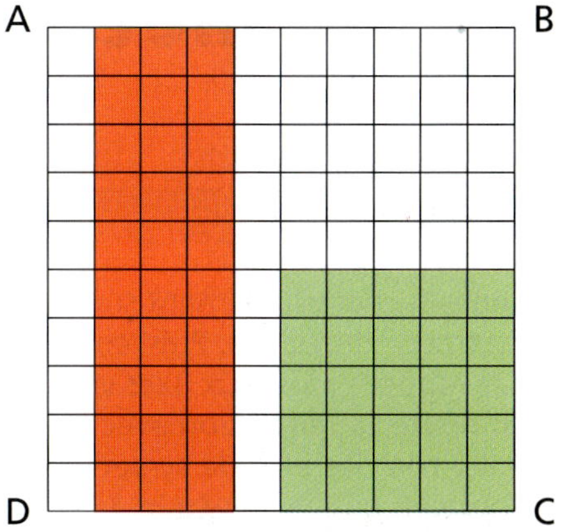

3 L'aire de la surface du carré ABCD est choisie pour unité.

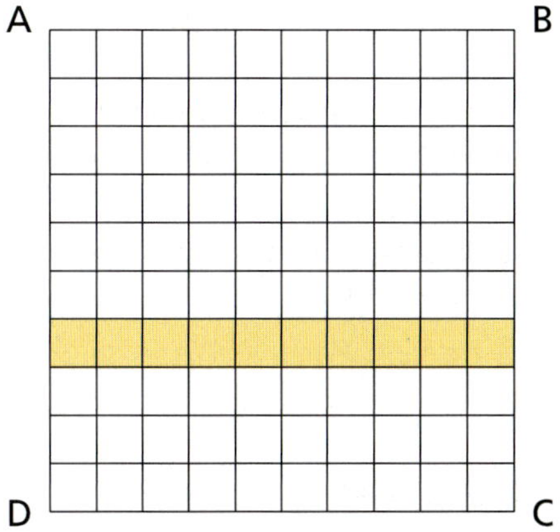

Qui a raison ?

4 Range les fractions de la plus petite à la plus grande. Pour t'aider, représente-les avec des disques unités ou sur une droite graduée.

$\frac{1}{2}$ $\frac{3}{4}$ $\frac{1}{3}$ $\frac{5}{2}$ $\frac{1}{6}$ $\frac{2}{3}$ $\frac{1}{4}$ $\frac{6}{2}$

Remue-méninges

Au jeu d'échecs, le « fou » contrôle toujours deux « obliques ».
Voici deux positions possibles du fou.

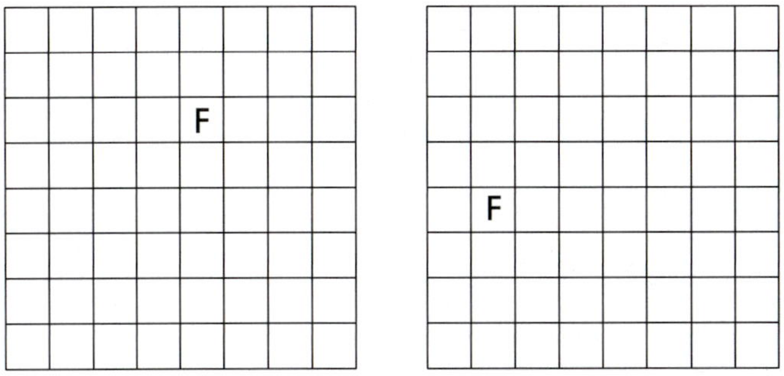

a. Pour chaque échiquier, repère les cases contrôlées par le fou.
Quelle fraction de l'échiquier cela représente-t-il ?

b. Trouve une position du fou pour qu'il contrôle encore plus de cases.

73 Compléter une figure par symétrie par rapport à un axe

Découverte

Reproduis attentivement sur une feuille quadrillée les tracés ci-dessous. Puis, complète par symétrie par rapport aux deux axes verts.
Compare ta réalisation avec l'illustration.
Trace tous les axes de symétrie du motif obtenu.
Combien en trouves-tu ?

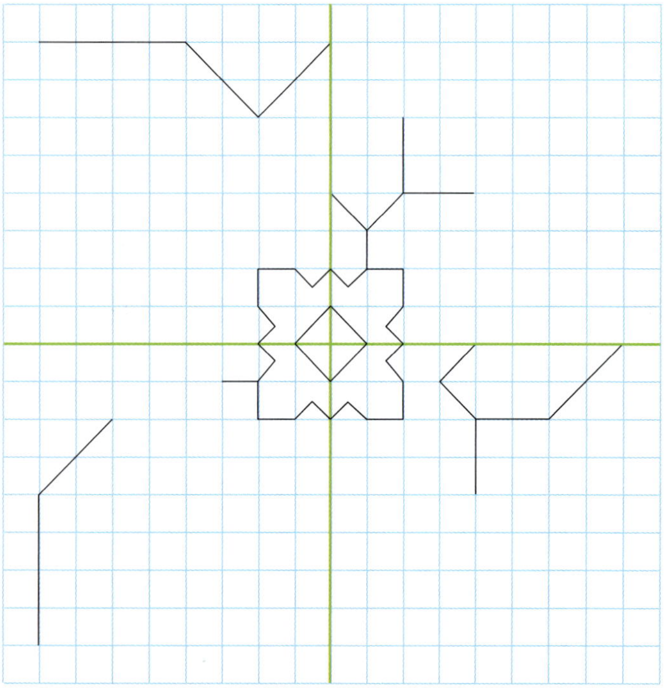

Azulejos sur le bas d'un mur au palais de l'Alhambra à Grenade (détail).

Exercices

1 Sur un quadrillage, reproduis la figure et complète-la par symétrie par rapport à l'axe vert.

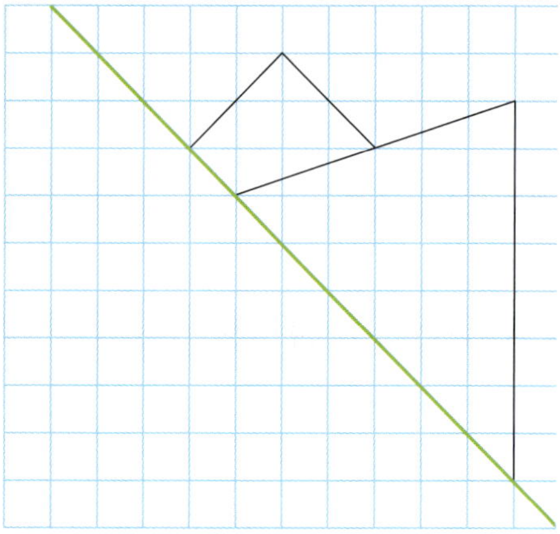

Objectif Prendre des repères pour compléter une figure par symétrie.

Calcul mental À la recherche du quotient.
Le maître propose la valeur du dividende, du diviseur, et du reste d'une division. Les enfants doivent trouver le quotient. Par exemple : le dividende est 65, le diviseur 9, le reste est 2. Quel est le quotient ?

2 Sur un quadrillage, reproduis la figure et complète-la par symétrie par rapport à l'axe vert.

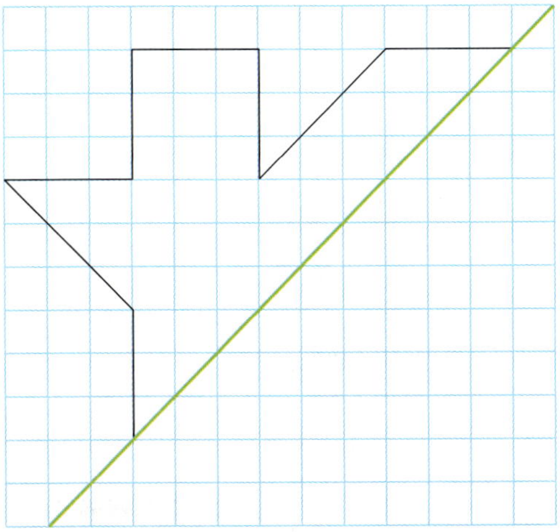

3 Décalque la figure et complète-la par symétrie par rapport à l'axe vert.

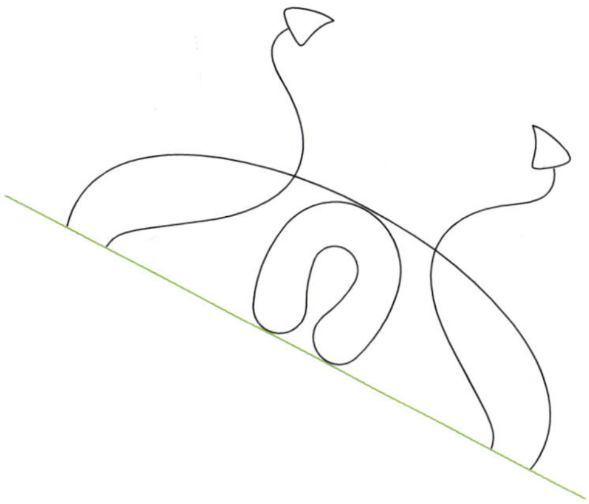

4 Reproduis sur quadrillage la figure et les axes verts. Puis, complète cette figure pour qu'elle ait les deux axes verts comme axes de symétrie.

5 Décalque la figure et les axes verts. Puis, complète cette figure pour qu'elle ait les deux axes verts comme axes de symétrie.

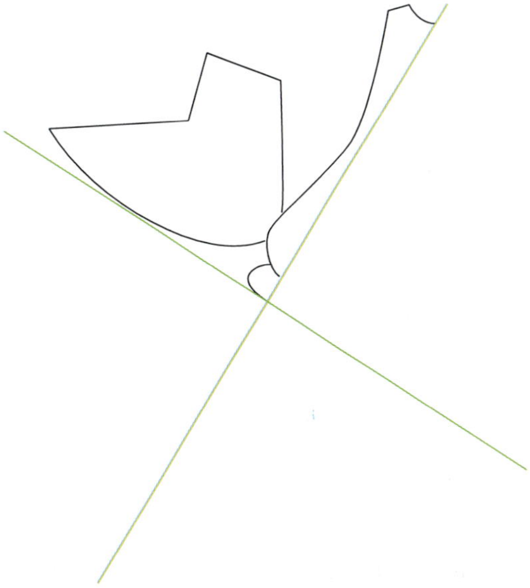

6 Reproduis et complète la frise. Puis, trace ses axes de symétrie.

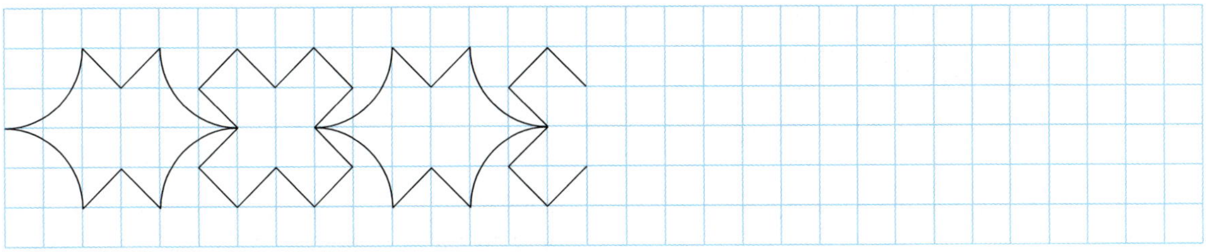

74 Transformer une figure par symétrie par rapport à un axe

Découverte

Certains dessins représentent des figures symétriques par rapport à l'axe vert.
Trouve ces figures symétriques. Explique pourquoi chacune des autres ne convient pas.

Objectif Construire le symétrique d'une figure par rapport à un axe.

Calcul mental À la recherche du reste. Le maître propose la valeur du dividende, du diviseur, et du quotient d'une division. Les enfants doivent trouver le reste.

Exercices

1 Reproduis sur quadrillage la figure et l'axe vert, puis transforme cette figure par symétrie par rapport à l'axe vert.

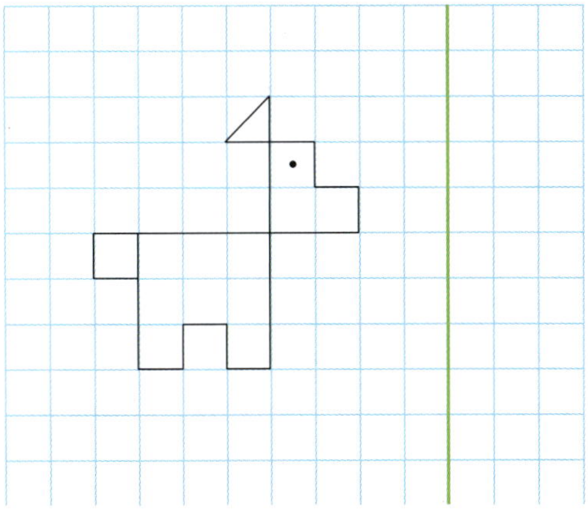

2 Reproduis sur quadrillage la figure et l'axe vert, puis transforme cette figure par symétrie par rapport à l'axe vert.

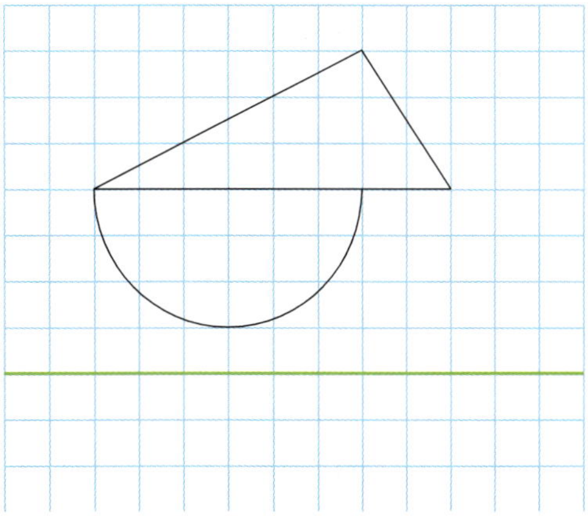

3 Transforme la figure par symétrie par rapport à l'axe vert.

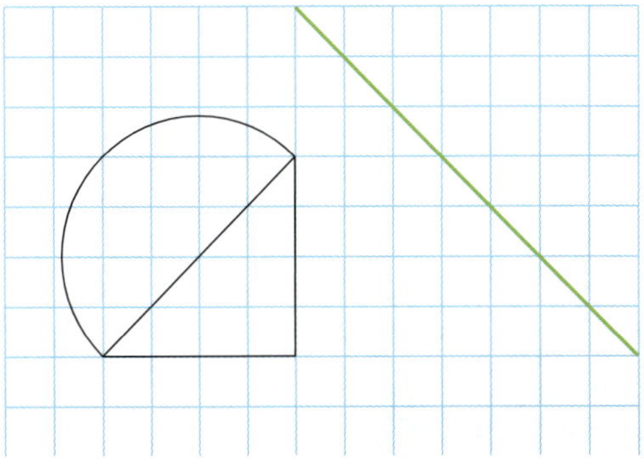

4 Construis le symétrique de l'angle par rapport à l'axe vert. Utilise un calque.

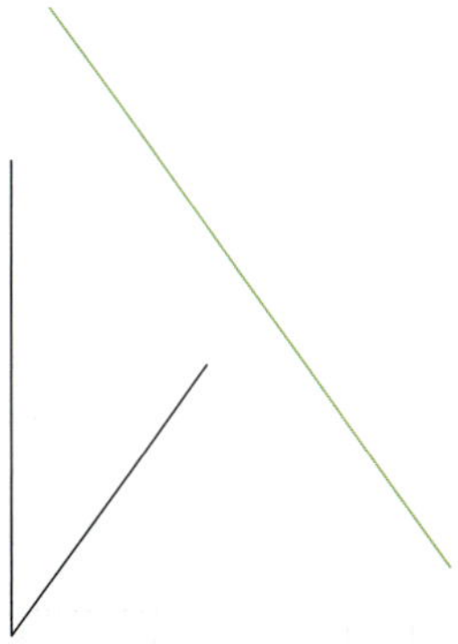

5 Construis le symétrique de la figure par rapport à l'axe vert sur du papier uni.
Utilise un calque.

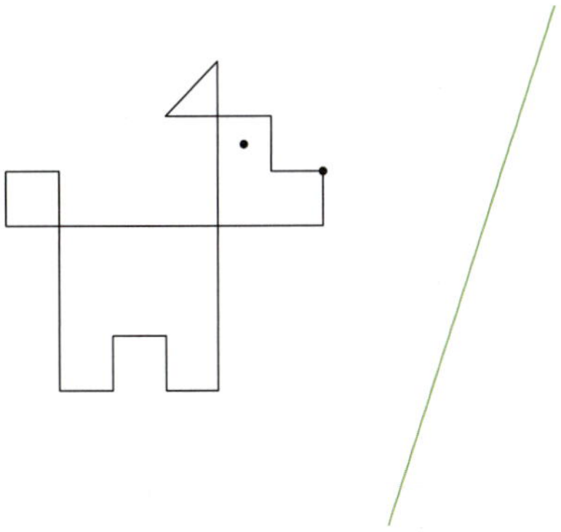

75 Encadrer des fractions par des entiers

Activité préparatoire de découverte : Encadrer des fractions simples par deux nombres entiers consécutifs. Les placer sur la droite numérique.

Découverte

Tu dois encadrer par deux entiers consécutifs les nombres écrits sur les étiquettes d'une de ces boîtes. Tu peux choisir la boîte jaune ou la boîte bleue.

Effectue les encadrements. Place approximativement les nombres sur une droite graduée comme celle-ci.

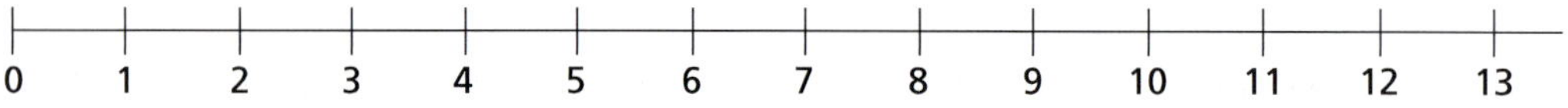

Quelle boîte as-tu choisie et pour quelles raisons ?

Exercices

1 Écris chaque fraction sous la forme d'une somme d'un nombre entier et d'une fraction plus petite que 1. Trouve les fractions égales.

$\frac{35}{10}$ $\frac{7}{4}$ $\frac{25}{6}$ $\frac{6}{10}$ $\frac{7}{2}$ $\frac{3}{2}$ $\frac{2}{3}$ $\frac{21}{5}$ $\frac{125}{100}$

Objectifs Encadrer une fraction par deux entiers consécutifs, constater que c'est très facile pour les fractions dont le dénominateur est 10 ou 100. Écrire les fractions comme somme d'un nombre entier et d'une fraction inférieure à 1.

Calcul mental Petits problèmes arithmétiques à résoudre mentalement. Exemple : on dispose équitablement 45 pommes dans 6 corbeilles. Combien y aura-t-il de pommes dans chaque corbeille ?

2

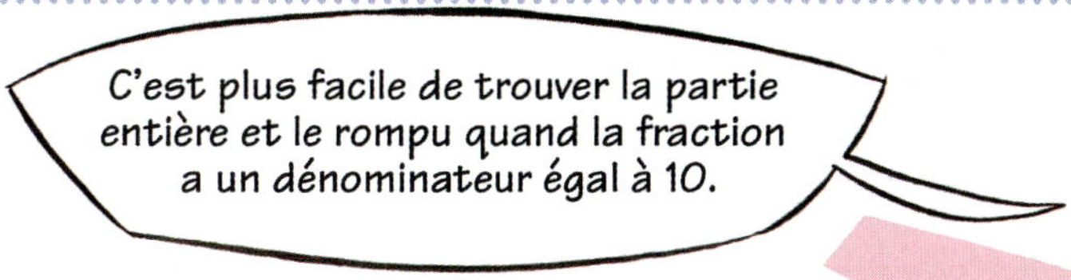

Qu'en penses-tu ? Donne des exemples.

3 Parmi les phrases suivantes, lesquelles sont vraies ?

a. Il n'existe pas de fraction égale à 2.

b. Toutes les fractions sont plus petites que 1.

c. La fraction $\frac{3}{5}$ est égale à la fraction $\frac{6}{10}$.

d. La fraction $\frac{16}{5}$ est entre 5 et 6.

e. La partie entière de la fraction $\frac{74}{10}$ est 7.

f. La fraction $\frac{47}{10}$ est égale à $4 + \frac{7}{10}$.

4 Parmi les fractions suivantes, certaines sont égales à un nombre entier.
Lesquelles ?

$\frac{3}{5}$ $\frac{6}{3}$ $\frac{22}{5}$ $\frac{65}{100}$ $\frac{16}{4}$

$\frac{33}{3}$ $\frac{47}{10}$ $\frac{70}{10}$ $\frac{400}{100}$

5 Je suis une fraction plus petite que 5 mais plus grande que 4. Je suis l'une des fractions suivantes. Qui suis-je ?

$\frac{5}{4}$ $\frac{39}{10}$ $\frac{42}{100}$ $\frac{42}{10}$

$\frac{5}{2}$ $\frac{6}{5}$ $\frac{4}{5}$ $\frac{54}{10}$

6 Associe les étiquettes qui portent le même nombre en lettres et en chiffres.

$\frac{1}{10}$ | quatre huitièmes | $\frac{36}{100}$ | trois cent quarante-huit dixièmes | $\frac{4}{8}$

vingt-sept centièmes | $\frac{7}{5}$ | un dixième | $\frac{348}{10}$ | trente-six centièmes | $\frac{27}{100}$

Remue-méninges

Comment partager 9 boîtes de 28 bonbons entre 7 enfants sans ouvrir toutes les boîtes ?

76 Fractions décimales

Découverte

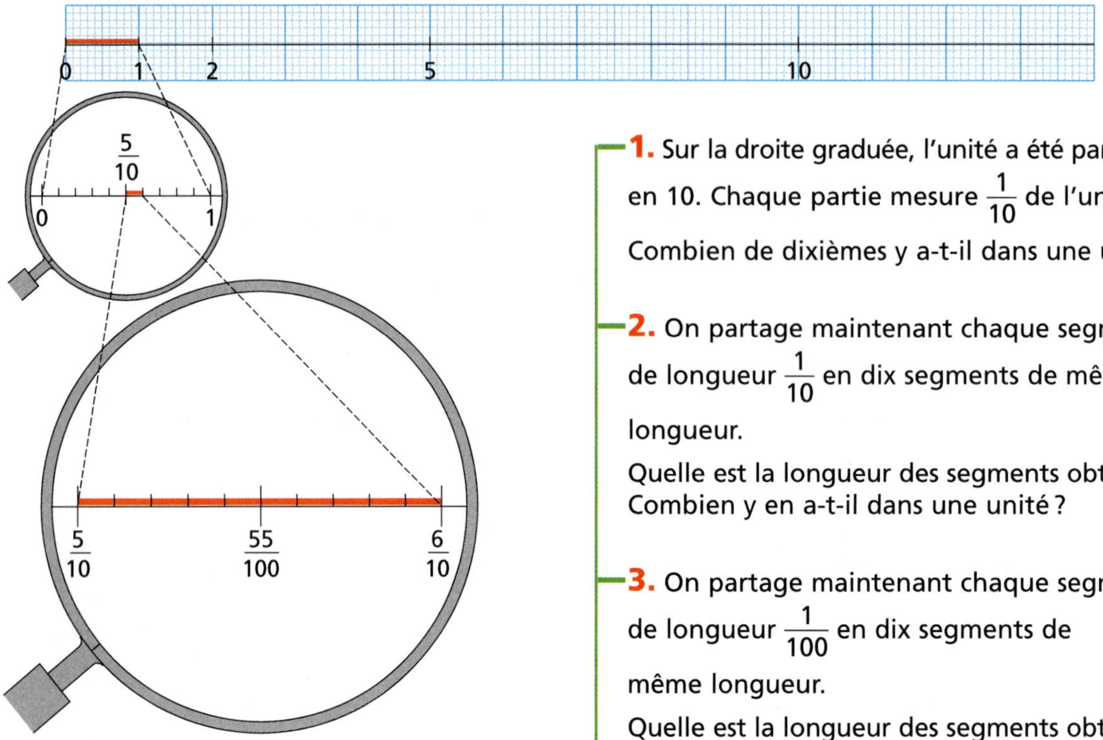

1. Sur la droite graduée, l'unité a été partagée en 10. Chaque partie mesure $\frac{1}{10}$ de l'unité.
Combien de dixièmes y a-t-il dans une unité ?

2. On partage maintenant chaque segment de longueur $\frac{1}{10}$ en dix segments de même longueur.
Quelle est la longueur des segments obtenus ?
Combien y en a-t-il dans une unité ?

3. On partage maintenant chaque segment de longueur $\frac{1}{100}$ en dix segments de même longueur.
Quelle est la longueur des segments obtenus ?
Combien y en a-t-il dans une unité ?

4. Parmi les fractions suivantes, certaines sont égales à un nombre entier. Lesquelles ?

$\frac{6}{10}$ $\frac{40}{10}$ $\frac{14}{10}$ $\frac{50}{10}$ $\frac{100}{10}$ $\frac{47}{10}$ $\frac{100}{100}$ $\frac{850}{100}$

Encadre les autres par deux nombres entiers consécutifs et écris-les comme somme d'un nombre entier et d'une fraction plus petite que 1.

Trace une droite graduée sur du papier millimétré et place toutes ces fractions.

Objectifs Comprendre que l'unité peut être partagée successivement en 10, 100, 1 000… Travailler les propriétés spécifiques des fractions décimales.

Calcul mental Le maître énonce une fraction.
Les élèves écrivent les deux entiers qui l'encadrent.
Un élève place ensuite la fraction sur la droite graduée.
Choisir des fractions simples et des fractions décimales.

Exercices

1 Combien de dixièmes y a-t-il dans une unité ? Complète : … x $\frac{1}{10}$ = 1

Combien de dixièmes y a-t-il dans une dizaine ? Complète : … x $\frac{1}{10}$ = 10

2 Combien de centièmes y a-t-il dans une unité ? Complète : … x $\frac{1}{100}$ = 1

Combien de centièmes y a-t-il dans une dizaine ? Complète : … x $\frac{1}{100}$ = 10

Combien de centièmes y a-t-il dans un dixième ? Complète : … x $\frac{1}{100} = \frac{1}{10}$

3 Écris sous une autre forme :

$\frac{10}{10}$ = … $\frac{100}{10}$ = …

$\frac{10}{1\,000} = \frac{…}{100}$ $\frac{10}{100} = \frac{…}{10}$

4 Écris sous une autre forme :

$\frac{30}{10}$ = … $\frac{560}{10}$ = …

$\frac{40}{100} = \frac{…}{10}$ $\frac{370}{100} = \frac{…}{10}$

5

Ont-elles raison ?

6 Complète comme dans l'exemple.

$\frac{124}{100} = 1 + \frac{2}{10} + \frac{4}{100}$

$\frac{34}{100}$ = … $\frac{205}{100}$ = …

$\frac{527}{10}$ = … $\frac{67}{10}$ = …

7 Les fractions $\frac{1}{2}$, $\frac{5}{10}$ et $\frac{50}{100}$ sont-elles égales ? Justifie ta réponse.

Les fractions $\frac{1}{5}$, $\frac{2}{10}$ et $\frac{20}{100}$ sont-elles égales ? Justifie ta réponse

Remue-méninges

Donovan Bailey a couru le 100 mètres
en 9 secondes 9 dixièmes 1 centième en 1995 à Montréal,
en 9 secondes 84 centièmes à Atlanta en 1996,
puis en 9 secondes 98 centièmes à Montréal en 1998.
À quel endroit a-t-il couru le plus vite ?

77 Problèmes numériques : aide méthodologique à la résolution (2)

Découverte

Cherche à résoudre le premier problème. Si tu ne le comprends pas bien, résous le deuxième problème, puis recommence à réfléchir au premier problème.

1er problème

Ce matin, 650 personnes ont visité le parc d'attraction. Cet après-midi, il y en a eu 130.

Cela fait combien de fois moins que ce matin ?

2e problème

Ce matin, 21 enfants sont allés à l'atelier peinture. Cet après-midi, il y en a eu 7.

Cela fait combien de fois moins que ce matin ?

Exercices

Pour chaque exercice, procède comme dans la découverte.

1

1er problème

À la fin de l'année scolaire, l'école Camille Claudel compte 17 élèves de plus qu'au début de l'année. Pourtant, 8 élèves sont partis en cours d'année.

Que s'est-il passé ?

2e problème

À la fin de l'année scolaire, la classe de CM de Léa compte 4 élèves de plus qu'au début de l'année. Pourtant, 1 élève est parti en cours d'année.

Que s'est-il passé ?

2

1er problème

Les vaches de M. Aros produisent environ 120 litres de lait par jour, celles de M. Garat produisent environ 960 litres par jour.

La production de lait des vaches de M. Garat est combien de fois plus importante que celle des vaches de M. Aros ?

2e problème

Les poules de M. Aros produisent environ 9 œufs par jour, celles de M. Garat produisent environ 36 œufs par jour.

La production d'œufs des poules de M. Garat est combien de fois plus importante que celle des poules de M. Aros ?

Objectifs S'entraîner à résoudre des problèmes. Apprendre à s'aider, quand c'est nécessaire, en les résolvant dans un champ numérique plus petit.

Calcul mental Le maître énonce une fraction simple ou décimale, les élèves doivent à tour de rôle proposer une fraction égale. Par exemple le maître donne $\frac{2}{4}$, ou encore $\frac{16}{10}$.

3

1er problème

Dans le port de Ciboure, le lundi 8 novembre, entre 1 h et 7 h du matin, la hauteur d'eau dans le port a baissé de 1 m 80. Entre 7 h et 13 h, elle a monté de 2 m. Puis, elle a baissé de 2 m 20 entre 13 h et 19 h.

Quel est l'écart de la hauteur d'eau entre 1 h et 19 h ?

2e problème

Sur les berges de la Nive, le lundi 8 novembre, entre 1 h et 7 h du matin, la hauteur d'eau a baissé de 20 cm. Entre 7 h et 13 h, elle a monté de 30 cm. Puis, elle a baissé de 35 cm entre 13 h et 19 h.

Quel est l'écart de la hauteur d'eau entre 1 h et 19 h ?

4

1er problème

Le téléphérique part de Chamonix situé à 1 035 m d'altitude. Puis, il atteint le site du Plan de l'aiguille qui se trouve à 1 282 m au-dessus de Chamonix et à 1 460 m au-dessous du site de l'aiguille du Midi.

Quelle est l'altitude de la gare d'arrivée du téléphérique au site de l'aiguille du Midi ?

2e problème

L'ascenseur part du 6e étage où habite Aurélien. Puis, il atteint l'étage où habite Margot, qui se trouve 4 étages au-dessus de celui d'Aurélien et 5 étages au-dessous de celui de Sylvain.

À quel étage habite Sylvain ?

5

1er problème

Pour la kermesse de fin d'année, Clara veut confectionner des colliers tous identiques. Pour faire un collier, elle enfile 85 perles. Elle dispose d'un sac de 1 000 perles.

Combien de perles lui manque-t-il pour terminer le dernier collier ?

2e problème

Pour la kermesse de fin d'année, Clara veut confectionner des bagues toutes identiques. Pour faire une bague, elle enfile15 perles. Elle dispose d'un sac de 100 perles.

Combien de perles lui manque-t-il pour terminer la dernière bague ?

6

1er problème

2e problème

problèmes relevant des 4 opérations

24
33
57
77
93
96

78 Découvrir l'Europe

Les 3 pays qui n'ont pas adopté l'euro en 2001

Le Royaume-Uni, la Suède et le Danemark sont des états membres de l'Union européenne, mais ne font pas partie en 2005 de la « zone euro ». Voici approximativement ce que valent 10 € dans ces pays :

10 € →
- 7 livres sterling
- 90 couronnes suédoises
- 75 couronnes danoises

A Les touristes qui voyagent dans ces trois pays doivent passer au bureau de change.

1. Avec 20 €, combien de livres sterling peut-on obtenir ? combien de couronnes suédoises ? combien de couronnes danoises ?

2. Combien d'euros peut-on obtenir avec 490 livres sterling ? avec 1 800 couronnes suédoises ? avec 750 couronnes danoises ?

3. Un anglais possède 210 livres sterling. Combien de couronnes suédoises peut-il obtenir avec cette somme ? et combien de couronnes danoises ?

B À l'aéroport de Roissy, certains magasins sont réservés aux touristes. Dans ces magasins, les commerçants acceptent le paiement dans toutes les devises. Les dessins suivants représentent quelques articles d'un magasin et leur prix en euros.

1. Un touriste anglais achète un article à 70 livres sterling. Quel article a-t-il acheté ?

2. Ce touriste anglais dispose encore de 30 livres sterling. Peut-il acheter le parapluie ?

3. Un touriste danois achète un réveil. Combien de couronnes danoises doit-il payer ?

4. Ce touriste danois voyage avec un touriste suédois. Chacun d'eux achète un article qui coûte 2 250 couronnes de son pays. Trouve l'article que chaque touriste a acheté.

Objectifs Découvrir les monnaies européennes hors de la zone Euro. Résoudre des problèmes arithmétiques dans le contexte de la monnaie.

Calcul mental Le maître énonce une fraction. Les élèves donnent sa partie entière et son rompu. Un élève vient ensuite placer la fraction sur la droite graduée.

Les monnaies des États entrés en 2004 dans l'U.E.

Les 10 États membres entrés en 2004 n'utilisent pas encore l'euro comme monnaie.
Le schéma suivant indique combien valaient approximativement 100 € en 2003 dans chacun de ces pays.

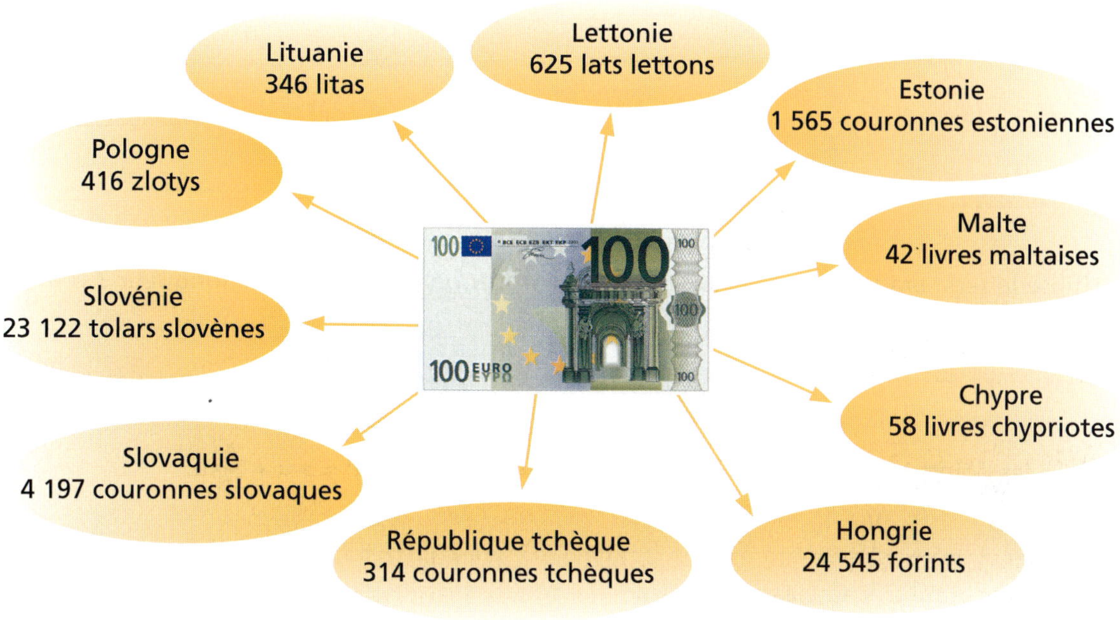

1. Avec 1 000 couronnes tchèques, a-t-on plus ou moins de 100 € ?
et avec 1 000 couronnes slovaques ? et avec 1 000 couronnes estoniennes ?

2. Des touristes lituaniens, lettons, hongrois et maltais veulent savoir combien coûte cette voiture dans leur monnaie.
Aide-les à trouver ce prix.

3. Théo, Qwang et Leïla jouent avec les monnaies étrangères.

Qui a raison ? justifie ta réponse.

Ce que je dois savoir faire seul(e)

1 Utilise le segment unité u pour mesurer les segments [AB] et [CD].

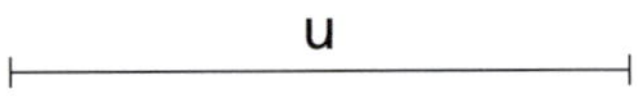

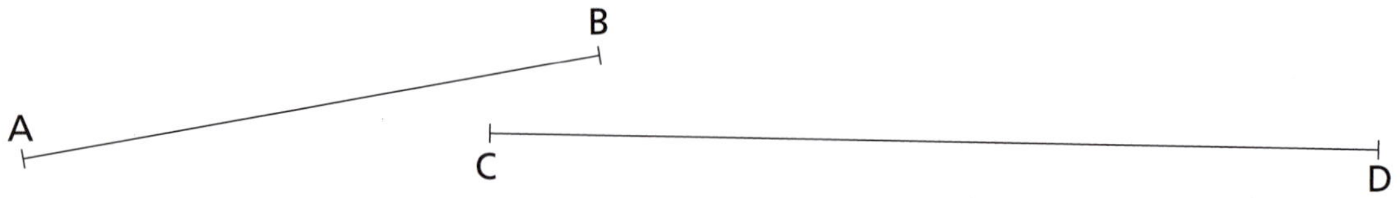

2 Utilise le segment unité u de l'exercice 1 pour tracer un segment [IJ] de longueur 3 u + $\frac{3}{4}$ u, puis un segment [KL] de longueur $\frac{7}{2}$ u.

3 Place les points M, N, P, tels que ZM = $\frac{9}{10}$ u, ZN = 2 u + $\frac{2}{10}$ u, ZP = 3 u + $\frac{4}{10}$ u.

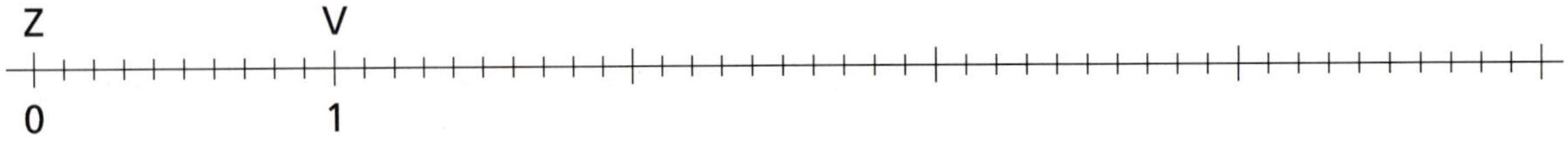

4 **a.** L'aire du disque est choisie comme unité.

Quelle est l'aire de la partie colorée en vert ?

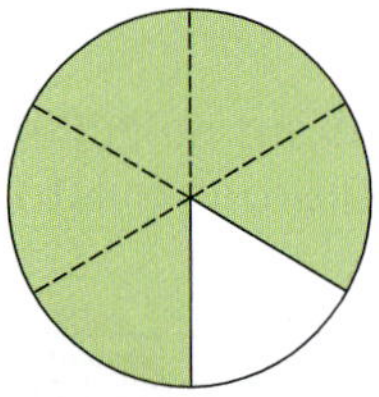

b. L'aire du triangle est choisie comme unité.

Quelle est l'aire de la partie colorée en vert ?

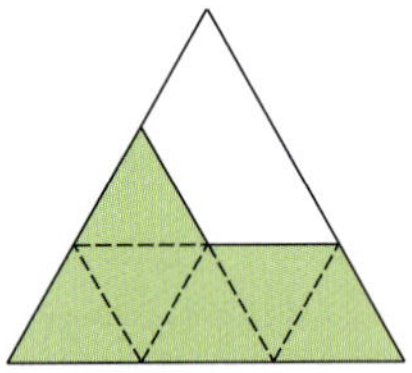

5 Combien y a-t-il de minutes dans 1 h $\frac{3}{4}$? À quelle fraction d'heure correspondent 30 min ?

6 Quel est le triple de 15 ?
Quel est le tiers de 15 ?

7 Quel est le quadruple de 100 ?
Quel est le quart de 100 ?

8 Associe les étiquettes qui désignent le même nombre.

trois quarts — douze dixièmes — seize centièmes — onze tiers — sept sixièmes — $\frac{16}{100}$ — $\frac{3}{4}$ — $\frac{11}{3}$ — $\frac{12}{10}$ — $\frac{7}{6}$

9 Encadre chaque fraction par deux entiers consécutifs.

$\frac{4}{3}$ $\quad$ $\frac{7}{2}$ $\quad$ $\frac{67}{10}$ $\quad$ $\frac{27}{5}$ $\quad$ $\frac{7}{10}$ $\quad$ $\frac{785}{100}$

10 Classe les lettres en fonction du nombre d'axes de symétrie qu'elles admettent.

A B C D E F G H

11 Voici un découpage effectué dans un carré de papier plié en quatre.

Une fois ouvert, quel motif obtient-on : a, b ou c ?

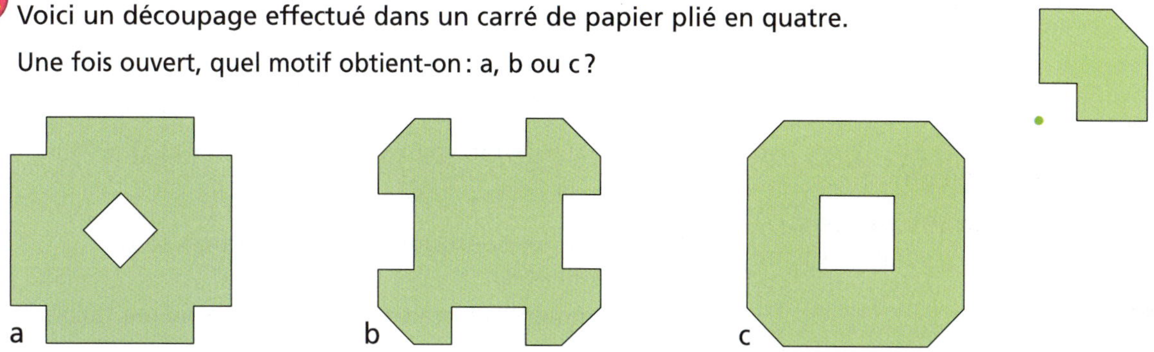

12 Reproduis et complète la figure pour qu'elle admette l'axe vert comme axe de symétrie.

13 Reproduis et complète la figure pour qu'elle admette l'axe vert comme axe de symétrie.

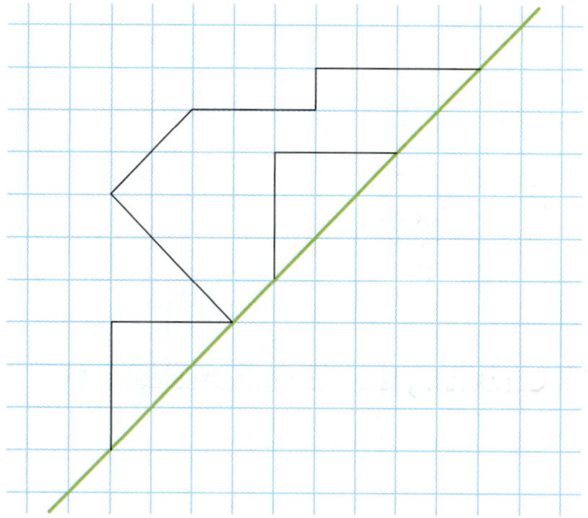

14

Réponds aux questions d'Alice et de Théo.

Les Égyptiens, les fractions et l'œil d'Horus

Il y a environ 5 000 ans, les **Égyptiens** utilisaient déjà certaines formes de **fractions**. Pour désigner la part revenant à une personne lorsque l'on partage équitablement quelque chose entre plusieurs personnes, ils avaient inventé les **fractions de numérateur égal à 1**.

Toutes les fractions étaient ainsi exprimées comme somme de fractions unitaires.
Par exemple $\frac{3}{4}$ s'écrivait $\frac{1}{2} + \frac{1}{4}$.

- Explique pourquoi ces deux écritures sont équivalentes.
- Comment pourrais-tu écrire $\frac{5}{8}$ de la même façon ?

Dans les légendes de la mythologie égyptienne, **Horus**, le fils d'**Osiris**, combattit son oncle **Seth** pour venger son père et reprendre le trône d'Égypte. Dans un de leurs multiples combats, Horus perdit un œil dont les morceaux furent dispersés. Le dieu Thot le reconstitua et le lui rendit.

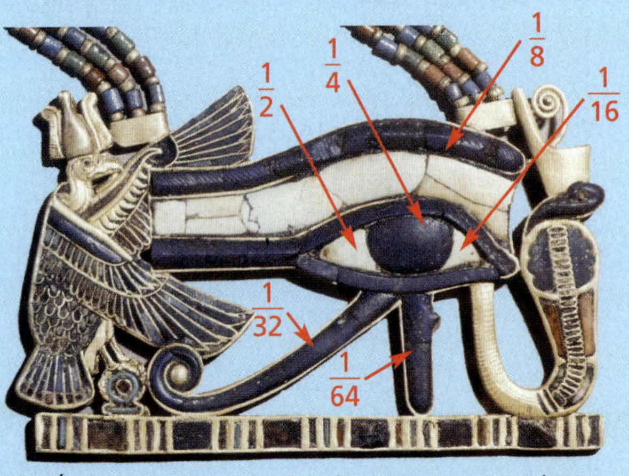

Les Égyptiens utilisent l'œil oudjat comme une amulette protectrice dans la vie quotidienne et les rites funéraires.

L'œil d'Horus ou œil oudjat est devenu le symbole de la victoire du bien sur le mal.
L'œil oudjat est décomposé en six éléments qui correspondent chacun à une fraction :

- la petite pyramide : $\frac{1}{2}$
- le soleil : $\frac{1}{4}$
- la ligne de sol : $\frac{1}{8}$
- la grande pyramide : $\frac{1}{16}$
- la ligne recourbée : $\frac{1}{32}$
- le bloc poussé par l'Égyptien : $\frac{1}{64}$

Reproduis la droite graduée et reporte les longueurs $\frac{1}{2}$ puis $\frac{1}{4}$ puis $\frac{1}{8}$ etc., en les mettant bout à bout.

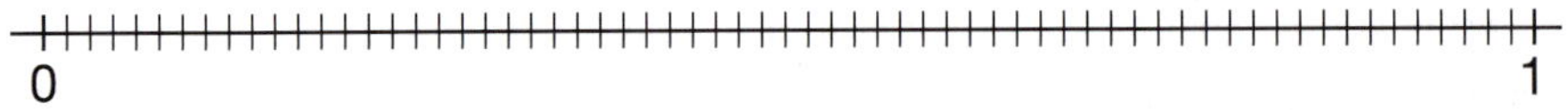

- La somme de ces parts est-elle égale à 1 ?

Les parties constituantes de l'œil oudjat servaient à écrire les différentes fractions qui permettaient de compter le grain, dont l'unité de mesure était le hékat (environ 448 centilitres). Dans la légende, lorsque Thot rassembla l'œil perdu d'Horus, il en manquait un morceau. Thot accordait une quantité de grains égale à cette fraction aux scribes (personnes chargées des écritures) qui se plaçaient sous sa protection.

- Quelle est la valeur de cette fraction manquante ?

Période 5

Nombres entiers

Pour nommer les grands nombres,
tu vas apprendre à grouper leurs chiffres par classe de mille.

Nouveaux nombres

Tu vas comprendre comment on passe des fractions décimales
à leur écriture décimale avec une virgule.

Calculs

Tu vas apprendre à faire
des additions et des soustractions
de nombres décimaux.

Tu vas continuer à t'entraîner
au calcul mental, au calcul réfléchi
et à utiliser la calculatrice.

Problèmes numériques

Tu vas continuer à t'entraîner
à résoudre de nombreux problèmes
en choisissant les calculs à effectuer.

Espace

Tu vas apprendre à décrire des solides.

Tu vas apprendre à construire
les patrons de certains polyèdres.

Tu vas aussi apprendre à utiliser
des plans, des cartes pour te repérer
dans l'espace.

Représentation de données

Tu vas apprendre à lire de nouvelles
représentations graphiques :
les diagrammes en bâtons.

79 Lecture de plans et de cartes

Activité préparatoire de découverte : Rappeler aux élèves la définition d'un méridien sur un planisphère, en liaison avec le travail mené en géographie. Préciser à cette occasion que la longueur du méridien de Paris, mesuré par Delambre et Méchain en 1799, a servi à établir l'étalon universel de mesure de longueur, le mètre.

Découverte

En l'an 2000, près de 10 000 arbres ont été plantés pour matérialiser le passage du méridien de Paris. Cette ligne plantée d'arbres a été appelée « la méridienne verte ». Sur cette carte de France, tu peux voir les 22 régions de la métropole, ainsi que le tracé de la méridienne verte.

Des écoliers plantent un arbre sur le tracé de la méridienne verte.

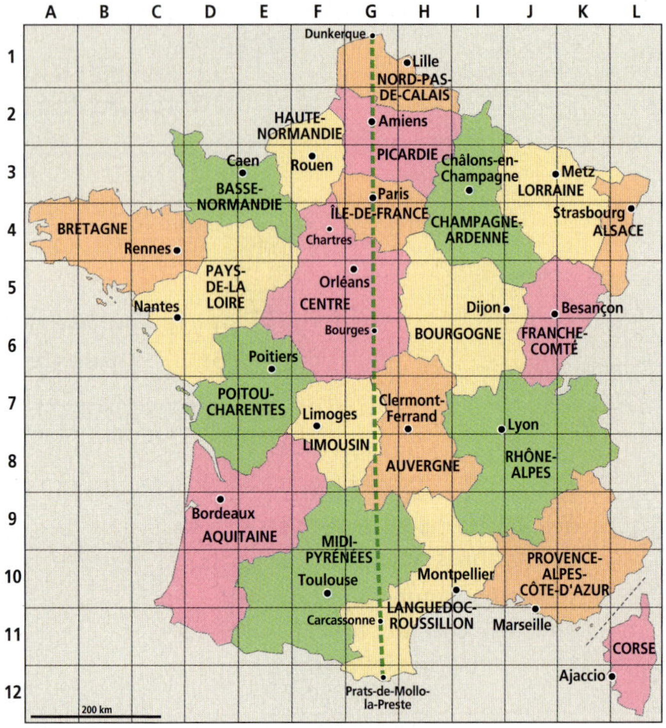

1. La méridienne verte traverse plusieurs régions. Lesquelles ?
- Elle est limitée par deux communes au nord et au sud. Lesquelles ?
- Écris le nom d'autres communes situées sur la méridienne verte.
- Dans quelles cases du plan se trouvent toutes ces communes ? Que remarques-tu ?

2. En bas à gauche de la carte, on voit un segment dont la longueur correspond à 200 km dans la réalité. À ton avis, la longueur réelle de la méridienne verte est approximativement : 10 km ? 100 km ? 1 000 km ? 10 000 km ?

3. Fabrice habite Rennes. Pour aller voir les arbres sur la méridienne, il hésite entre Amiens et Bourges et souhaite parcourir la plus petite des deux distances.
- Fabrice mesure avec sa règle les deux distances à vol d'oiseau sur la carte. Il choisit d'aller à Bourges. Explique pourquoi.
- Voici les itinéraires routiers que Fabrice envisage, et les distances réelles :

Rennes $\xrightarrow{249 \text{ km}}$ Chartres $\xrightarrow{200 \text{ km}}$ Bourges

Rennes $\xrightarrow{191 \text{ km}}$ Caen $\xrightarrow{245 \text{ km}}$ Amiens

Fabrice a-t-il raison de choisir Bourges ?

Objectif Se familiariser avec les plans de villes et les cartes, utiliser le repérage cartésien pour situer des lieux.

Calcul mental Petits problèmes arithmétiques à résoudre mentalement. Exemple : Avec les roses cueillies, Théo a fait 3 bouquets de 8 roses, et il reste 5 roses. Combien de roses a-t-il cueillies ?

Exercice

Le siège du parlement européen est à Strasbourg. Sur la carte de France (page de gauche), repère dans quelle région se trouve Strasbourg.
Voici une partie du plan de cette ville.

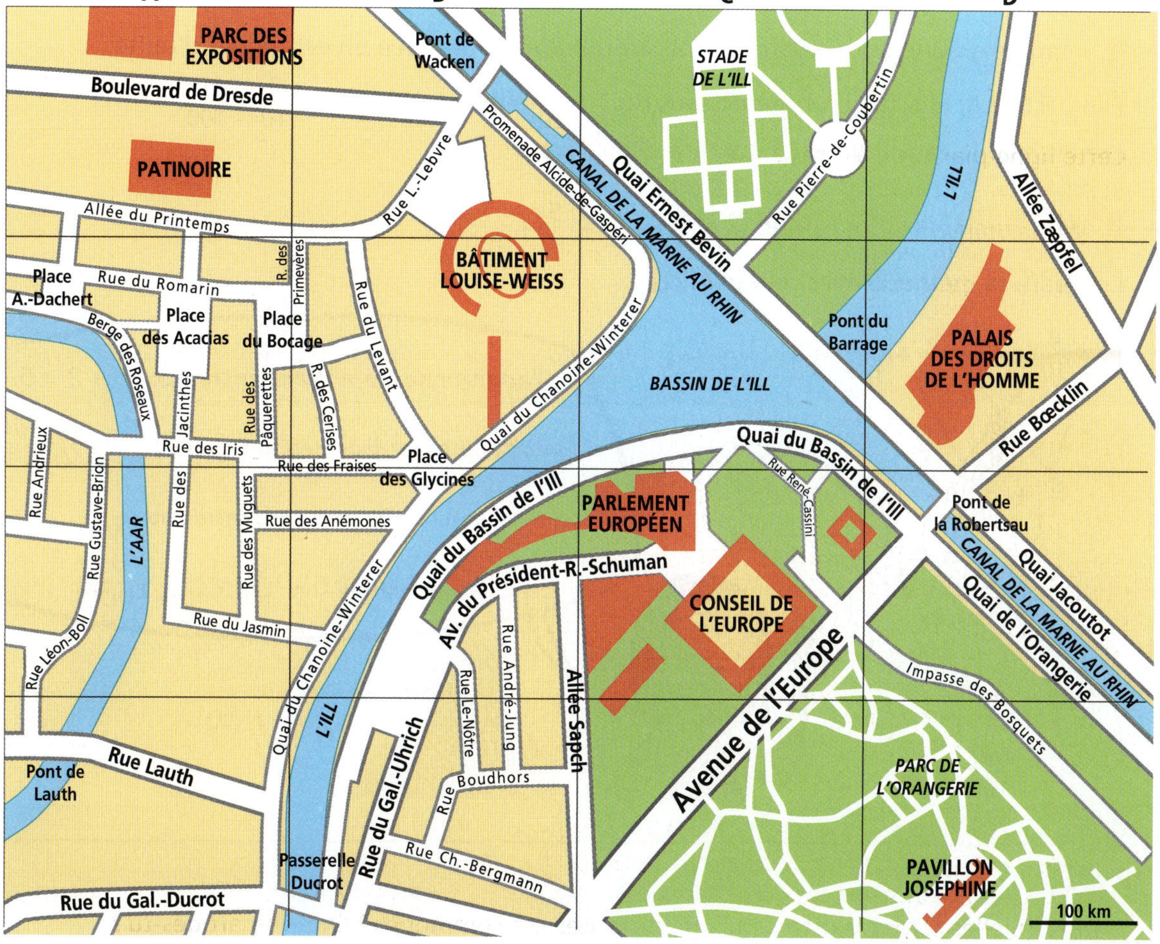

a. Dans quelle partie du plan se trouve le Conseil de l'Europe ?

b. Dans chaque pays européen, se trouve un Bureau du Parlement européen. À Strasbourg, il est situé dans le bâtiment Louise Weiss. Écris le nom des rues qui entourent ce bâtiment.

c. Pour sortir du parc de l'Orangerie, Jeanne a emprunté l'impasse des Bosquets. Elle arrive avenue de l'Europe et se dirige vers la rue Bœcklin. Sur quel pont traverse-t-elle le canal ? Devant quel bâtiment passe-t-elle ensuite ?

d. Amanda habite en A3, au croisement de la rue du Jasmin et de la rue des Muguets. Elle doit aller à la patinoire. Décris un itinéraire possible.

L'entrée du Conseil de l'Europe.

80 Fractions décimales et addition

Activité préparatoire de découverte : Faire trouver aux élèves la position d'arrivée lorsqu'on se déplace sur une droite graduée en faisant plusieurs sauts dont les mesures sont données par des fractions décimales de l'unité.

Découverte

1. Imagine qu'une puce savante saute sur une droite graduée en centièmes d'unité.

Elle part de 0, elle fait un premier saut de $3 + \frac{4}{10}$ puis un saut de $2 + \frac{5}{10} + \frac{7}{100}$.

Prévois, par le calcul, sur quel nombre elle arrivera.

2. Voici comment Alice calcule $(3 + \frac{4}{10}) + (2 + \frac{5}{10} + \frac{7}{100})$.

Compare ta méthode avec celle d'Alice.

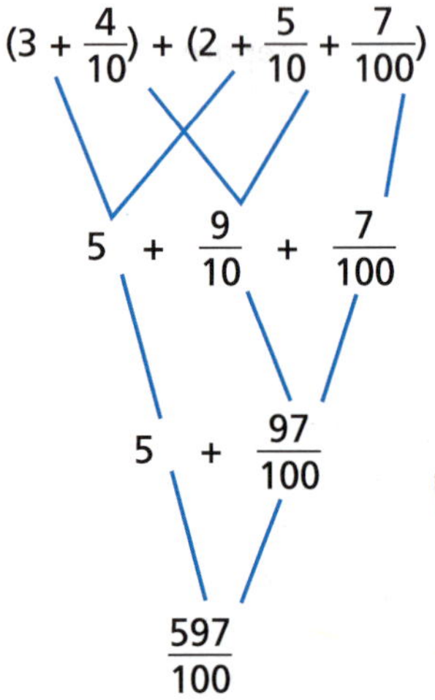

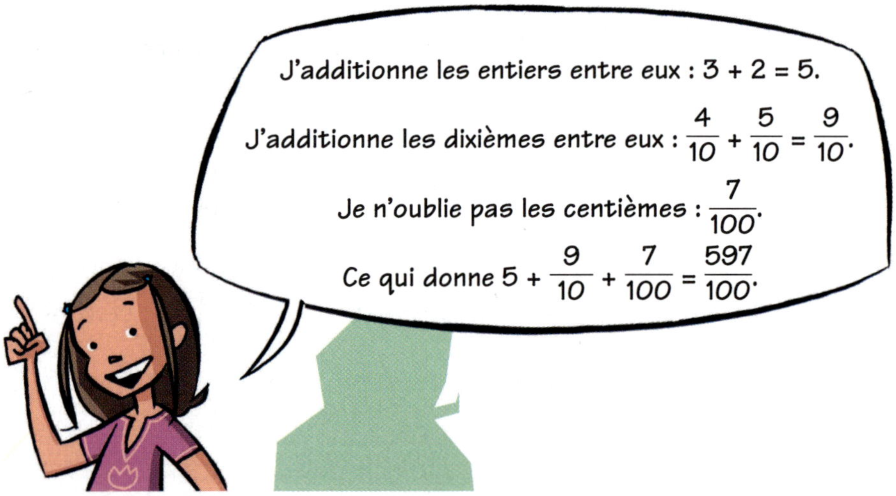

Exercices

1 Calcule.

a. $\frac{2}{10} + \frac{2}{10} + \frac{2}{10}$

b. $(7 + \frac{2}{10} + \frac{4}{100}) + (6 + \frac{5}{100})$

c. $(\frac{3}{10} + \frac{5}{100}) + (2 + \frac{4}{10} + \frac{1}{100})$

d. $\frac{37}{10} + \frac{25}{10}$

2 Luc a collectionné les petites pièces de 1 centime d'euro. Il achète un robot transformable à 17 €. Combien de pièces de 1 centime d'euro doit-il donner ?

3 Mathieu a collectionné les pièces de 10 centimes d'euro. Il achète un super bolide à 23 €. Combien de pièces de 10 centimes d'euro doit-il donner ?

Objectif Se familiariser avec l'addition des fractions décimales.

Calcul mental Recherche du double ou de la moitié, recherche du triple ou du tiers de certains nombres. Exemples : quel est le double de 27 ? la moitié de 84 ?

81 Fractions décimales et nombres décimaux

Découverte

Il y a de cela plusieurs siècles, le mathématicien Stevin de Bruges (1548-1620), voyant les commerçants bien ennuyés pour calculer avec les fractions, proposa d'utiliser les fractions décimales et de les écrire plus simplement. Par exemple :

– pour $\frac{23}{10}$, c'est-à-dire $2 + \frac{3}{10}$, il proposa : 2,3

– pour $\frac{352}{100}$, c'est-à-dire $3 + \frac{5}{10} + \frac{2}{100}$, il proposa : 3,52

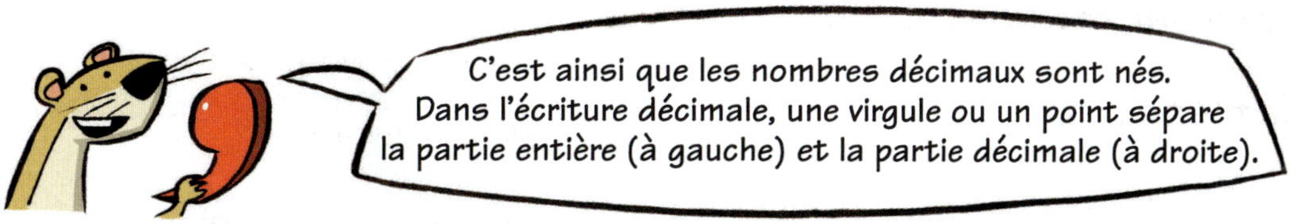

1. Donne les écritures décimales des fractions : $\frac{34}{10}$; $\frac{23}{100}$; $\frac{7}{10}$; $\frac{675}{100}$; $\frac{457}{10}$.

2.

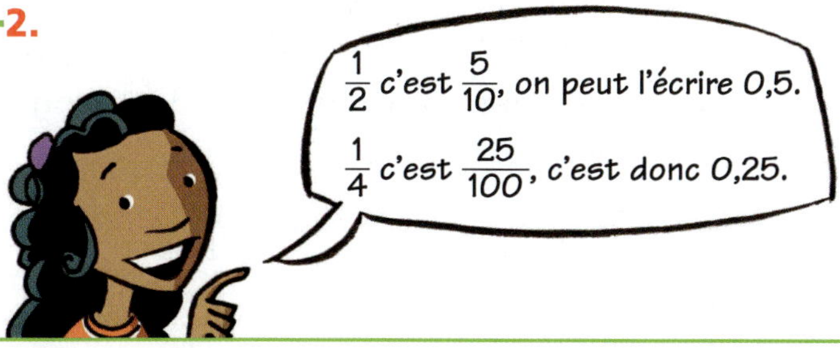

Es-tu d'accord avec Leïla ? Explique ta réponse.

À ton tour, trouve l'écriture décimale de $\frac{1}{5}$.

Exercices

1 Pour t'entraîner à ce changement d'écriture, complète le tableau suivant.

	centaines 100	dizaines 10	unités 1	dixièmes $\frac{1}{10}$	centièmes $\frac{1}{100}$
35,4					
		4	0	2	3
12,05					
	1	0	2	0	3

2 Pour chaque fraction, trouve une fraction décimale égale, puis son écriture décimale.

$\frac{3}{2}$ $\frac{9}{2}$ $\frac{25}{2}$ $\frac{3}{5}$ $\frac{21}{5}$ $\frac{3}{4}$ $\frac{7}{4}$

Objectif Se familiariser avec la convention d'écriture des nombres décimaux.

Calcul mental Le maître donne une fraction décimale, les élèves doivent donner sa partie entière et son rompu. Un élève vient ensuite placer la fraction sur la droite graduée.

82 Comparer des nombres décimaux

Activité préparatoire de découverte : Faire retrouver aux élèves un nombre décimal dont on aura fixé le nombre maximum de chiffres après la virgule, en posant des questions. Les seules questions permises sont « le nombre est-il plus petit que…, plus grand que… ? » (sans jamais séparer les parties entières et décimales des nombres proposés).

Découverte

1. Théo a choisi un nombre décimal à 1 chiffre après la virgule.

Voici les questions de Leïla et les réponses de Théo.

Questions de Leïla	Réponses de Théo
Est-il plus grand que 10 ?	Non
…… plus grand que 5 ?	Non
…… plus grand que 3 ?	Oui
…… plus grand que 4 ?	Non
…… plus petit que 3,5 ?	Non
…… plus petit que 3,8 ?	Oui
…… plus grand que 3,6 ?	Oui

Trouve le nombre choisi par Théo. Tu peux t'aider d'une droite graduée.

2. Qwang a choisi un nombre décimal à 2 chiffres après la virgule.

Voici les questions d'Alice et les réponses de Qwang.

- Trouve le nombre choisi par Qwang. Tu peux t'aider d'une droite graduée.
- Pourquoi Qwang répond-il parfois « ta question est inutile » ?

Questions d'Alice	Réponses de Qwang
Est-il plus grand que 5 ?	Oui
…… plus petit que 6 ?	Oui
…… plus grand que 5,5 ?	Non
…… plus grand que 5,6 ?	Ta question est inutile
…… plus petit que 5,3 ?	Oui
…… plus grand que 5,2 ?	Oui
…… plus grand que 5,30 ?	Ta question est inutile
…… plus petit que 5,25 ?	Oui
…… plus grand que 5,23 ?	Oui

Exercices

1 Trace sur du papier millimétré une droite graduée comme celle-ci et place les nombres suivants :

4,2 3,6 3,55 2,8 3,20 3,2 3,85

Objectif Mettre en place des procédures personnelles de comparaison des nombres décimaux.

Calcul mental Jeu de recto verso avec des cartes portant au recto une fraction décimale et au verso son écriture décimale.

2 Range les jouets du plus cher au moins cher.

3 Dans chaque cas, recopie les deux nombres, entoure le plus petit et écris le signe qui convient (< ou > ou =) :

5,7 … 5,9	4,56 … 4,50	2,07 … 2,1
6,3 … 7,2	8,45 … 8,55	6,30 … 6,3
41,6 … 4,16	7,14 … 7,8	9 … 8,97

4 Pour chaque série, recopie les 3 nombres, entoure le plus petit, souligne le plus grand.

a. 4,819 7,23 5,25
b. 9,56 9,6 9,199
c. 5,488 5,512 6,21
d. 8,23 7,56 7,6

5 Trouve à chaque fois deux nombres décimaux situés entre les deux nombres proposés.

a. 4 et 5
b. 10,1 et 10,5
c. 5,45 et 5,47
d. 5,4 et 5,48
e. 10,1 et 10,2
f. 10,05 et 10,06

6 Complète avec un nombre décimal qui convient.

a. 5 < … < 6
b. 0,2 < … < 0,3
c. 7,8 < … < 7,9
d. 6,77 < … < 6,79
e. 7,99 < … < 8
f. 6,75 < … < 6,76

7 Voici quatre étiquettes : 0 4 7 ,

Écris le maximum de nombres en utilisant à chaque fois les quatre étiquettes.
Range ensuite les nombres obtenus dans l'ordre croissant.

83 Nombres décimaux et mesure des longueurs

Découverte

Voici les résultats de la finale de saut en longueur (hommes) aux jeux Olympiques d'Athènes, le 26 août 2004.

	Phillips Dwight	USA	8.59
	Shkurlatov Vitaliy	RUS	8.04
	Gaisah Ignisious	GHA	8.24
	Beckford James	JAM	8.31
	Tomlinson Christopher	GBR	8.25
	Moffitt John	USA	8.47
	Martínez Joan Lino	ESP	8.3
	Pedroso Iván	CUB	8.23
	Tarus Bogdan	ROM	8.21

Dwight Phillips

- Quelle unité a été choisie pour l'affichage des résultats ?
- Retrouve le champion Olympique, le médaillé d'argent, le médaillé de bronze.
  Quel est le 5e ?
  Quel est le 9e ?
- Vérifie en écrivant la longueur de chaque saut en mètres et centimètres.

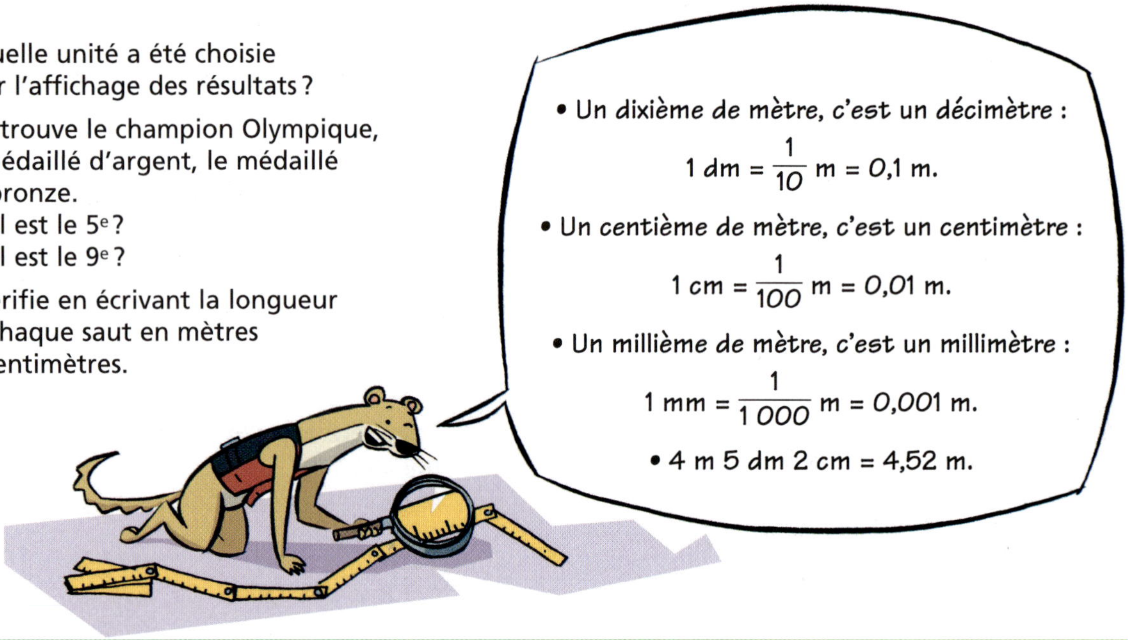

Exercices

1 Trace les segments suivants, en respectant les longueurs données.

AB = 4,7 cm CD = 8,35 cm EF = 2,3 dm GH = 0,64 dm IJ = 1,03 dm

Objectif Utiliser les nombres décimaux pour exprimer des mesures de longueurs.

Calcul mental Jeu de recto verso avec des cartes portant au recto une fraction décimale, au verso son écriture décimale.

2 Parmi les segments suivants, trouve celui qui mesure 1,25 dm.
Trouve ceux dont les longueurs sont comprises entre 1,2 et 1,35 dm.
Utilise ton double décimètre.

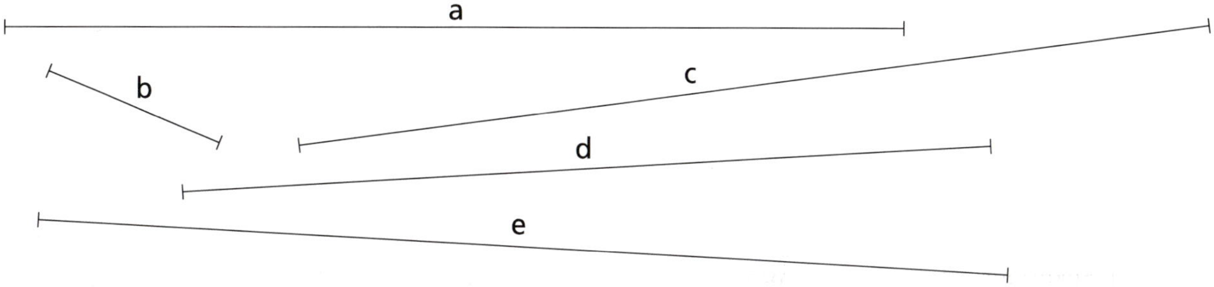

3 Écris en mètres les longueurs suivantes. Tu peux t'aider du tableau de conversion.

20 cm	4 m 3 dm 5 cm	4 m 2 cm	2 km
6 cm 5 mm	2 m 12 cm	6 m 3 dm	1 km 500

km	hm	dam	**m**	dm	cm	mm
0	0	0	0	0	1	0
1	0	0	0	0	0	0

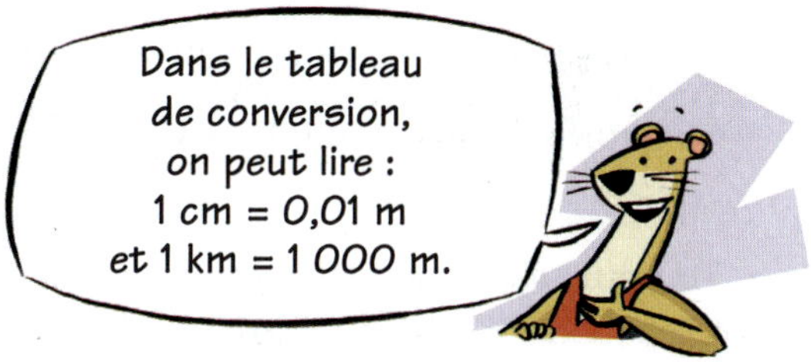

4 Complète les égalités.

4 cm + 3 mm = … cm

1 m + 5 cm = … cm

1 m + 5 dm + 7 mm = … cm

5 On veut partager 37 m de tissu en 5 morceaux de même longueur les plus longs possible.

Quelle sera la longueur des morceaux ?

Restera-t-il du tissu ?

Remue-méninges

Retrouve le mot secret en suivant les indications de Qwang.

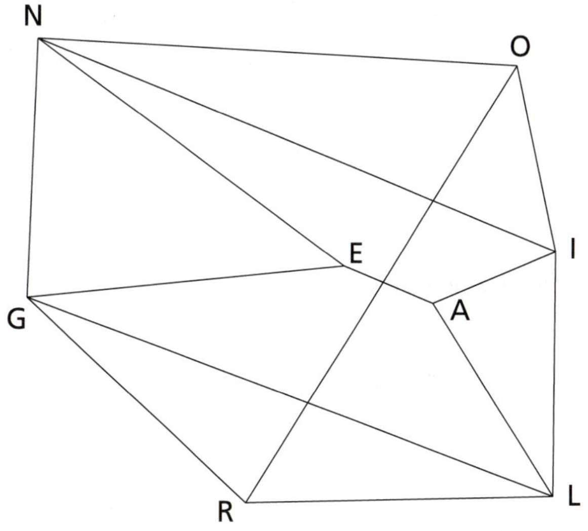

84 Addition et soustraction des nombres décimaux : vers la technique

Découverte

Pour construire une grande frise chronologique qu'ils afficheront en classe, Qwang, Alice, Théo et Leïla mettent bout à bout deux bandes de carton. La première bande mesure 1,45 m, la seconde 2,7 m.

1. Prévois approximativement de tête, puis par le calcul, la longueur de la bande obtenue.

2. Qwang a prévu 3,115 m ; Théo 3,52 m ; Alice 1,72 m ; et Leïla 4,15 m. Compare avec ton résultat. Pour vérifier si ton résultat est juste :

- Tu peux tracer les deux segments et mesurer.
- Tu peux aussi écrire « $1{,}45 = 1 + \frac{4}{10} + \frac{5}{100}$ » et faire de même avec l'autre mesure.

Continue sur ton cahier.

- Tu peux utiliser les écritures décimales de Stevin, et appliquer la même technique de calcul que pour les nombres entiers :

$$\begin{array}{r} 1{,}45 \\ +\ 2{,}7 \\ \hline \end{array}$$

Choisis le moyen de vérification qui te convient.

3. En mettant bout à bout une bande de carton de longueur 1,6 m et une deuxième bande, on obtient une bande de longueur 2,34 m. Quelle est la longueur de la deuxième bande ?

Exercices

1 Pour chaque opération, trouve de tête une approximation sous forme de nombre entier, puis calcule le résultat exact.

	approximation	résultat exact
2,5 + 3,07		
6,8 + 8,75		
6,8 – 3,5		
12,4 + 5,01 + 1,20		

Objectifs Étendre l'addition de deux nombres entiers à celle de deux nombres décimaux en s'appuyant sur l'approche faite avec les fractions décimales. Mettre en œuvre des méthodes de calcul réfléchi pour résoudre des problèmes soustractifs.

Calcul mental Jeu du furet avec des nombres décimaux : compter de 0,1 en 0,1 à partir d'un nombre donné. Recommencer en comptant de 0,2 en 0,2.

2 Calcule en utilisant la méthode de ton choix.

$\frac{6}{10} + \frac{2}{10} + \frac{7}{10}$ $\qquad$ $\frac{7}{100} + \frac{8}{100}$ $\qquad$ $\frac{7}{1\,000} + \frac{6}{1\,000}$

$(2 + \frac{4}{10}) + (7 + \frac{5}{100})$ $\qquad$ $(7 + \frac{6}{10} + \frac{9}{100}) + (8 + \frac{4}{10} + \frac{5}{100})$

3 Effectue les opérations.

$\begin{array}{r} 5,4 \\ +\ 6,7 \\ \hline \end{array}$ $\qquad$ $\begin{array}{r} 0,74 \\ +\ 3,05 \\ \hline \end{array}$ $\qquad$ $\begin{array}{r} 7,85 \\ +\ 2,6 \\ \hline \end{array}$ $\qquad$ $\begin{array}{r} 25,12 \\ +\ 321,04 \\ \hline \end{array}$ $\qquad$ $\begin{array}{r} 76 \\ +\ 78,7 \\ \hline \end{array}$

4 Effectue les opérations suivantes en les posant en colonne.

12,4 + 7,56 $\qquad$ 325 + 1 543 $\qquad$ 256,42 + 11,5 + 10,04 $\qquad$ 5,09 + 8,3

5 Pour recouvrir un fauteuil, il faut 3,5 m de tissu ; et pour un canapé, il faut 6,75 m de tissu.

Combien faudra-t-il de tissu pour recouvrir un canapé et deux fauteuils ?

6 **a.** Dans un ruban de longueur 1,6 m, on veut découper un morceau de 1,25 m de long. Est-ce possible ? Si oui, trouve la longueur du morceau de ruban restant.

b. Dans un ruban de longueur 1,34 m, on veut découper un morceau de 1,8 m de long. Est-ce possible ? Si oui, trouve la longueur du morceau de ruban restant.

7 Complète : $\qquad$ 5,4 + … = 6 $\qquad$ 4,82 + … = 5 $\qquad$ 2,7 + … = 5,3 $\qquad$ 3 + … = 8,42

8 Qwang pense à un nombre. Il ajoute 2,4 à ce nombre et obtient alors 48,6.

Trouve le nombre auquel Qwang a pensé.

9 Théo pense à un nombre. Il retranche 3,2 à ce nombre et obtient 13,6.

Trouve le nombre auquel Théo a pensé.

Remue-méninges

Complète
ces carrés magiques

0,2		0,6
	0,5	

Somme : 1,5

	1,7	1,9
2		

Somme : 5,1

1,6			1,3
	1	1,1	
0,9	0,6		
		1,4	0,1

Somme : 3,4

85 Représentation de données : graphiques

Découverte

Ravitaillement en pain d'une usine en 1936.

Le graphique ci-dessous représente à diverses périodes historiques la part de leurs revenus que les Français consacrent à l'achat du pain.

1. Quelles sont les périodes concernées ?

2. À partir de quelle année la part des revenus consacrée au pain est-elle inférieure à celle consacrée aux autres besoins ?

3. Dans chaque cas, quelle est la part des revenus consacrée aux autres besoins ?

La part du pain dans les revenus des Français les plus modestes

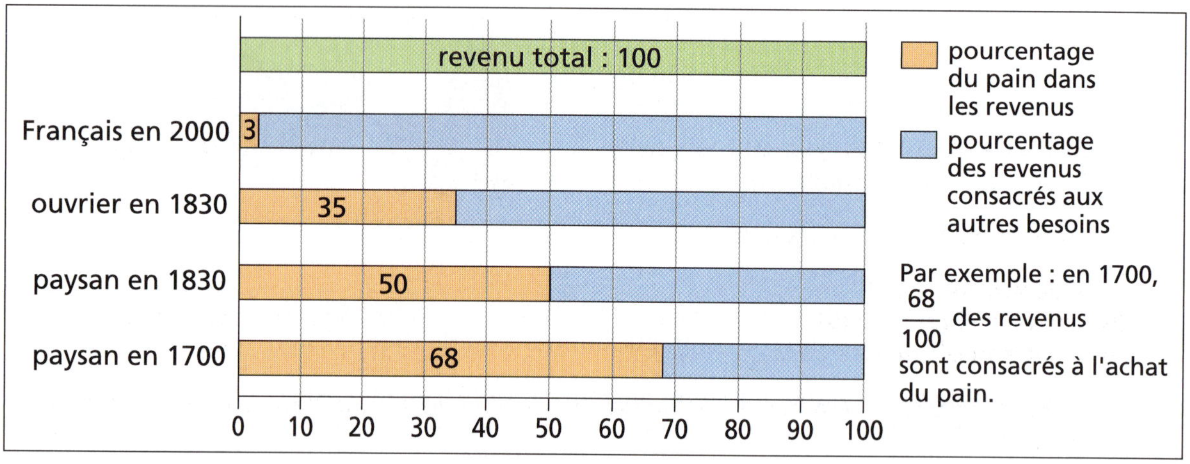

Exercices

1 **a.** Recopie et complète la phrase suivante : « En une heure, le papillon parcourt une distance de … kilomètres. »

b. Calcule la distance parcourue en kilomètres par chaque insecte en 3 heures.

c. Un taon a volé pendant deux heures sur une longue distance sans se reposer. Quel temps faudrait-il à une abeille pour parcourir la même distance ?

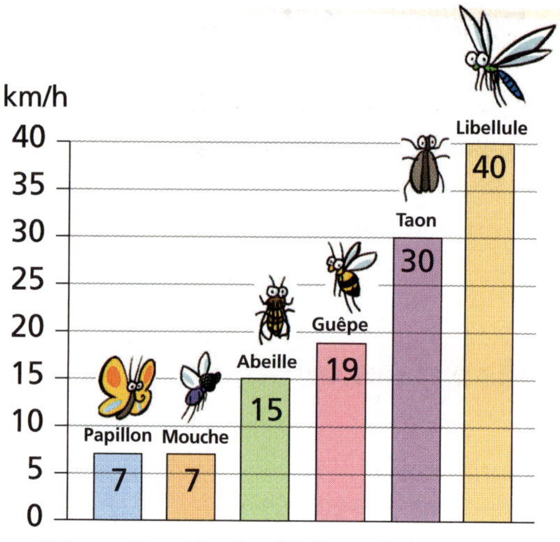

Vitesse de vol (en km/h) de quelques insectes

Objectif Apprendre à lire et interpréter des graphiques variés.

Calcul mental Jeu du furet avec des nombres décimaux : compter de 0,1 en 0,1 à partir d'un nombre donné. Recommencer en comptant de 0,2 en 0,2, puis en comptant de 0,5 en 0,5.

2 Voici un graphique qui indique l'équivalence approximative entre l'âge d'un chat et l'âge d'un homme.

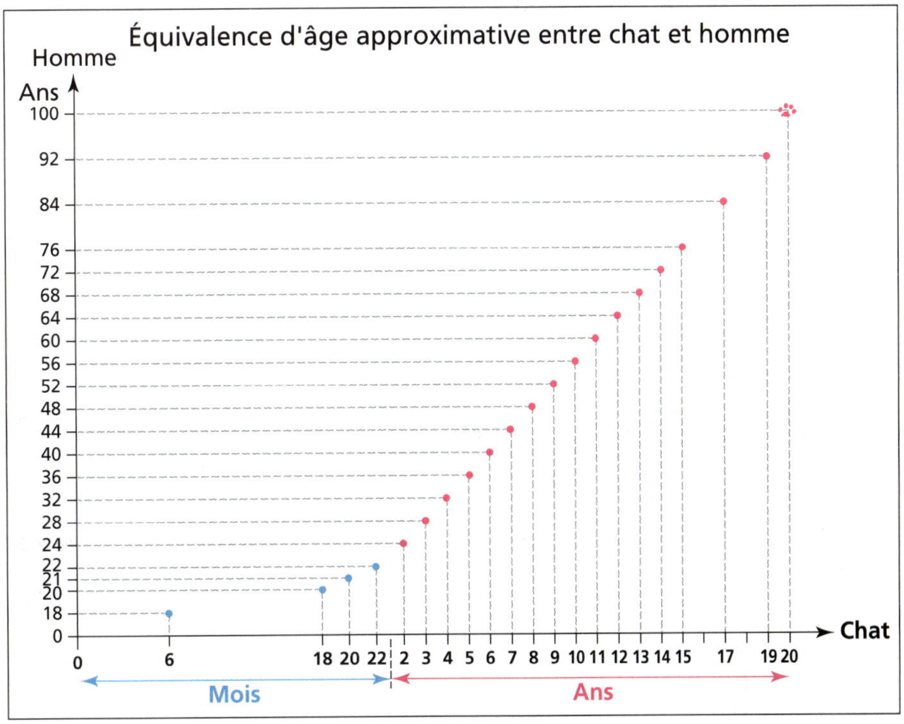

a. Un chat a 18 mois. À quel âge cela correspond-il pour un homme ? Et pour un chat de 5 ans ? Et pour un chat né au même moment que toi ?

b. Un homme a 92 ans. À quel âge cela correspond-il pour un chat ?

c. Le père d'Anna a 48 ans et sa mère a 44 ans. Le frère d'Anna a 20 ans, et Anna en a 10. Ils ont deux chats : Zig est né il y a 12 ans, Plume il y a 6 ans. Range les êtres vivants de la maison d'Anna de celui qui est né le premier à celui qui est né le dernier.

d. Recopie l'âge des membres de la famille et trouve pour chacun l'âge correspondant pour des chats.

Remue-méninges

Chaque personne de la file d'attente est représentée par un point sur le graphique. Trouve à quel personnage correspond chaque lettre du graphique.

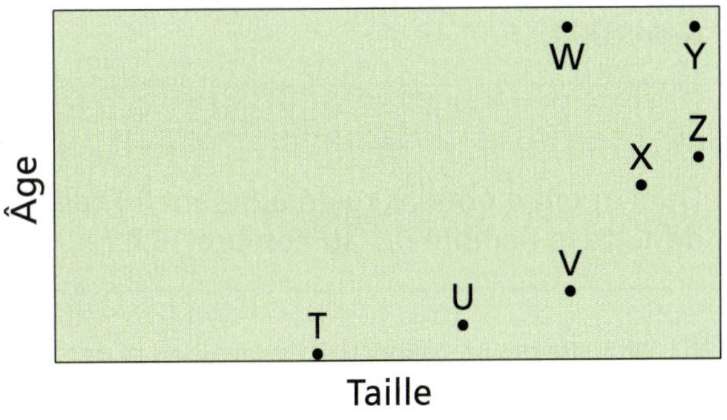

représentation de données
20
39
40
59
78
79
85
98

86 Nombres décimaux au quotidien

Découverte

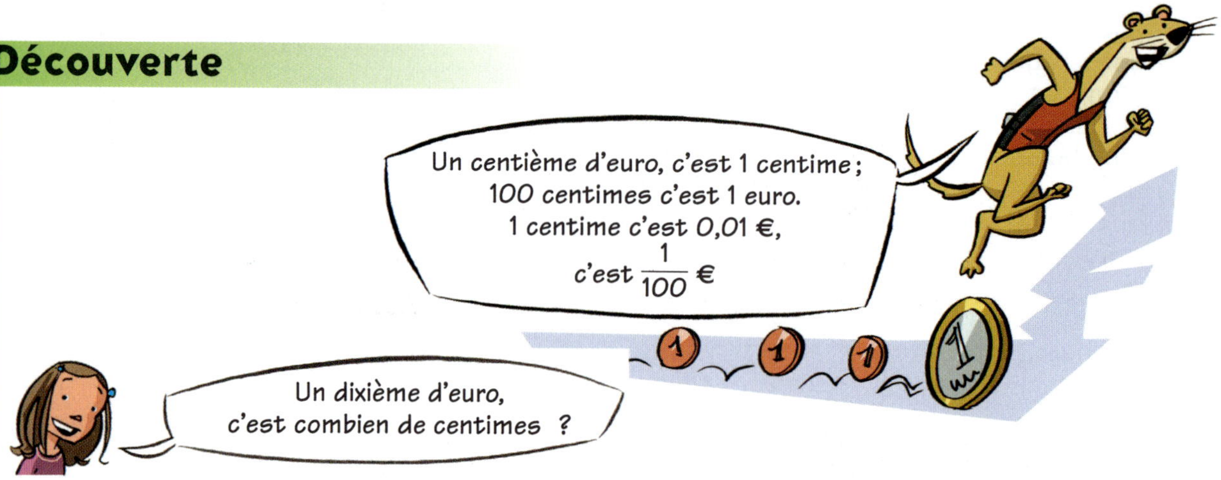

1. Réponds à la question d'Alice. Dessine les pièces qui peuvent représenter $\frac{1}{10}$ €, trouve au moins trois solutions.

1 dixième d'euro, c'est… ; c'est… ; c'est…

2. Un croissant coûte 1,25 €. Quel est le prix de 10 croissants ? Explique comment tu procèdes.

3. Pour 10 baguettes, un restaurateur paie 8,50 €. Quel est le prix d'une baguette ? Explique comment tu procèdes.

Exercices

1 Quel est le prix de 10 petites voitures à 3,20 € l'une ?

2 Un paquet de 100 enveloppes illustrées coûte 13 €. Quel est le prix d'une enveloppe ?

3 Un rouleau de ruban mesure 12 m. On le coupe en 10 morceaux de même longueur.

Quelle est la longueur de chaque morceau ?

4 Éric fait la collection de fourmis en plastique. Il en a plus de 100. Chacune de ses fourmis mesure 0,7 cm.

Quelle est la mesure de la ligne formée par 100 fourmis à la queue leu leu ?

5 Quel nombre obtiens-tu en ajoutant 10 fois de suite le nombre 0,1 au nombre 16,4 ?

6 Quel nombre obtiens-tu en enlevant 10 fois de suite le nombre 0,1 au nombre 13,7 ?

Objectif Résoudre des problèmes de multiplication et de division de nombres décimaux par 10 et 100, en s'appuyant sur des connaissances issues de la vie quotidienne.

Calcul mental Le maître choisit un nombre décimal dont il fait le portrait. Les élèves doivent trouver le nombre. Exemple : il a un chiffre après la virgule, il est compris entre 21 et 22, son chiffre des dixièmes est le double de celui des dizaines.

87 Utiliser la calculatrice (2)

Exercices

1 Affiche le premier nombre sur ta calculatrice.
Sans effacer l'écran ni passer par 0, que dois-tu faire pour afficher successivement les nombres qui suivent ?

a. 36.165	37.165	37.175	37.176	47.176	47.276	48.276
b. 17.52	17.32	17.62	17.63	17.631	17.635	17.64

2 Affiche 17.9 sur ta calculatrice.
Sans effacer l'écran ni passer par 0, que dois-tu faire pour afficher 18 ?

Même question pour les nombres suivants.

Nombre affiché	Nombre ciblé	Je tape
34.79	34.8	+ 0.01
25.98	26	
18.1	18.09	
374.7	374.6	
760	759.9	

3 Sur ce ticket de caisse, le total a été effacé.
Calcule-le avec ta calculatrice.

Patisserie	2,25 €
Patisserie	2,25 €
Patisserie	2,25 €
Patisserie	2,25 €
Patisserie	2,25 €
Patisserie	2,25 €
Pêches	6,83 €
Jus de fruit	3,75 €
Jus de fruit	3,75 €
Jus de fruit	3,75 €

4 Affiche 3.33 sur ta calculatrice sans utiliser la touche « 3 ».
Écris comment tu procèdes.

5 Affiche 24.05 sur ta calculatrice sans utiliser les touches « 2 », « 4 » et « 5 ».
Écris comment tu procèdes.

6 Théo et Qwang ont fait une randonnée pédestre de 32 km avec leurs parents en 4 jours.
Le premier jour ils ont parcouru 8,5 km, la deuxième étape était de 7,850 km, la troisième de 9,5 km.

Quelle distance ont-ils parcourue au cours de la dernière étape ?
Vérifie avec la calculatrice.

Objectif Se servir de la calculatrice à bon escient pour résoudre des problèmes, pour calculer, pour vérifier.

Calcul mental Le maître (ou un élève) choisit un nombre décimal. À tour de rôle, les enfants posent des questions pour trouver de quel nombre il s'agit.

88 Solides : de l'espace au plan

Activités préparatoires de découverte : Jeu du portrait avec divers solides. Recherche de critères communs à plusieurs solides.

Découverte

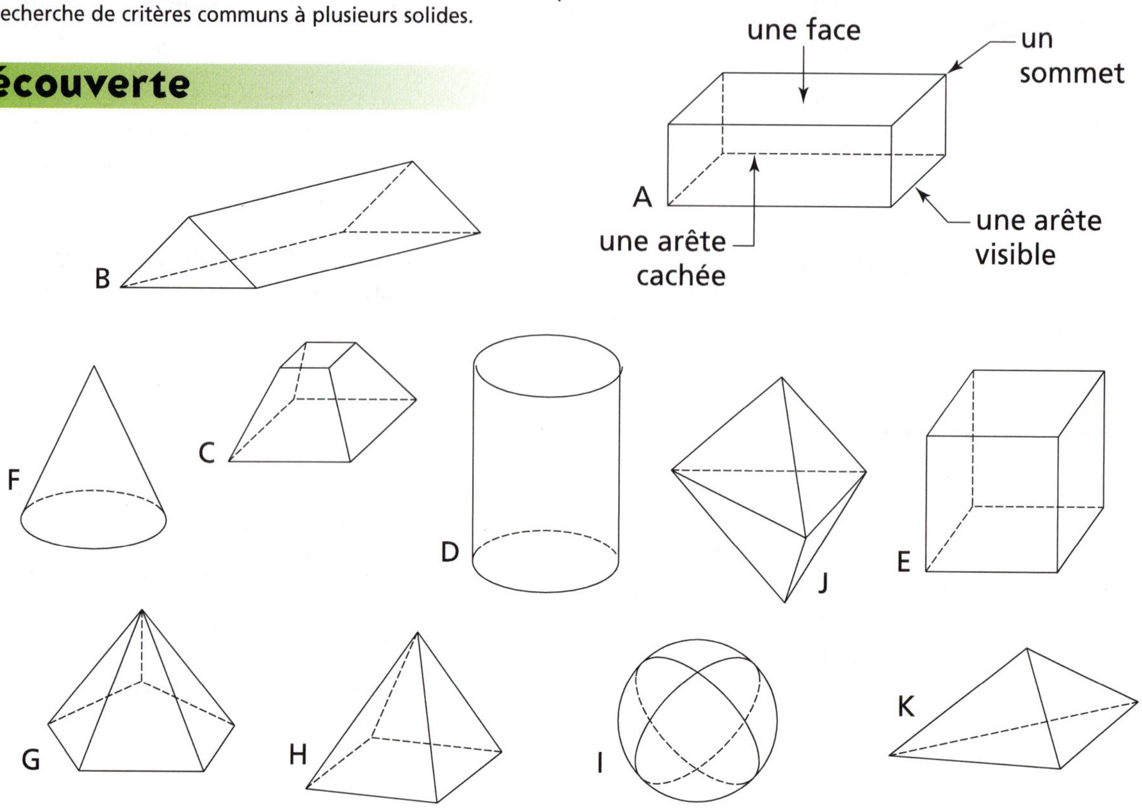

Un polyèdre est un solide limité par des surfaces planes appelées des « faces ». Ces faces sont des polygones. Les côtés des polygones forment les arêtes du polyèdre. Les sommets des polygones forment les sommets du polyèdre.

1. Quels solides représentés ci-dessus ne sont pas des polyèdres ? Connais-tu leur nom ?

2. Trouve le polyèdre qui correspond à chacun des portraits suivants :

a. « J'ai 5 faces, 5 sommets et 8 arêtes. Qui suis-je ? »

b. « J'ai aussi 5 faces, mais j'ai 6 sommets et 9 arêtes. Qui suis-je ? »

3. Fais le portrait du solide E.

4. Alice a mis ensemble les polyèdres A, C, E, G, J parce qu'ils ont une propriété commune. Laquelle ?

Objectif Décrire divers solides. Les associer à leur représentation en perspective. Identifier les polyèdres.

Calcul mental Une moitié de classe a des calculatrices, l'autre calcule de tête. Le maître écrit à l'avance au tableau une suite de calculs à effectuer en un temps limité. Discuter ensuite de la pertinence de l'usage de la calculatrice ou du calcul mental suivant les calculs.

Exercices

Tous les exercices portent sur les solides représentés en perspective dans la découverte.

1 Théo a mis ensemble les solides F, D et I car ils ont une propriété commune. Laquelle ?

2 Qwang a mis ensemble les solides A, E et C car ils ont une propriété commune. Laquelle ?

3 Voici une photographie de plusieurs solides de l'application. Retrouve lesquels.

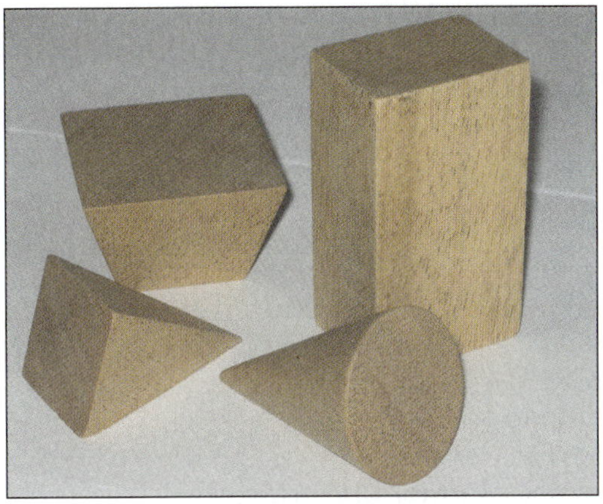

4 Complète la fiche d'identité du polyèdre K. Puis, établis la fiche des polyèdres A, B, E.

Solide K

Famille : polyèdre

Nombre de faces : ....

Nombre d'arêtes : ....

Nombre de sommets : ....

Forme des faces : ....

Nom : pyramide à base carrée

5 Je suis un solide, mais je ne suis pas un polyèdre. J'ai deux faces planes qui sont des disques. Qui suis-je ?

6 Je suis un polyèdre. J'ai 6 faces, 12 arêtes et 8 sommets. J'ai deux faces carrées et deux seulement. Qui suis-je ?

7 Je suis un polyèdre. J'ai 6 faces, 9 arêtes et 5 sommets. Qui suis-je ?

8 Complète le portrait du polyèdre G :
« J'ai ... faces : ... faces sont des ..., 1 face est un ... J'ai ... arêtes et ... sommets. »

89 Parallélépipèdes rectangles et cubes

Activité préparatoire de découverte : Faire construire aux élèves un parallélépipède rectangle et un cube en agençant des polygones bien choisis dans un lot de polygones (cf. matériel photocopiable dans le livre du maître). Faire ensuite découper aux élèves les polyèdres construits de manière à obtenir des patrons (c'est-à-dire « les mettre à plat en un seul morceau »).

Découverte

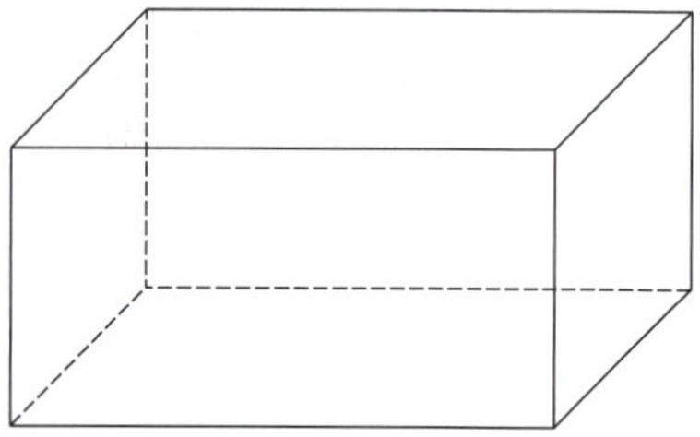

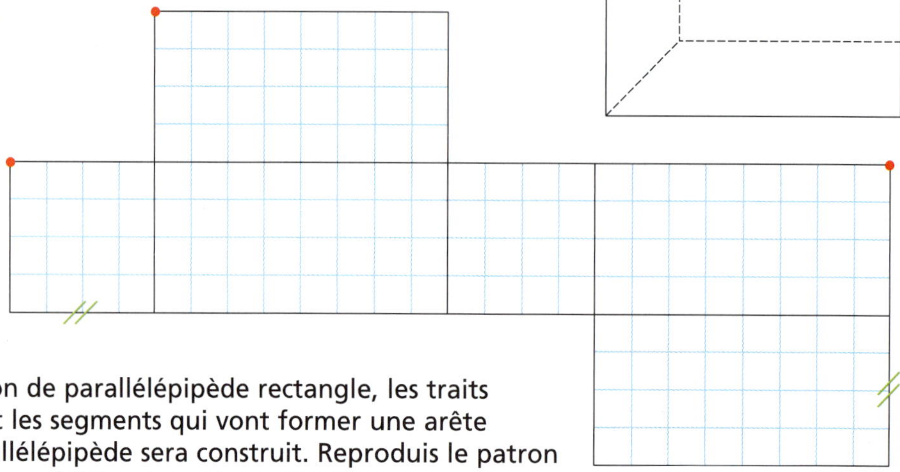

1. Sur ce patron de parallélépipède rectangle, les traits verts indiquent les segments qui vont former une arête lorsque le parallélépipède sera construit. Reproduis le patron sur une feuille quadrillée et continue d'indiquer avec d'autres couleurs les segments qui vont coïncider au montage pour former une arête.

2. Sur ce patron, les points rouges indiquent les sommets qui vont coïncider lorsque le parallélépipède sera construit. Sur ton patron, continue d'indiquer avec d'autres couleurs les sommets qui vont coïncider au montage.

3. Vérifie tes prévisions en construisant le parallélépipède rectangle.

Exercices

1 On veut construire un parallélépipède rectangle ayant 2 faces rouges, 2 faces vertes et 2 faces bleues, de telle sorte que deux faces de même couleur ne se touchent pas.

Reproduis ce patron sur du papier quadrillé et indique la couleur de chaque face. Vérifie ta prévision en découpant le patron et en construisant le parallélépipède rectangle.

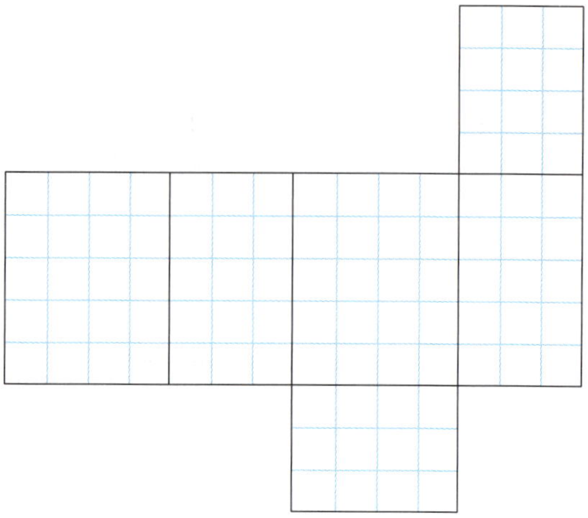

Objectifs Construire des patrons. Étudier les relations d'adjacence.

Calcul mental Compléter à l'entier supérieur. Le maître propose un nombre décimal. Les élèves doivent trouver ce qu'il manque pour atteindre l'entier immédiatement supérieur. Exemple : Combien manque-t-il à 42,8 pour aller à 43 ?

2 Sur une feuille quadrillée, reproduis en les agrandissant ces patrons de cubes incomplets (il manque des faces), puis complète-les. Vérifie en construisant les cubes.

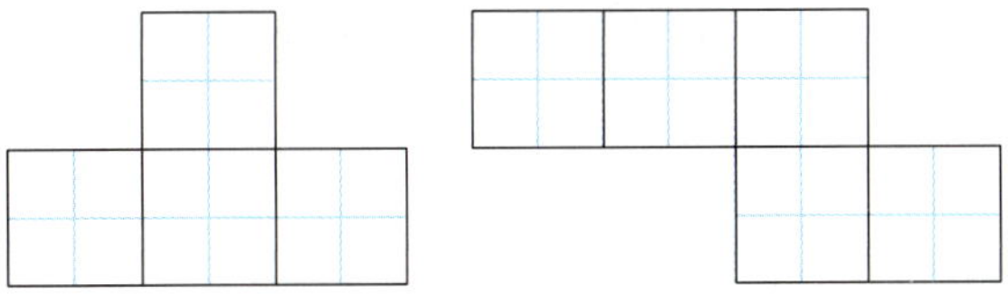

3 Parmi les assemblages de rectangles, lesquels sont des patrons de parallélépipèdes rectangles. Explique tes réponses. Vérifie en reproduisant chacun des assemblages sur du papier quadrillé et en essayant de construire un parallélépipède rectangle.

4 Parmi les assemblages de carrés, lesquels sont des patrons de cubes ? Explique tes réponses. Vérifie en reproduisant chacun des assemblages sur du papier quadrillé et en essayant de construire un cube.

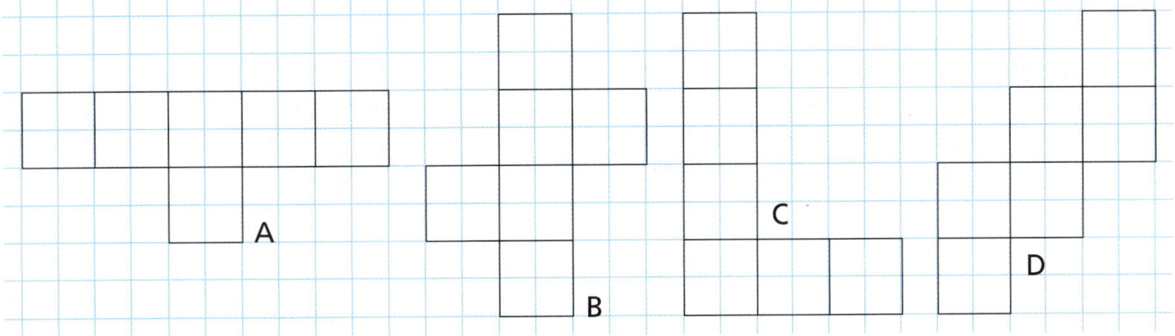

solides
88
89
94

90 Numération orale : le million

Découverte

Voici le nouveau jeu de cartes de Théo et Leïla. Deux cartes portent les mots « mille » et « million(s) ». Toutes les autres portent des nombres écrits en chiffres.

Le jeu consiste à construire des noms de nombres en juxtaposant cinq cartes. Les cartes « mille » et « million(s) » doivent toujours être utilisées.

1. Écris en chiffres les nombres trouvés par Théo et Leïla. Tu peux utiliser le tableau de numération.

Classe des millions			Classe des mille					
centaines de millions	dizaines de millions	unités de millions	centaines de mille	dizaines de mille	unités de mille	centaines	dizaines	unités

2. Construis cinq nombres à l'aide du jeu. Écris-les en lettres, puis en chiffres. Range-les dans l'ordre croissant.

Exercices

1 Le capitaine Padock lance son juron préféré : « Cent millions de sabords ! ». Écris ce nombre en chiffres.

Objectifs Comprendre les règles de formation des noms de nombres au-delà du million. Associer écritures en chiffres et écritures en lettres. Comparer des grands nombres.

Calcul mental Le maître propose un nombre décimal. Les élèves doivent trouver ce qu'il manque pour atteindre l'entier immédiatement supérieur.
Exemple : Combien manque-t-il à 4,64 pour aller à 5 ?

2 Alice propose une autre règle de jeu en enlevant la carte « mille » : il faut écrire des nombres en juxtaposant seulement trois cartes, la carte « million(s) » doit toujours être utilisée.

a. Écris en chiffres le nombre d'Alice.

b. Trouve trois autres nombres avec la règle de jeu d'Alice.
Écris-les en lettres et en chiffres.

3 Écris le mot que tu prononces toujours lorsque tu dis tous les nombres compris :

a. entre 100 et 999,

b. entre 1 000 et 999 999

c. entre 1 000 000 et 999 999 999

4 a. Écris un nombre de 9 chiffres dans lequel tu ne dis pas « mille ».

b. Écris un nombre de 9 chiffres dans lequel tu ne dis pas « cent ».

5 Recopie le nombre écrit en lettres et l'écriture chiffrée qui lui correspond.

vingt-sept millions douze mille cent cinquante-quatre

- 2 712 000 154
- 27 012 154
- 27 121 154

6 Recopie le nombre écrit en chiffres et l'écriture en lettres qui lui correspond.

283 000 197

- deux cent quatre-vingt-trois mille cent quatre-vingt-dix-sept
- deux millions quatre-vingt-trois mille cent quatre-vingt-dix-sept
- deux cent quatre-vingt-trois millions cent quatre-vingt-dix-sept

7 En France, à la rentrée scolaire 2002, on a compté les élèves des écoles primaires.

Voici les nombres que l'on a trouvés :
– six millions deux cent cinquante-sept mille huit cent vingt-deux élèves au total ;
– deux millions quatre cent soixante-six mille deux cent soixante-sept élèves à l'école maternelle ;
– sept cent dix mille trois cent sept élèves de 9 ans.

Écris en chiffres le nombre d'élèves de chaque catégorie.

91 Multiplication et division : entretien

Exercices

1 On distribue équitablement un jeu de 32 cartes entre 4 enfants.

Combien de cartes chaque enfant recevra-t-il ?

2 Pour jouer au jeu des « 7 familles », on distribue équitablement les 42 cartes entre 5 enfants.

Combien restera-t-il de cartes pour constituer la « pioche » ?
Y a-t-il plusieurs solutions ?

3 Laurine a 67 timbres qu'elle place dans son album.
Elle place 12 timbres par page.

Combien de pages remplit-elle ?

4 Dans une salle de restaurant, il y a 3 groupes de 5 personnes et 2 groupes de 3 personnes.

Combien de personnes y a-t-il ?

5 Dans une salle de restaurant, il y a 6 groupes de 4 personnes et 5 groupes de 6 personnes.

Combien de personnes y a-t-il ?

6 Trois gâteaux au chocolat coûtent 5 €.

Quel est le prix de neuf gâteaux au chocolat ?

7 Six barres chocolatées coûtent 12 €.

Quel est le prix de trois barres chocolatées ?

8 Calcule :

876 x 7 8 x 1 957 374 x 26 85 x 209 3 200 x 17 10 x 458

9 Effectue les divisions suivantes :

765 | 7 846 | 14 2 106 | 9 852 | 13 759 | 26

10 Effectue mentalement les divisions suivantes :

63 divisé par 7 450 divisé par 10 120 divisé par 12
65 divisé par 7 454 divisé par 10 130 divisé par 12

Objectifs S'entraîner à résoudre rapidement des problèmes relevant de la multiplication et de la division. S'entraîner à effectuer des multiplications et des divisions.

Calcul mental Le maître donne deux nombres, les élèves doivent trouver le nombre qui est juste au milieu.
Exemples : Le nombre « juste au milieu » entre 5 et 9 ?
Le nombre « juste au milieu » entre 2,6 et 2,8 ?

11 En divisant 76 par un nombre, le quotient est 8 et le reste est 4. Quel est ce nombre ?

12 Si on divise 57 par 19, quel est le reste ?

13 Si on divise 60 par 19, quel est le reste ?

14 Quels sont les nombres qui divisés par 6 ont 9 pour quotient ?

15 Quels sont les nombres qui divisés par 7 ont 11 pour quotient ?

16 Vérifie que :
653 = (24 x 25) + 53
653 = (24 x 27) + 5

Parmi les affirmations suivantes, lesquelles sont vraies ?
– Quand on divise 653 par 24, le reste est 53.
– Quand on divise 653 par 24, le quotient est 25.
– Quand on divise 653 par 24, le quotient est 27.
– Quand on divise 653 par 24, le reste est plus petit que 24.

17 Pour chaque division, donne le quotient et le reste puis l'écriture qui traduit cette division.

1 256 divisé par 108 6 330 divisé par 31 207 divisé par 13 2 408 divisé par 18

18 « Je suis un nombre compris entre 200 et 300. Je suis un multiple de 15. Quand on me divise par 17, le reste est 0.
Qui suis-je ? »

19 Vérifie que 317 est compris entre 25 x 12 et 25 x 13. Sers-toi de cet encadrement pour donner le quotient et le reste de la division de 317 par 25.
Utilise ces résultats pour prévoir le nombre de rouleaux de 25 pièces de 1 euro que l'on peut faire avec 317 pièces de 1 euro.
Combien manque-t-il de pièces pour pouvoir faire un rouleau supplémentaire ?

20 Un carnet de 10 timbres coûte 5,30 €.
Quel est le prix d'un timbre ?

21 On met bout à bout 10 planches de 1,20 m de long chacune.
Quelle est la longueur obtenue ?

Remue-méninges

Place les nombres qui conviennent dans les cases vides :
une des flèches doit correspondre à « ajouter 7 »,
une autre à « multiplier par 8 »,
une autre à « soustraire 2 »,
la dernière à « diviser par 9 ».

47	→	…
↑		↓
…	←	…

92 Utiliser la calculatrice : rôle des parenthèses

Découverte

1. Calcule mentalement puis avec ta calculatrice « 4 x 2 + 5 » et « 5 + 4 x 2 ».

J'appuie sur	ON	4	x	2	+	5	=
Je vois							

J'appuie sur	ON	5	+	4	x	2	=
Je vois							

Compare les résultats que tu obtiens par le calcul mental et en utilisant ta calculatrice.

2. Compare ce que tu trouves avec ce que trouvent tes camarades.

3.

Quand tu compares avec tes camarades, fais-tu la même constatation que Leïla et Qwang ?

Exercices

1 **a.** Calcule mentalement (12 + 8) x 6 et 12 + (8 x 6). Quels résultats obtiens-tu ? Quel est le rôle des parenthèses ?

b. Réalise les mêmes calculs avec ta calculatrice en utilisant les touches (et).
Obtiens-tu les mêmes résultats ? Si tu n'as pas de touches (et), comment dois-tu t'y prendre ?

Objectifs Comprendre le fonctionnement de sa propre calculatrice pour effectuer des calculs en ligne. Comprendre le rôle des parenthèses. S'entraîner à utiliser la calculatrice pour vérifier divers calculs.

Calcul mental Le maître choisit un nombre décimal. Les enfants doivent trouver le nombre choisi en proposant des nombres à tour de rôle. Pour chacun des nombres proposés, le maître dit s'il est trop grand ou trop petit.

2 Calcule à l'aide de ta calculatrice « 1 285 + (356 x 27) » et « (1 285 + 356) x 27 ».
Les résultats sont parmi les nombres suivants : 14 448 ; 10 897 ; 41 337 ; 405 927 ; 44 307.

3 Effectue les calculs et complète le tableau.

Calcul	Utilises-tu		Résultat
	la calculatrice ?	le calcul mental ?	
358 + 15			
1 356 – 297			
427 x 100			
35 x 14			
358 x 134			
184 + 3 247 + 285			

4 Calcule avec ta calculatrice :

a. « quatorze virgule huit plus quarante-sept virgule zéro quatre plus trente virgule vingt-quatre »
Le résultat est parmi les nombres suivants : 102,8 82,67 92,08 90,36

b. « vingt-cinq et quatre dixièmes plus trente et trois centièmes plus six et quinze centièmes »
Le résultat est parmi les nombres suivants : 57,8 61,58 102,36 64,84

5 Par combien faut-il multiplier mille pour obtenir un million ? Vérifie avec ta calculatrice.

6 Un cageot de 8 kg de cerises coûte 36 €.
Quel est le prix d'un kilo de cerises ?
Vérifie avec ta calculatrice.

7 Qwang a parcouru 12 m en faisant 20 pas réguliers.
Quelle est la longueur de son pas ?
Vérifie avec ta calculatrice.

8 Un bureau de poste reçoit un carton de catalogues de vente par correspondance à distribuer. Sur le carton, l'étiquette indique 22 kg 975 g. Un catalogue pèse 645 g. Le carton vide pèse 400 g.
Quel est le nombre de catalogues contenus dans le carton ? Utilise ta calculatrice.

93 Problèmes pour s'entraîner

Exercices

Pour chaque problème, garde les traces de ta recherche, puis rédige la solution que tu as trouvée.

1 Le fleuriste a acheté pour 360 € d'orchidées.
Combien de pots a-t-il achetés ?

2 Combien faut-il de sacs de 100 billes pour que chacun des 275 élèves de l'école ait 4 billes ?

3 500 personnes sont attendues pour une fête. On prévoit $\frac{1}{2}$ L d'eau par personne.
L'eau est vendue par pack de 6 bouteilles de 1,5 L. Combien de packs faut-il acheter ?

4 Dans le grand huit du parc EUROFUN, il y a 6 places par wagon et 8 wagons dans le train. Il y a 250 personnes dans la file d'attente.

Combien de départs seront nécessaires pour que toutes les personnes puissent faire un tour de grand huit ?

5 Dans une bande de 10 m, Charlotte a découpé 16 rubans de même longueur.

Quelle est la longueur de chaque ruban ?

6 Dans une bande de 10 m, Samira a découpé des rubans de 16 cm de long. Combien de rubans de 16 cm a-t-elle obtenus ?

7 Qwang, Leïla, Alice et Théo veulent se partager équitablement ces 5 tablettes de chocolat.
Propose un moyen de réaliser ce partage en faisant le moins de morceaux possible.

8 Louise veut partager 54 sachets de 24 images entre 12 enfants sans ouvrir tous les sachets.
Comment peut-elle s'y prendre ?

Objectif S'entraîner à résoudre des problèmes, et à présenter sa recherche et la solution.

Calcul mental Le défi à 100. Afficher la grille des nombres de 0 à 99 et 5 nombres (exemple : 2 ; 5 ; 9 ; 8 et 7).
Il faut trouver le plus de nombres possible de la grille en faisant les opérations que l'on veut et en utilisant les cinq nombres une fois seulement.

9 Quand une maman kangourou fait un saut, son petit en fait trois. Pour parcourir 600 m, la maman a fait 50 sauts de même longueur.

Combien de sauts a fait le petit kangourou ?

Quelle est la longueur du saut de la maman ?

Quelle est la longueur du saut du petit ?

10 La production de salades de Monsieur Clin est de 260 cageots de 20 salades, elle est quatre fois plus importante que celle de Monsieur Far.

Quelle est la production de Monsieur Far ?

11 Le verger de Madame Dila a produit 136 kg de pêches, c'est 74 kg de plus que la production du verger de Madame Pick.

Quelle est la production du verger de Madame Pick ?

12 Une émission de télévision qui dure 1 h 45 s'est terminée à 18 h 10.

À quelle heure avait-elle commencé ?

13 À sa naissance, un baleineau bleu pèse environ 3 000 kg et mesure 6 m. Quand il arrive à la taille adulte, il pèse environ 120 000 kg et mesure 30 m.

Par combien a été multiplié son poids ?
Par combien a été multipliée sa taille ?

14 Vers 10 ans, le cœur d'un enfant au repos bat entre 85 et 90 fois par minute.

Donne un encadrement du nombre de pulsations de son cœur en un jour.

15 Vers 10 ans, un enfant au repos respire environ 23 fois par minute.

Combien de fois respire-t-il en un jour ?

16 6 m de tissu coûtent 21 €. Quel est le prix de 9 m du même tissu ?

Remue-méninges

Trois explorateurs vérifient leur réserve d'eau. Ils ont 21 gourdes d'eau identiques : 7 pleines, 7 à demi pleines et 7 vides. Ils veulent se partager les 21 gourdes de telle sorte que chacun obtienne le même nombre de gourdes et la même quantité d'eau.

Comment les trois explorateurs se partagent-ils les gourdes ?

94 Divers polyèdres

Activité préparatoire de découverte : Faire construire aux élèves divers polyèdres (pyramides, prismes, etc.) en agençant des polygones bien choisis dans un lot de polygones (cf. matériel photocopiable dans le livre du maître).

Découverte

1. Trois polyèdres sont représentés en perspective.
Les patrons de ces polyèdres ne sont pas tous complets.
Décalque-les et complète-les.

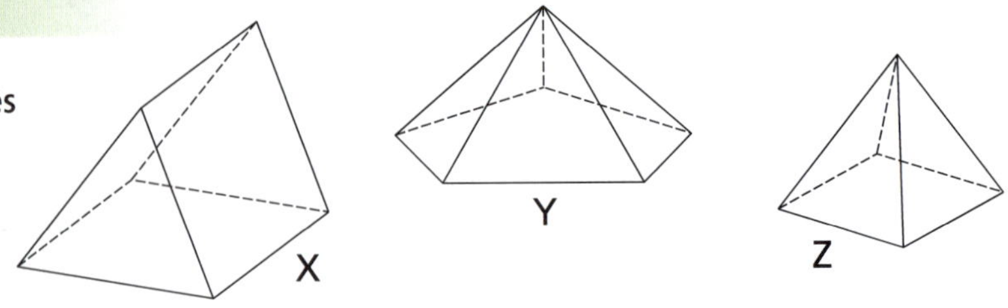

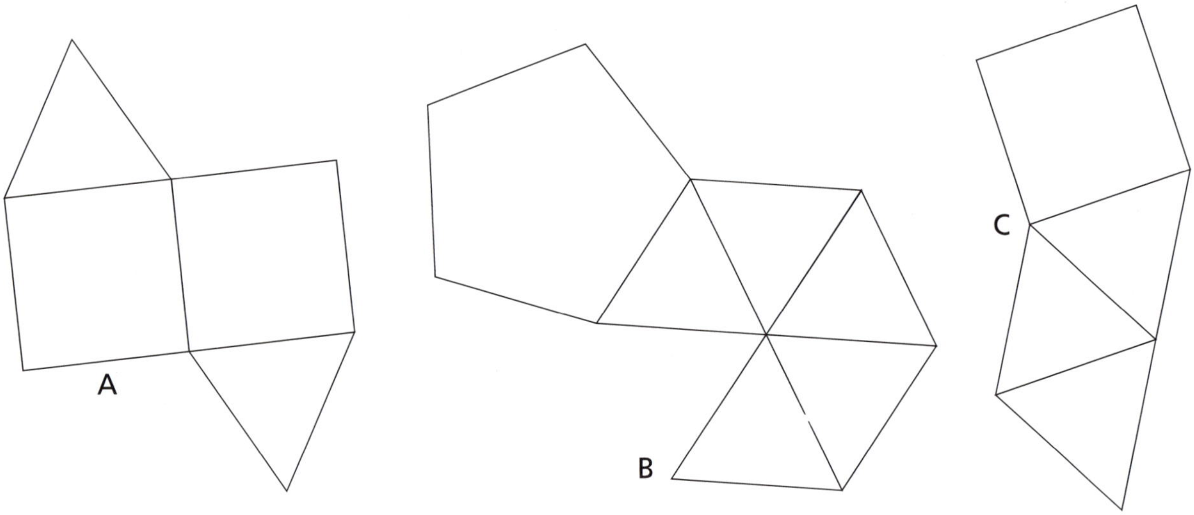

2. Sur chaque patron, colorie de la même couleur les segments qui vont former la même arête.

3. Sur chaque patron, colorie de la même couleur les points qui vont former un même sommet.

4. Vérifie tes prévisions en construisant les trois solides.

Exercices

1 Un tétraèdre est un polyèdre qui a quatre faces.
Voici le patron incomplet d'un tétraèdre : il manque une face.

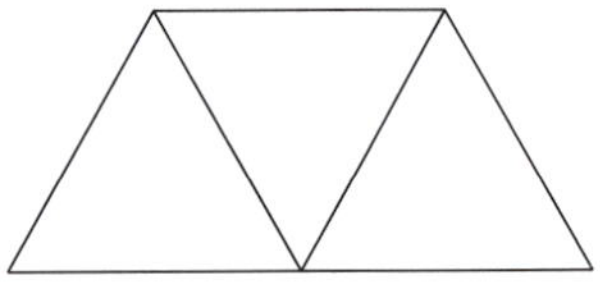

a. Quelle est la forme de cette face ?

b. Trouve à quels endroits du patron tu peux mettre cette face manquante.

c. Sur une feuille, dessine le patron complet en prenant 4 cm comme longueur pour toutes les arêtes. Vérifie en construisant le tétraèdre.

Objectif Construire divers polyèdres à partir de leurs faces, et étudier les relations d'adjacence.

Calcul mental Le défi à cent, suite (cf. p. 192)

2 Voici la représentation en perspective d'un polyèdre et son patron.

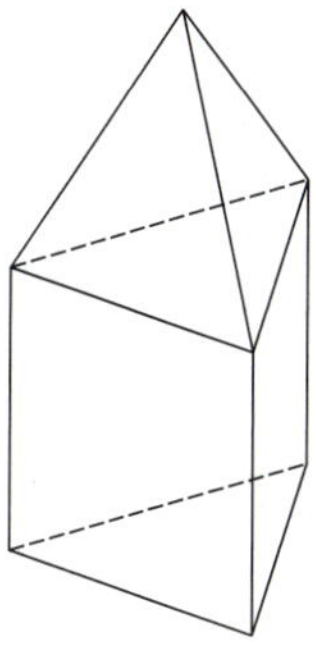

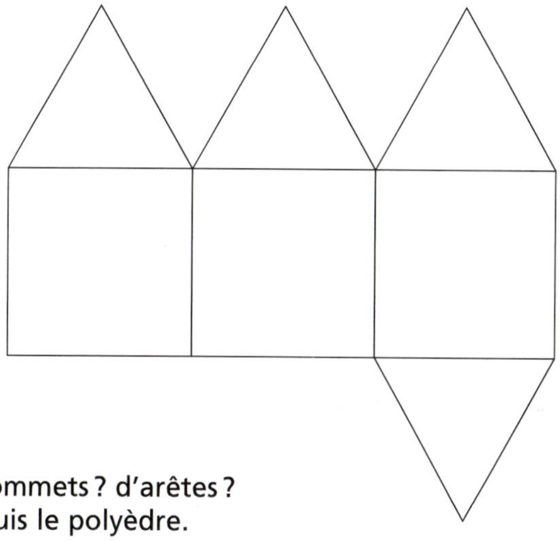

Combien ce polyèdre a-t-il de faces ? de sommets ? d'arêtes ?
Pour vérifier, décalque le patron et construis le polyèdre.

3 Associe chaque solide représenté en perspective à son patron.
Pour vérifier, décalque le patron et construis le solide

A
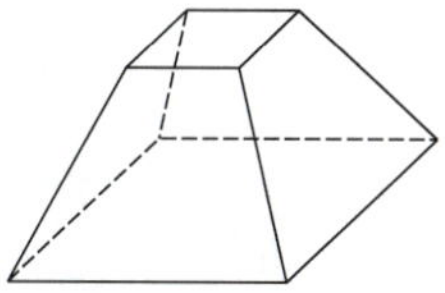

B
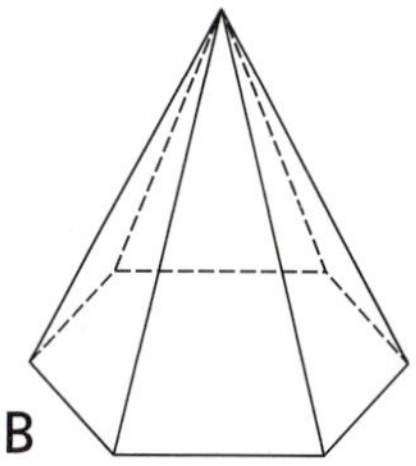

C
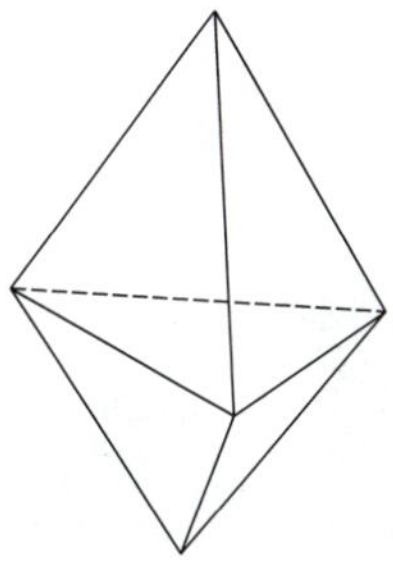

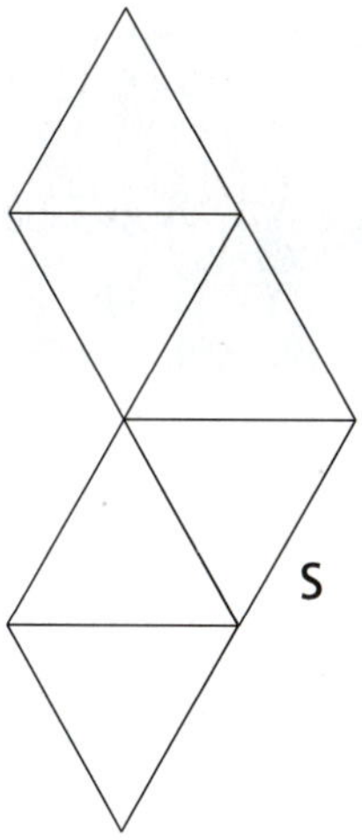
S

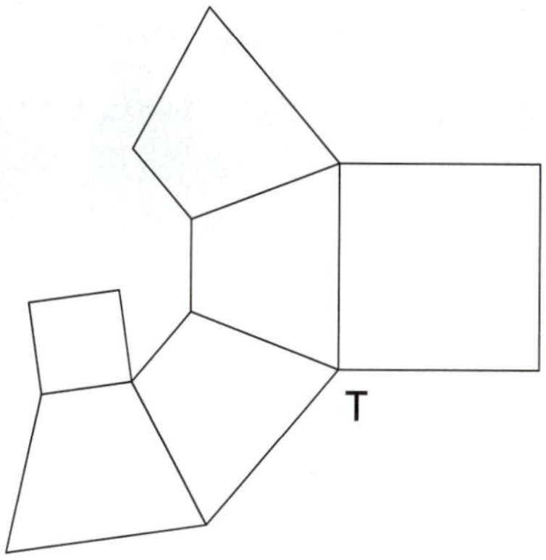
T

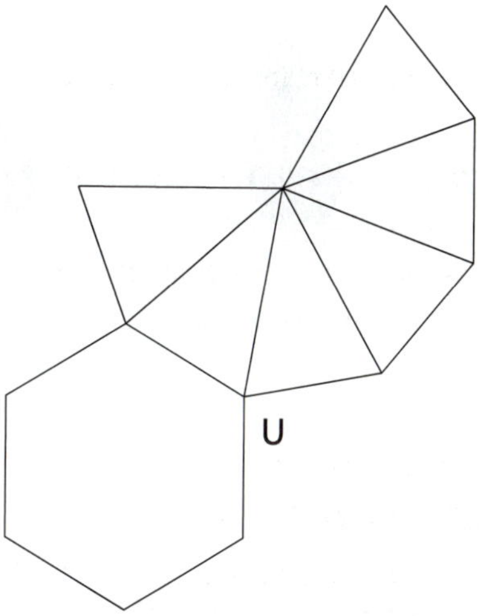
U

4 On veut mettre, comme sur le dessin, un ruban sur un paquet qui a la forme d'un cube de 10 cm d'arête.
Pour faire le nœud, il faut en plus 25 cm de ruban.

Quelle longueur de ruban faut-il prévoir ?

solides
88
89
94

95 Mesure des masses

Activité préparatoire de découverte : Décrire et comparer différents types de balances. Comparer des masses avec diverses balances. Estimer la masse de divers objets.

Découverte

1. Théo a pesé trois paquets identiques.

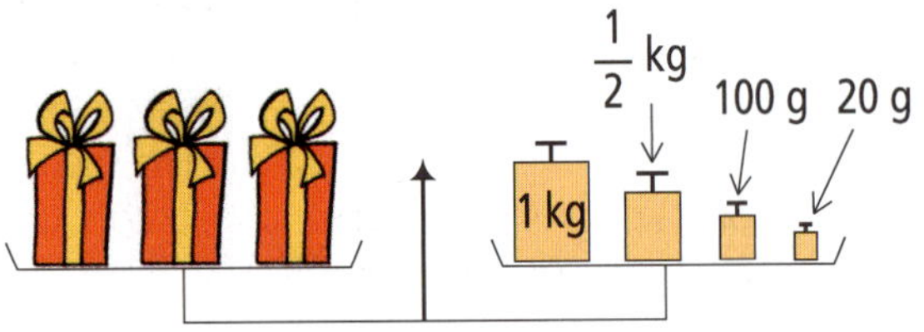

Combien pèse un paquet ?

2. Alice a réalisé l'équilibre suivant avec deux paquets identiques.

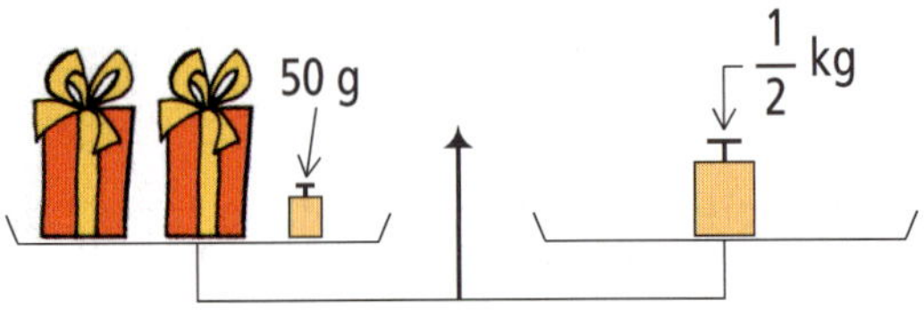

Combien pèse un paquet ?

3. Qwang a réalisé les deux pesées suivantes.

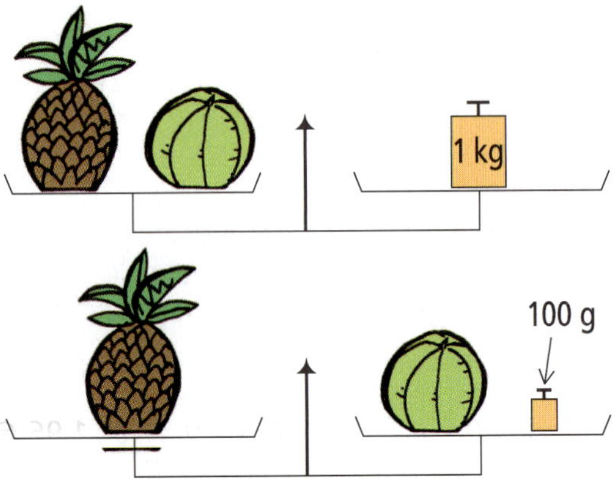

Combien pèse chaque objet ?

Exercices

1 Combien y a-t-il de grammes dans $\frac{1}{4}$ kg ?
Combien y a-t-il de grammes dans 3,5 kg ?
Une livre, c'est $\frac{1}{2}$ kg. Combien y a-t-il de grammes dans une livre ?

2 Un litre d'eau pèse 1 kg.
Un pack de 6 bouteilles d'eau de 1,5 L pèse 9,215 kg.
Combien pèsent les bouteilles vides ?
Combien pèse l'emballage ?

Objectifs Se familiariser avec les pesées et les unités usuelles de mesure des masses. Comprendre la notion d'équilibre en utilisant la balance Roberval.

Calcul mental Le défi à 100, suite (cf. p. 192).

2 Il existe d'autres unités de masse que le gramme et le kilogramme : l'hectogramme (hg), le décagramme (dag), le décigramme (dg), le centigramme (cg) et le milligramme (mg).

kg	hg	dag	g	dg	cg	mg
0	0	0	0	0	1	0
1	0	0	0	0	0	0

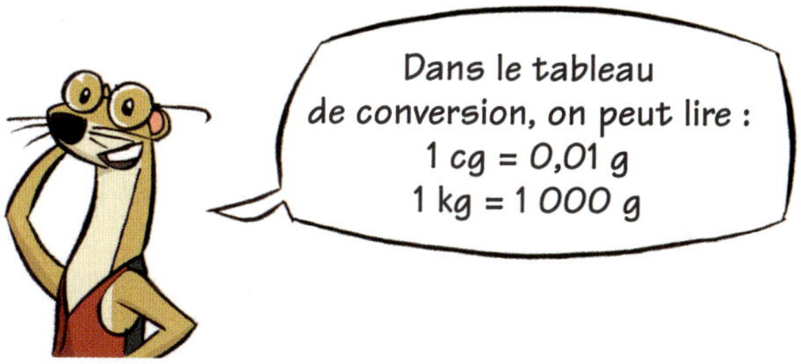

Complète les égalités suivantes.

350 g = … kg 0,05 kg = … g 5 675 g = … kg 2,350 kg = … g 750 g = … kg

3 Quelle(s) unité(s) te semble(nt) la (les) plus appropriée(s) pour indiquer combien pèse :

a. une pièce de 1 €

b. une personne

c. la quantité de farine pour faire un quatre quart

d. une goutte de collyre

e. ton cartable

4 Observe les pesées successives et trouve la masse du contenu dans le récipient.

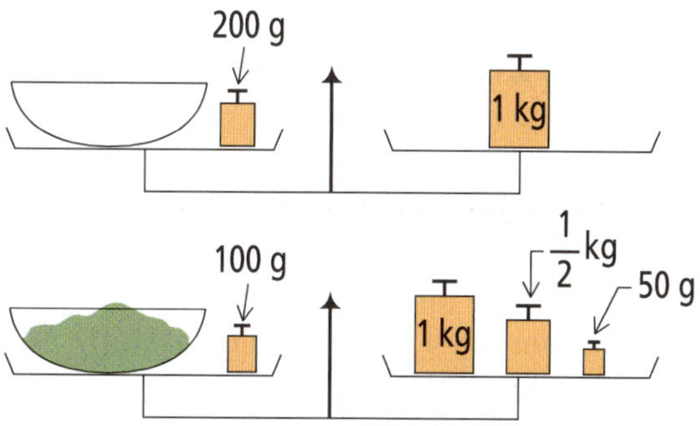

5 Voici les achats de la maman de Théo chez le marchand de fruits et légumes.

a. Son panier vide pèse 450 g. Combien pèse son panier plein ?

b. Combien a-t-elle dépensé ?

	Poids	Prix au kg	coût
Courgettes	1,169 kg	1,20 € le kg	1,40 €
Tomates	2,546 kg	1,85 € le kg	4,71 €
Pêches	0,980 kg	2 € le kg	1,96 €
Abricots	2,356 kg	2,25 € le kg	5,30 €

Remue-méninges

Dans son porte-monnaie, Leïla a 5 pièces apparemment identiques, mais l'une d'elles est une fausse pièce, moins lourde que les autres.

Avec une balance Roberval, Leïla dit qu'elle peut trouver la fausse pièce en deux pesées maximum.

Trouve comment elle fait.

96 Problèmes pour apprendre à chercher (2)

Découverte

Tu disposes de deux boîtes vertes, trois boîtes rouges et de 50 jetons.
Il faut mettre les 50 jetons dans les boîtes : aucune boîte ne doit être vide et il doit y avoir le même nombre de jetons dans les boîtes de même couleur.

Trouve au moins deux façons possibles de répartir les jetons dans les boîtes.

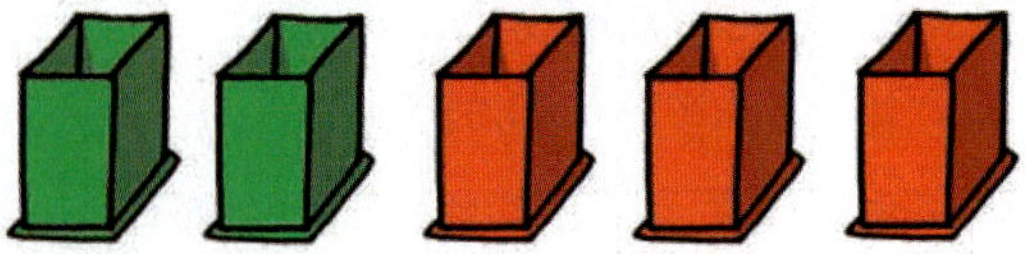

Exercices

Pour chaque question, pense à rédiger la réponse.

1 Quand on lance des flèches dans la cible, on marque 11 points au centre et 7 points dans la couronne.

Hervé a marqué 100 points.

Combien de flèches Hervé a-t-il lancées dans chaque zone de la cible ?

Y a-t-il plusieurs solutions ?

2 Luc et Martin lancent chacun trois fléchettes dans cette nouvelle cible.

Luc met deux fléchettes au centre et une dans la couronne, il obtient 22 points.

Martin obtient 17 points avec une fléchette au centre et deux dans la couronne.

Quelles sont les valeurs des zones ?

3 Cette année, l'âge du grand-père d'Hervé est un multiple de 5.
L'année dernière il était multiple de 3 et l'année prochaine il sera un multiple de 4.

Quel est son âge ?

Objectif S'entraîner à résoudre des problèmes nécessitant de mettre en œuvre des procédures nouvelles : émettre des hypothèses, faire des essais, vérifier que la solution produite tient compte de toutes les contraintes.

Calcul mental Calcul de durées. Exemples : Quel temps s'écoule-t-il entre 9 h 3/4 et 12 h ; entre 15 h 35 et 17 h 05 ; entre 16 h 30 et 18 h 10 ? Etc.

97 Calcul réfléchi : récréation (2)

Exercices

1 a. Voici une « pyramide ». Dans chaque case le nombre écrit est égal à la somme des deux nombres qui se trouvent dans les deux briques situées au-dessous de lui.
Vérifie cette règle.

	10 000	
4 600	5 400	
2 700	1 900	3 500

b. En utilisant cette règle, complète les trois pyramides suivantes.

	4 500		
3 400	2 900	300	

2 900			
	1 200		
700			100

2 100			
800	600		700

2 Reconstitue les opérations. Dans chaque cas un même signe correspond à un même chiffre.

```
    6 ♣ 2          3 ◆ 6        1 3 9 ♠           ♥ ♥ ♥
+   5 ♣ 7      x       ◆      –   ♠ 7 8       x     ★ ★
+   4 ♣ 8      ---------      ---------       ---------
+   9 ♣ 3        3 0 ◆ ◆          9 1 6         2 ★ ★ 1
---------                                     2 ★ ★ 1
  2 5 4 0                                     ---------
                                              2 5 6 4 1
```

3 Dans chaque cas, quel nombre représente chacun des signes ?

4 x 1 ▲ = 4 ■ 1✱ x 6 = 1 ✤ 2 8 ♥ 7 = 9 x 9 ♥ + 3

4 Trouve un nombre égal à 7 fois le chiffre de ses unités.

5 a. Calcule :

(0 x 9) + 1 (1 x 9) + 2 (12 x 9) + 3 (123 x 9) + 4

b. Que constates-tu ?

c. Sans effectuer l'opération, peux-tu prévoir le résultat de :

(1 234 x 9) + 5 ?

(12 345 x 9) + 6 ?

Utilise une calculatrice pour vérifier tes prévisions.

Objectif S'entraîner à traiter simultanément plusieurs informations dans un contexte numérique.

Calcul mental Jeux de portraits. Exemple : le nombre est compris entre 1 000 et 2 000, c'est un nombre multiple de 10, son chiffre des centaines est la moitié de celui des dizaines, la somme de ses chiffres est 10.

98 Découvrir l'Europe

Les 10 pays ayant rejoint l'U.E. en 2004

La Pologne

Capitale : Varsovie
Superficie : 312 680 km²
Population : 38 600 000 habitants
Distance de Paris : 1 341 km

La Lettonie

Capitale : Riga
Superficie : 64 589 km²
Population : 2 400 000 habitants
Distance de Paris : 1 670 km

La Slovénie

Capitale : Ljubljana
Superficie : 20 273 km²
Population : 1 950 000 habitants
Distance de Paris : 969 km

La Slovaquie

Capitale : Bratislava
Superficie : 49 035 km²
Population : 5 400 000 habitants
Distance de Paris : 1 094 km

La République tchèque

Capitale : Prague
Superficie : 78 880 km²
Population : 10 300 000 habitants
Distance de Paris : 852 km

La Lituanie

Capitale : Vilnius
Superficie : 65 300 km²
Population : 3 700 000 habitants
Distance de Paris : 1 700 km

L'Estonie

Capitale : Tallinn
Superficie : 45 277 km²
Population : 1 400 000 habitants
Distance de Paris : 1 863 km

Malte

Capitale : La Valette
Superficie : 316 km²
Population : 400 000 habitants
Distance de Paris : 1 750 km

Chypre

Capitale : Nicosie
Superficie : 9 251 km²
Population : 850 000 habitants
Distance de Paris : 2 986 km

La Hongrie

Capitale : Budapest
Superficie : 90 030 km²
Population : 10 200 000 habitants
Distance de Paris : 1 246 km

1. Quel est le pays qui a le plus d'habitants ? le moins d'habitants ?

2. Quel est le pays qui a la plus grande superficie ? la plus petite ?

3. Qwang dit que plus un pays est grand plus il a d'habitants. Trouve un exemple qui prouve le contraire.

Objectif Relever et traiter des informations pour mieux connaître l'Union européenne élargie en 2004.

Calcul mental Jeux de portraits sur les nombres. Le maître choisit un nombre qu'il écrit sur un carton. À tour de rôle, les enfants posent des questions pour le trouver.

4. Reproduis la demi-droite ci-dessous, puis place approximativement la distance de Paris à chaque capitale de ces 10 nouveaux membres de l'Union européenne.

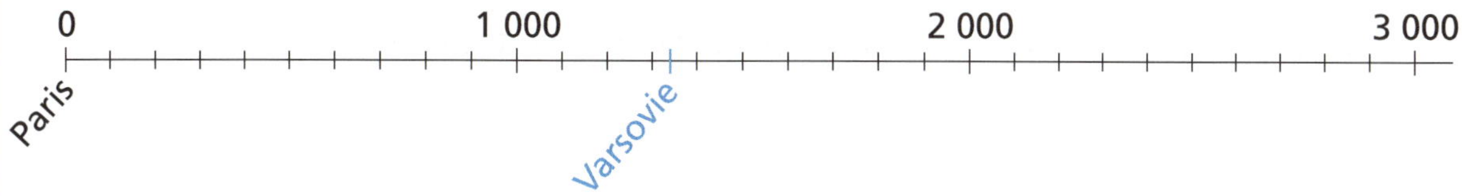

Ce que je dois savoir faire seul(e)

1 Trouve le nombre qui convient.

trois cent mille cinq cent sept → 30 015 007 / 300 507 / 31 005 107

205 078 → vingt-cinq mille soixante-dix-huit / deux cent cinq zéro soixante-dix-huit / deux cent cinq mille soixante-dix-huit

2 Donne différentes écritures des fractions décimales comme dans l'exemple.

$\frac{456}{100} = 4 + \frac{5}{10} + \frac{6}{100} = 4{,}56$

$\frac{507}{10}$ $\frac{9}{10}$ $\frac{708}{100}$ $\frac{35}{10}$ $\frac{6\,743}{100}$ $\frac{54}{100}$

3 Donne l'écriture sous forme de fractions décimales des nombres suivants :

3,7 4,28 7,02 18,5 0,9 30,08

4 Dans chaque cas, recopie les deux nombres, entoure le plus petit et écris le signe qui convient (< ou > ou =).

a. 4,3 … 4,1 b. 5,35 … 5,54 c. 8,07 … 8,2 d. 0,7 … 0,09
e. 9,37 … 9,6 f. 4,7 … 4,70 g. 31,6 … 3,16 h. 5,26 … 3,2

5 On met bout à bout une planche de 1,26 cm et une planche de 0,87 cm.

Quelle longueur de planche obtient-on ?

6 Dans un tasseau de 2,50 m de long, on découpe un morceau de 1,73 cm.

Quelle longueur de tasseau reste-t-il ?

7 Quel est le poids du paquet ?

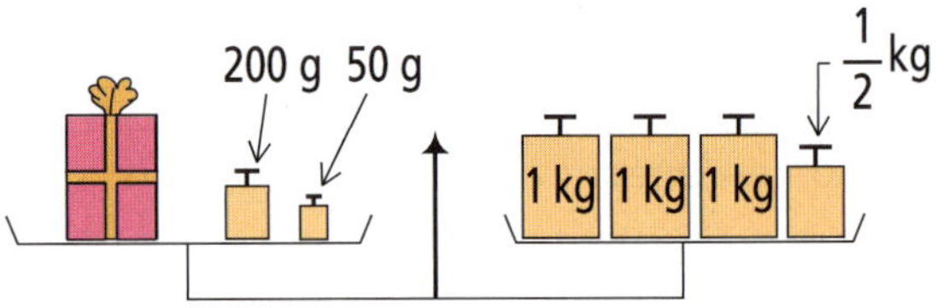

8 Les quatre sachets sont identiques. Combien pèse un sachet ?

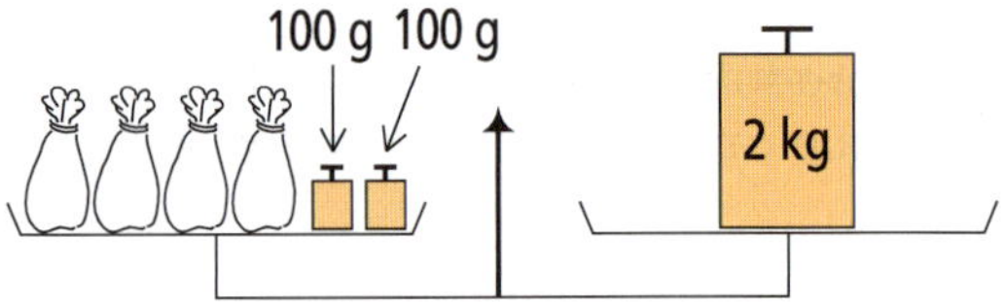

9 Stéphanie veut présenter les 84 kg de cerises qu'elle a ramassées dans 6 corbeilles identiques.

Quel poids de cerises doit-elle mettre dans chaque corbeille ?

10 Effectue les additions suivantes.

5,07	3,89	6,20
+ 6,8	+ 2,4	+ 3,58

11 Effectue les additions suivantes.

13,4 + 7,12   12,7 + 24,5

4,25 + 2,04   6, 72 + 13,24

12 Trouve à chaque fois un nombre situé entre les nombres proposés.

4 et 5   6,5 et 7   8 et 8,2   7,3 et 7, 35   9,4 et 9, 5   3 et 3,1

13 Trace sur du papier millimétré une droite graduée comme celle-ci et place les nombres suivants :

5,7   4,9   5,35   5,5   5,08   6,12

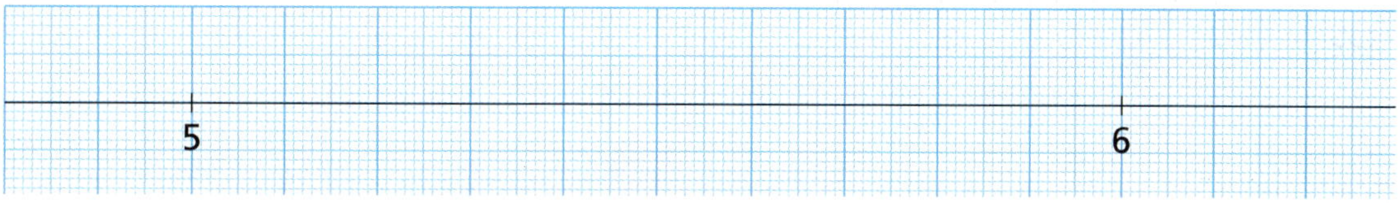

14 Complète :

6,7 + … = 7   7,25 + … = 8   5,7 + … = 10,9   3 + … = 7,45   4,8 + … = 6,4

15 **a.** Associe chaque solide représenté en perspective à son patron.

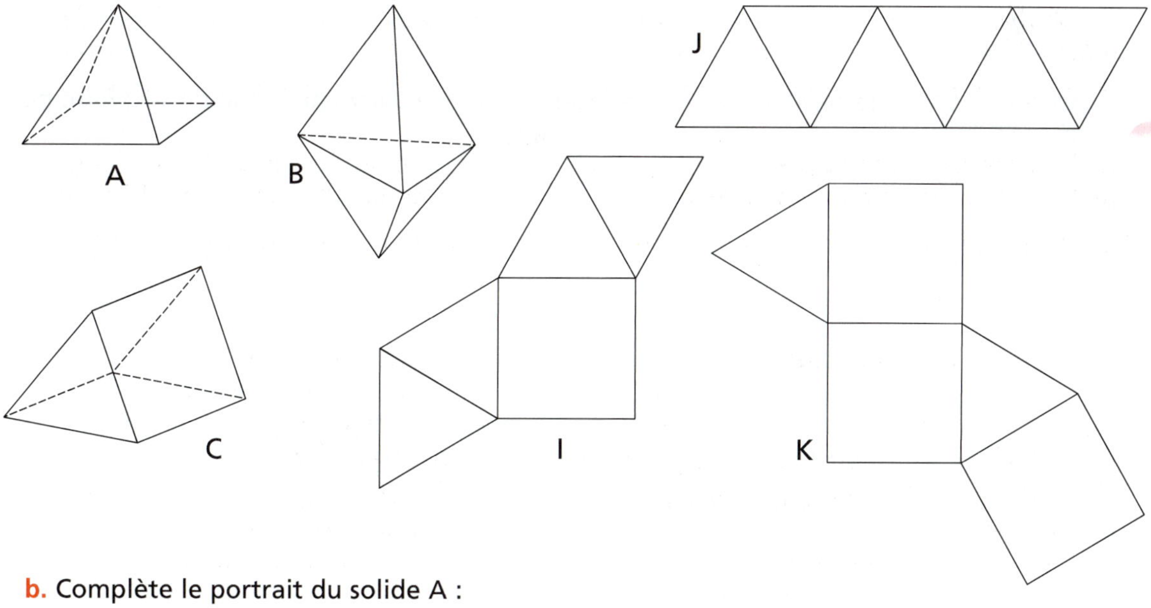

b. Complète le portrait du solide A :

« Je suis un polyèdre. J'ai … faces, … arêtes, … sommets. une de mes faces est un …, les … autres sont des … . Je suis une pyramide. »

Ce que je dois savoir faire seul(e) à la fin du CM1

1 Donne la décomposition canonique des nombres suivants :

3 057 — 65 800 — 450 267 — 1 008 009 — 6 900 080

2 « Je suis un nombre de 4 chiffres. J'ai 46 centaines. Mon chiffre des dizaines est la moitié du chiffre des centaines. Mon chiffre des unités est le double du chiffre des milliers.
Qui suis-je ? »

3 Parmi les fractions suivantes, certaines sont égales à un nombre entier, lesquelles ?

$\frac{3}{2}$ — $\frac{6}{2}$ — $\frac{2}{3}$ — $\frac{12}{8}$ — $\frac{14}{3}$ — $\frac{50}{10}$ — $\frac{30}{4}$

4 Quelle fraction est égale à 5,4 ?

$\frac{5}{4}$ — $\frac{9}{10}$ — $\frac{54}{10}$ — $\frac{4}{5}$ — $\frac{54}{100}$

5 Quel nombre est égal à $\frac{345}{10}$?

0,345 — 3,45 — 334,5 — 3450 — 345,10

6

a. Affiche 24,8 sur ta calculatrice. Sans effacer l'écran ni passer par 0, que dois-tu faire pour afficher 25 ?

b. Affiche 18,7 sur ta calculatrice. Sans effacer l'écran ni passer par 0, que dois-tu faire pour afficher 18 ?

c. Affiche 6,2 sur ta calculatrice. Sans effacer l'écran ni passer par 0, que dois-tu faire pour afficher 7 ?

d. Affiche 56,04 sur ta calculatrice. Sans effacer l'écran ni passer par 0, que dois-tu faire pour afficher 56,1 ?

7 6 brioches coûtent 7 €.

Quel est le prix de 24 brioches ?

8 12 pains au chocolat coûtent 15 €.

Quel est le prix de 4 pains au chocolat ?

9 Une école reçoit un colis contenant des boîtes de pochettes de feutres. Dans le colis, il y a 15 boîtes de 24 pochettes. Chaque pochette contient 10 feutres.

Combien de feutres l'école a-t-elle reçus ?
L'école a 350 élèves. Y aura-t-il assez de pochettes pour en donner une à chaque élève ?

10 Vérifie que : 348 = (17 x 20) + 8. Utilise cette égalité pour donner un encadrement de 348 par deux multiples consécutifs de 17.

11 Vérifie que : 315 = 25 x 12 + 15.

Quel est le quotient de la division de 315 par 12 ? Quel est le reste ?

12 Complète : 0,5 kg = … g 1,7 kg = … g 750 g = … kg 7 720g = … kg

13 25 livres identiques pèsent 6 kg (6 000 g). Quel est le poids d'un livre ?

14 Trace une droite d. Marque un point A sur la droite d. Trace une droite f perpendiculaire à la droite d et passant par le point A.

Y a-t-il plusieurs solutions ?

15 Trace une droite g.
Trace une droite h, distante de 2 cm de la droite g.

Y a-t-il plusieurs solutions ?

16

a. À l'aide d'un papier calque, reproduis ce polygone.

b. Cite deux côtés consécutifs de même longueur.

c. Cite deux côtés de même longueur mais qui ne sont pas consécutifs.

d. Les points A, B, E te paraissent-ils alignés ? Vérifie avec ta règle.

e. Note les côtés qui te semblent perpendiculaires. Vérifie avec un instrument adapté.

f. Trace de la même couleur des côtés qui te semblent parallèles. Comment fais-tu pour vérifier ?

g. Calcule le périmètre de ce polygone.

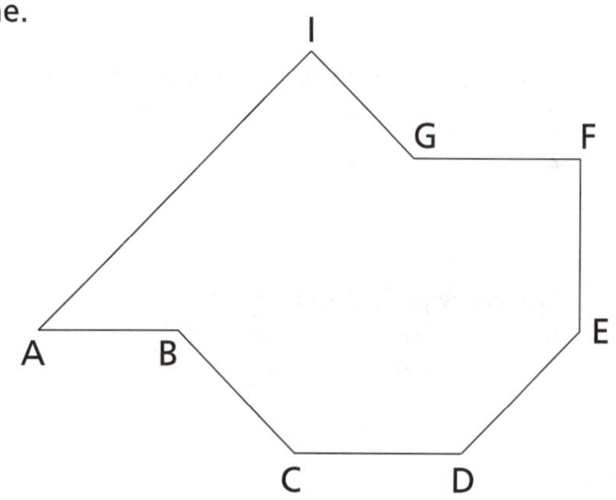

17 Construis la figure correspondant au message, d'abord à main levée puis avec tes instruments.

> On désigne par A, B, C, D les sommets d'un rectangle en tournant dans le sens des aiguilles d'une montre. Le côté [AB] mesure 5 cm, le côté [BC] mesure 3 cm. Trace le rectangle ABCD. Place le milieu I de [AB], le milieu J de [BC], le milieu K de [CD], le milieu L de [DA]. Trace les segments [IJ], [IC], [KA] et [KJ].

18 Reproduis ces patrons de parallélépipède rectangle sur du papier quadrillé.
Pour chacun d'eux, marque d'une même couleur les segments qui vont coïncider au montage.
Fais de même pour les sommets.

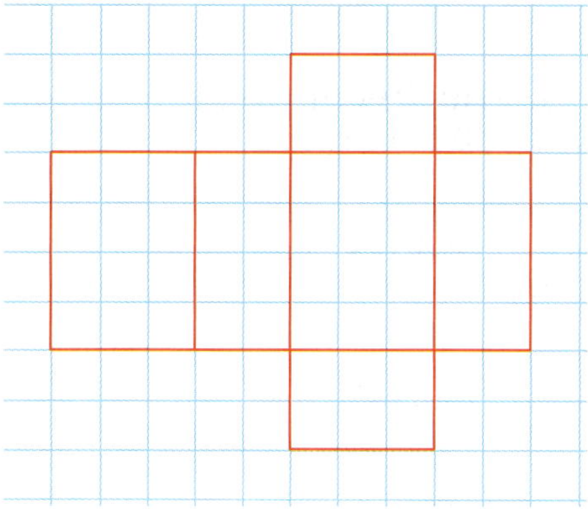

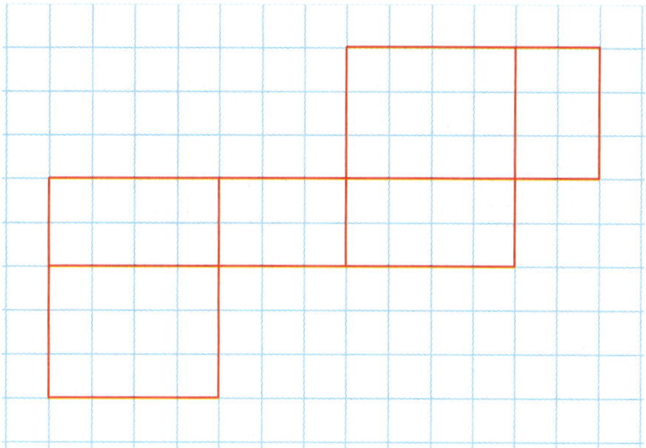

Les solides « parfaits » de Platon

Platon, né en 427 et mort en 347 avant notre ère, est l'un des plus grands philosophes grecs de l'Antiquité. Ses œuvres sont écrites sous forme de dialogues mettant en scène **Socrate**, dont il suivit l'enseignement, et ses élèves. Elles traitent de nombreux thèmes philosophiques tels que le devoir, la vertu, la sagesse, la beauté, l'amour...

Après la mort de Socrate, Platon quitta Athènes, voyagea en Égypte, en Sicile, en Italie et prit connaissance de l'œuvre mathématique de l'école de Pythagore. À son retour à Athènes en 387, il fonda « l'**Académie** », école de philosophie et des sciences, où il enseigna tout en rédigeant et publiant ses dialogues.

Platon s'est beaucoup intéressé à la géométrie et à l'astronomie. Au fronton de l'Académie, on pouvait lire : « Que nul n'entre ici s'il n'est géomètre ».

Pour Platon et les Grecs de l'Antiquité, cinq éléments essentiels, le **Feu**, l'**Air**, l'**Eau**, la **Terre** et l'**Univers**, façonnent le monde. Platon associe à chacun d'eux un polyèdre régulier inscriptible dans une sphère : le tétraèdre symbolise le feu, l'octaèdre l'air, l'icosaèdre l'eau, le cube la terre et le dodécaèdre l'univers.

Pourquoi cinq polyèdres réguliers et cinq seulement ?

Un polyèdre régulier est un solide dont les faces sont des polygones réguliers identiques ; à chaque sommet du polyèdre, le nombre de polygones qui se rejoignent est le même.

■ Ce nombre est au minimum de 3. Peux-tu expliquer pourquoi ?

Construction de polyèdres réguliers convexes

a. Avec des hexagones réguliers

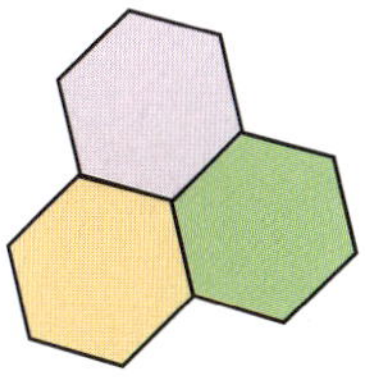

Si on assemble 3 hexagones réguliers à chaque sommet du polyèdre, on n'obtient pas un polyèdre mais un carrelage plan.

Il est inutile d'essayer d'assembler trois polygones réguliers de plus de 6 côtés parce qu'ils se chevaucheraient.

b. Avec des pentagones réguliers

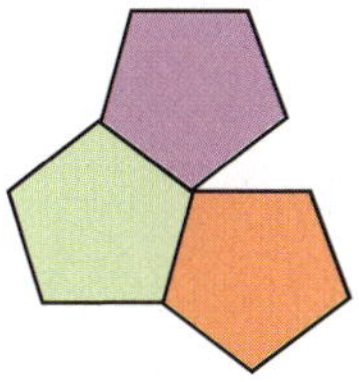

Si on assemble 3 pentagones réguliers à chaque sommet, on obtient le **dodécaèdre régulier** qui a douze faces.
Avec 4 pentagones, on obtient un chevauchement.

c. Avec des carrés

On peut placer 3 carrés en chaque sommet du polyèdre régulier pour former le **cube** qui a 6 faces.

- Avec 4 carrés, que se passe-t-il ?

d. Avec des triangles équilatéraux

À toi maintenant d'essayer avec des triangles équilatéraux. Tu vas obtenir 3 polyèdres différents suivant le nombre de triangles que tu vas assembler à chaque sommet : le **tétraèdre régulier**, l'**octaèdre régulier**, l'**icosaèdre régulier**.

- Combien chacun d'eux a-t-il de faces ?

Dans *L'École d'Athènes*, immense fresque mesurant 770 cm de long, Raphaël (1483-1520) a regroupé des grands savants de tous les temps en leur prêtant les visages de certains de ses contemporains.

Observe le centre de la fresque : Platon est à gauche, et Aristote à droite. Devant, sur la gauche, à genoux en train d'écrire, on retrouve Pythagore et à droite, penché en avant, Euclide.

Table des illustrations

9	ph © Nasa / Spacephoto.com
11	ph © MNAM / Frank Stella, 1966 / © Adagp, Paris 2005
14	ph © D. Scott / Age / Hoa-Qui
15	ph © G. Dagli-Orti
21	ph © G. Rolle / Airbus / REA
24	ph © C. Redondo / Corbis
25	ph © G. Rowell / Corbis
26-d	ph © P. Giraud / Corbis
26-g	ph © J. Fuste Raya / Age / Hoa-Qui
30-b,d	ph © R. Bossu / Corbis
30-m,g	ph © D. Scott / Age / Hoa-Qui
38	ph © G. Jones / Sinopix / REA
46	ph © H. Lewandowski / RMN
49	ph © Lablatinière / Presse-Sports
76	ph © A. Woolfitt / Corbis
80	ph © P. Blot
82	ph © P. Philippon
106	ph © G. Lacz / Sunset
107	ph © Akg-Images
123	ph © C. Vaisse / Hoa-Qui
126	ph © Archives Charmet / Bridgeman - Giraudon
152	ph © M. Listri / Corbis
159	ph © Fel / Presse Sports
162	ph © DR / Archives Hatier
163	ph © Médiathèque de la Commission Européenne
166	ph © W. Forman / Akg-Images
168	ph © R. Damoret / REA
169	ph © J-P. Amet / Corbis Sygma
171	ph © Akg-Images
174	ph © Martin / Presse-Sports
178	ph © Collection Roger-Viollet
183	ph © DR
196	ph © Labat / Jerrican
200	ph © Médiathèque de la Commission Européenne
206, 207	ph © E. Lessing / Akg-Images

Conception maquette	**Frédéric Jely, Anne Gallet, Hélène Lemaire**
Couverture	**Philippe Derrien**
Mise en page	**J'ai 2 z'amours**
Dessins techniques	**Lydie Boué**
Cartographie	**Édigraphie, Rouen**
Iconographie	**Pierre Philippon, Brigitte Célerier / Hatier illustration**

Achevé d'imprimer par Rotolito Lombarda (Italie)
Dépôt légal n° 69712 - Fevrier 2006